EL AMANECER DE LA ILUMINACIÓN

Lamdre

Por el lama Choedak Yuthok

Serie de conferencias sobre las preciosas enseñanzas
Lamdre de la tradición Sakya del budismo tibetano

Traducción y adaptación:

María Rodríguez e Isidro Gordi

Ediciones Amara

Publicado por vez primera en 2003
por Ediciones Amara

1995 © Por Lama Choedak Yuthok 1997
2003 © de la edición castellana por Ediciones Amara

Traducción y adaptación: © 2003 María Rodríguez e Isidro Gordi

Diseño de la portada: © Federica Mahieu

Maquetación: © FEHERO 

ISBN de la obra: 978-84-95094-08-7
Depósito Legal: B 2.210-2003

CONTENIDO

Virupa

Durante eones has permanecido en retiro apartado de la
ciudad de los engaños, en el aislamiento de la madurez
sin objeto que despierta. Gracias a tus enseñanzas dioses
y humanos florecen con cualidades.

¡Al gran Lamdre-pa, la corona de los Lotsawas,
rindo homenaje!

El gran traductor Drogmi Lotsawa Sakya Yeshe

Prefacio

LA INICIACIÓN EN EL mandala de Hevajra, el rey de los tantras, se ha asociado desde hace tiempo con la conversión del emperador mongol Kublai Khan al budismo y el establecimiento del gobierno de los monjes en el Tíbet. Este duró desde principios del siglo trece hasta el actual Dalai Lama. Todos nosotros debemos eso a un esforzado sabio tibetano conocido como Drogmi Lotsawa Shakya Yeshe (993-1074), que introdujo las magníficas enseñanzas del Lamdre en el Tíbet durante el siglo once.

Aquellos lo suficientemente afortunados como para escuchar el Lamdre han accedido a una mina de oro espiritual. Las enseñanzas generales sobre la *Triple Visión*, que tratan de las enseñanzas preliminares comunes tanto al budismo Theravada como Mahayana, seguidas del voto del bodhisatva, son más que suficientes para la mayoría de los principiantes. Después siguen las iniciaciones de Hevajra de la causa y el sendero, enseñanzas sobre el *Triple Tantra* e instrucciones sobre cómo llevar a cabo las prácticas de la sadhana del *Tantra de Hevajra*. Las enseñanzas orales sobre la visión se imparten de manera intensiva, unidas a transmisiones y bendiciones de todos los maestros del linaje del Lamdre. Las enseñanzas más esotéricas asociadas a las tres iniciaciones superiores, conocidas como los seis yogas en otras tradiciones, se enseñarán en la secuencia adecuada. El Lamdre es la forma más completa de sendero budista tibetano. Las enseñanzas del Lamdre son las enseñanzas padre de la escuela Sakyapa de este budismo. Son la envidia de muchas tradiciones. La escuela Sakyapa ha preservado la noble tradición de mantener la integridad de la iniciación de Hevajra, que hasta hoy mismo se restringe a veinticinco discípulos o menos. Dada la pureza de este linaje, la mayoría de los maestros prominentes de todas las escuelas de budismo tibetano, incluyendo a Marpa, Milarepa, Longchen Rabjampa y Tsongkhapa, han sido practicantes de este tantra.

Durante los últimos quince años me he visto directamente implicado en unas cuantas iniciaciones de Lamdre impartidas por Su Santidad Sakya Trizin, Su Eminencia Chogye Trichen Rimpoché, y Su Eminencia Luding Khen Rimpoché, en calidad de traductor y ayudante. Dado que el contexto de la presentación de las enseñanzas del Lamdre es ortodoxo y formal, algunos discípulos no tibetanos, con poca o ninguna comprensión de estas enseñanzas, han intentado estudiar el Lamdre partiendo de un punto de vista práctico y pragmático. No ha sido una tarea fácil interpretar mi limitada comprensión de estas antiguas enseñanzas de sabiduría para las más bien exigentes e inquisitivas (si no escépticas) mentes de los discípulos actuales.

Aunque el *Tantra de Hevajra* fue uno de los primeros tantras budistas que se tradujeron al inglés, la enseñanza central de este tantra conocida como "Lamdre" es un área aún por explorar del saber budista. Hasta recientemente, no había libros disponibles en inglés para iniciados no tibetanos. Y sin embargo, las enseñanzas del Lamdre se imparten cada pocos años por todo el mundo. No obstante, la *Triple Visión*, las enseñanzas preliminares sobre el Lamdre de Ngorchen Konchok Lhundup, se han traducido al inglés, y se pueden adquirir en la mayoría de las librerías importantes. El último y excelente comentario oral de Dezhung Tulku Rimpoché, traducido por mi reciente amigo Jared Rhoton (Inji Sonam), es ahora fácil de encontrar. Mi propia traducción del *Triple Tantra*, de Panchen Ngawang Choedak, está siendo editada ahora para su publicación.

En el pasado, los monjes de las alejadas partes orientales del Tíbet, Ladakh y Mustang viajaban durante muchos meses a pie hasta Sakya, Ngor, Nalendra y Yarlung Tashi Choe-de, en el Tíbet central, para recibir el Lamdre. Cuando alguien recibe el Lamdre, se considera que está oficialmente iniciado en el linaje Sakya. Se requiere de las personas que asisten a las enseñanzas del Lamdre que hagan cada día la sadhana de Hevajra. Esto ayuda a los discípulos a cumplir con sus votos de Pratimoksha, Bodhisatva y Vajrayana. En el pasado, los monasterios en los cuales se impartían enseñanzas de Lamdre fortalecían sus vínculos con el maestro que enseñaba el Lamdre y su linaje, y se comprometían con seriedad a mantener de manera regular prácticas formales de Hevajra. Dada la profundidad de estas enseñanzas, maestros prominentes de otros linajes tibetanos realizan grandes esfuerzos para recibir la transmisión del Lamdre.

El trabajo contenido en este libro se basa en quince charlas que di los sábados a finales de 1996 en Sakya Losal Choe Dzong en Canberra, Australia, a petición de un gran número de estudiantes veteranos de Dharma que tienen un interés genuino en recibir las profundas enseñanzas del Lamdre de Su Santidad Sakya Trizin. La redactora de este libro, Pauline Westwood, dedicó muchas horas de su tiempo cada semana a transcribir mis charlas, y posteriormente organizó el trabajo con otros estudiantes para leer, corregir y mejorar el texto. Este libro se ha materializado por fin gracias al gran entusiasmo y trabajo en equipo que inspiró sobre todo la misma Pauline. Estoy muy complacido de poder ofrecerlo ahora a otras personas de mentalidad similar, interesadas en el estudio del budismo Vajrayana y de las enseñanzas del Lamdre en concreto.

Ojalá este libro sirva como introducción a las enseñanzas del Lamdre y a su modo de transmisión único. Si los lectores descubren algo beneficioso, es por el poder de las actividades de la palabra iluminada de los budas, bodhisatvas y maestros del linaje del Lamdre, cuyas bendiciones se han vuelto accesibles gracias a la transmisión con un esfuerzo unido de muchas personas implicadas. Por mi parte, yo no intentaba escribir o comentar sobre unas enseñanzas tan preciosas como las del Lamdre. Mis palabras surgían como alegría, elogio y alabanza del linaje puro y fiel del Lamdre y de sus destacados maestros, que son las brillantes gemas del budismo tibetano. El linaje Sakyapa y sus seguidores son pequeños en cuanto al número. Sin embargo, el nivel exigido a un maestro que cumpla con sus requerimientos estrictos es sin duda elevado. Esta es la única manera de preservar la pureza de las preciosas enseñanzas del Lamdre.

Espero que esta obra ayude a presentar algunos de los fundamentos del budismo Vajrayana a sus lectores, e inspire a los discípulos a apreciar la pureza de las enseñanzas del Lamdre. Soy responsable de cualquier error expuesto por el "karma de mi boca" en este libro, y todos los méritos se deben a la amabilidad, generosidad e inspiración de mis preciosos maestros, padres, familia y estudiantes. Como resultado de que mis vientos kármicos me hayan llevado a vagar por esta parte del mundo, aquí en Australia, he descubierto una alegría mayor en compartir mi pequeño conocimiento de las preciosas enseñanzas del Dharma que la que nunca pude vislumbrar durante mis días de novicio en Lumbini. Como el niñito Jaya, que ofreció un puñado de suciedad al Buda y renació más tarde como el Rey Ashoka, considero esta obra como un pequeño ofrecimiento para ayudar a purificar todos los obstáculos negativos en el sendero para establecer el Dharma en Australia. Confío en que devuelva una parte de la gran amabilidad que he recibido y sirva para colmar algunos deseos de mis preciosos maestros y sus predecesores.

¡Que todos los deseos sinceros de aquellos que han contribuido directa o indirectamente con este libro se vean satisfechos por las bendiciones del linaje de los maestros Sakya!

¡Que todos los seres se libren del sufrimiento y de sus causas!

¡Que disfruten de felicidad duradera derivada de la práctica del altruismo!

¡Que experimenten la naturaleza apacible, clara y vacía de todas las cosas!

¡Que sean guiados por maestros cualificados en el sendero correcto vida tras vida, hasta que todos los seres conscientes sean felices y estén a salvo!

Con oraciones sinceras,

Lama Choedak T. Yuthok
Sakya Losal Choe Dzong, Canberra
"Losar del buey de fuego" 1997.

Las cualidades extraordinarias del Lamdre

❧ 1 ❧

LAS ENSEÑANZAS DEL LAMDRE se basan en el *Tantra de Hevajra*. Las recibió inicialmente el *mahasidha* del siglo séptimo Virupa, quien fundó el linaje y transmitió las enseñanzas a una línea de discípulos en la India. Virupa también escribió enseñanzas medulares conocidas como *Vajragatha*. Sin embargo, dado que éstas estaban muy codificadas y eran difíciles de entender, el Lamdre se transmitió como una tradición oral durante unos cuantos siglos. Drogmi Lotsawa llevó las enseñanzas al Tíbet a mediados del siglo décimo, y Sachen Kunga Nyingpo, que escribió además once comentarios, las codificó posteriormente en el siglo doce.

El Lamdre es un camino completo a la Iluminación. Es un único maestro quien lo enseña en un único lugar durante un período de varias semanas. No se ofrece en segmentos separados. Se trata de una transmisión de enseñanzas tanto exotéricas como esotéricas a cargo de un sustentante del linaje oficialmente reconocido. No lo pueden ofrecer supuestos enseñantes que sean simplemente capaces de atraer a las multitudes. En el linaje Sakya, que es el linaje del Lamdre, sólo contamos con un puñado de sustentantes del linaje en cualquier generación.

Es importante ser consciente de que aunque algunas personas puedan estar muy versadas en las enseñanzas y conozcan el tema muy bien, no por ello están necesariamente cualificadas para dar la transmisión. Cuando Su Santidad Sakya Trizin nos visite en 1997, será la primera vez que las enseñanzas no comunes del Lamdre (*Lobshe*) se enseñen en Australia. Su Santidad accedió a esto porque durante su visita en 1988 para impartir enseñanzas comunes (*Tshogshe*), se le pidió que volviera algún día para dar las enseñanzas no comunes del Lamdre. Y la petición se ha renovado desde entonces muchas veces.

El término *Lamdre* está en tibetano. *Lam* quiere decir "sendero", y *dre* significa "resultado". La palabra entera significa "el sendero que incluye su resultado". El Lamdre se encuentra íntimamente ligado al *Tantra de Hevajra*, uno de los tantras principales de entre los tantras superiores del *Yoga Anuttara* budista. Contiene las enseñanzas budistas en su totalidad, tanto del nivel ordinario como de los niveles extraordinarios. En esta charla me centraré en las características extraordinarias del Lamdre, en de qué tratan las enseñanzas y en cómo los estudiantes se beneficiarán de ellas. Estas cualidades extraordinarias se conocen tradicionalmente como las *Once Excelencias del Lamdre.*

Normalmente, tendemos a establecer una distinción firme entre el sendero y el objetivo o resultado. ¡El camino parece a menudo tan difícil, y nuestro progreso tan lento! Nos encontramos anhelando el resultado, desesperados por encontrar una manera más rápida de alcanzar esa elusiva meta. No siempre nos damos cuenta de que lo que experimentamos en el sendero es de hecho el objetivo de éste.

La primera gran característica del Lamdre es el hecho de que el camino incluya realmente su resultado. El resultado no es algo que ocurra al llegar a la meta. Ocurre continuamente desde el momento en que empezamos. Por lo tanto, no tenemos necesidad de esperar los resultados. Surgen cada día de la práctica. El Lamdre es totalmente práctico. Es nuestra experiencia durante la práctica la que autentifica el sendero. Por otra parte, la gente que no practica no tiene manera de experimentar el resultado. Es posible que desarrollen una comprensión intelectual de las enseñanzas del Lamdre, pero eso será todo. De hecho, cualquier sendero religioso que no incluya la práctica carece de experiencia real y es, por lo tanto, de beneficio limitado. No debemos olvidar nunca que el sendero es el resultado. Si no, cuando empecemos a practicar las postraciones, por ejemplo, podríamos desanimarnos por la cantidad que aún queda por hacer. Pero deberíamos intentar desarrollar la suficiente humildad como para sentirnos felices con lo que consigamos hacer cada día, en lugar de luchar por un número elevado. Una vez que recibimos el Lamdre y lo empezamos a incorporar a nuestras vidas diarias, ya no nos intimida el abismo que separa lo que hacemos de lo que queda por hacer. Dejamos de distinguir entre sendero y resultado.

La segunda característica extraordinaria es no ver el resultado como mayor que el sendero. De la misma manera en que el sendero no está separado del resultado, el resultado no está separado del sendero. A un nivel de comprensión mayor, ésta es la experiencia de la no existencia de dicotomía entre el bien y el mal. Los conceptos dualistas nos hacen sufrir mucho. Una gran parte de nuestro dolor se puede anular cuando comprendemos esta inseparabilidad del sendero y el resultado. El sendero de cada individuo es, por supuesto, diferente. Si se actualiza tu propio sendero, es la experiencia del sendero que es resultado para ti. La persona que haya logrado el resultado no dará por hecho que haya fijado un sendero que otros tengan que seguir. No hay una autopista a la Iluminación; sólo hay senderos. Algunas personas muy osadas se las arreglan para crear sus propios senderos nuevos por medio de sus experiencias. Podemos leer sus biografías e inspirarnos mucho, pero nunca viajaremos exactamente por la misma ruta. Por ejemplo, no podemos duplicar exactamente las actividades de Buda. Pero podemos usar sus enseñanzas como una guía para pavimentar nuestra propia senda. Esta es una característica importante del budismo. La enseñanza es nuestro refugio, y empleamos éste para fabricar nuestros propios senderos. Pero no intentamos convertirlo en una autopista para los demás.

La tercera característica es la instrucción que nos permite transformar todas nuestras percepciones gracias a la comprensión de la naturaleza de la mente. Cuando una persona conoce la naturaleza de la mente, puede transformar cualquier cosa. Una vez que aprendamos a gobernar nuestra mente, ya no estaremos bajo el dominio del reflejo de los acontecimientos y circunstancias en ésta. Podremos transformar todas nuestras percepciones. Por otra parte, una persona incapaz de gobernar su mente siempre ve las cosas como discriminatorias. La gente, los lugares y los acontecimientos tienen un gran poder sobre él o ella. A veces podemos vislumbrar esta capacidad de transformación. Podemos incluso ser capaces de practicarla en alguna ocasión, pero no de manera consistente. ¡Qué liberación es escapar a la tiranía de los acontecimientos y las circunstancias! Estoy seguro de que el Buda contaba con esta comprensión cuando estaba sentado bajo el árbol *bodhi*. Aunque soportaba todo tipo de circunstancias adversas, permanecía impávido. Fue capaz de transformarlo todo a su favor.

En el budismo existe una escuela de pensamiento conocida como *Sólo Mente* o *Chitamatra*. El Lamdre incluye elementos de esta filosofía, que enseña que todos los acontecimientos y percepciones no son más que un reflejo de nuestra propia mente. ¡Imagina cuánto beneficio puede aportar esta comprensión a la gente para sencillamente afrontar sus problemas cotidianos!

La cuarta característica es la capacidad de transformar los defectos en cualidades. Es posible que hayamos desarrollado a lo largo de los años la habilidad de evitar las situaciones y a las personas difíciles, con la idea equivocada de que nos protegemos apartándonos de ellos. Pero esta técnica supone exactamente lo contrario. Tenemos que estar realmente en contacto con situaciones y gente difíciles para poder transformar todas las faltas, obstáculos y adversidades en cualidades y oportunidades. La realidad es que todas las faltas están impregnadas con cualidades. Nuestras buenas cualidades se ocultan tras nuestras faltas. Las faltas son más visibles que las virtudes. Recordamos las faltas de los demás mucho mejor que sus aspectos positivos. Pero si consideramos con atención nuestras experiencias negativas, descubriremos que nos han enseñado mucho más que las positivas. Mucho más que todas las risas, abrazos y regalos que nos damos unos a otros: de estas cosas no aprendemos mucho. En cambio, aprendemos mucho de las relaciones difíciles. Puede que no nos lo parezca en ese momento, pero después de una experiencia dolorosa normalmente decidimos que haremos las cosas de manera ligeramente diferente en el futuro. Las enseñanzas del Lamdre nos proporcionan la capacidad para no rehuir las faltas de otras personas, lo cual implicaría en realidad también rehuir a la gente. Aprendemos a aceptar tanto las buenas cualidades como los defectos de los demás. ¡Sobre todo una vez que llegamos a percibir sus defectos como nada más que un reflejo de nuestra propia mente! Si queremos que una persona se muestre cariñosa con nosotros, normalmente la veremos como lo contrario. Esto se debe a que albergamos expectativas con respecto a la gente y las cosas. Pero si no tenemos ninguna expectativa, podemos vernos gratamente sorprendidos. Los defectos no se pueden separar de las virtudes. Son dos caras de la misma moneda. Esta es una característica importante del sendero que incluye su resultado. El Lamdre nos enseña a aprender de los problemas, y a no rechazarlos.

La quinta característica es la capacidad de aceptar todos los obstáculos e interferencias y transformarlos en logros. Podemos estar seguros de que si perseveramos frente a los obstáculos lograremos algo importante. De hecho, a menos que luchemos por nuestros logros, tendemos a darlos por supuesto. Los obstáculos ponen a prueba nuestra pasión por el resultado. Si sólo nos esforzamos a medias, por supuesto que nos cortarán el paso. La mayor prueba del sendero tiene lugar la noche previa a la Iluminación. Esto es lo que le ocurrió a Buda. Tras haber meditado durante seis años, le atacó un ejército de monstruos durante la noche previa a su Iluminación. Esgrimían las armas más terribles. Le lanzaron montañas de rocas y lagos de lava fundida. Esto es lo que denominamos la *conquista de los maras*. Si hubiese reaccionado preguntándose: "¿Es esto todo lo que obtengo tras seis años de práctica?", y se hubiese rendido, su logro se habría retrasado. Pero en lugar de sentirse amenazado por los maras, el Buda los vio como objetos de compasión. Como resultado de ello, los sometió a todos. Transformó sus armas en guirnaldas de flores. Si practicas durante diez años, y después te enfrentas a un gran obstáculo durante el año undécimo, debes perseverar. Retirarse en ese punto supondría la pérdida de la energía de diez años.

Cuando nos sentimos atacados por obstáculos, es importante no sentirnos abrumados. Lo mejor que se puede hacer es simplemente estar ahí. Dejar que los obstáculos sigan viniendo. Podemos decirnos que si los podemos soportar, se llevarán las negatividades que persistían a lo largo de nuestros diez años de práctica. De este modo, podemos avanzar más en un año de lo que lo hicimos durante los diez años previos. Esta prueba surge de vez en cuando en las vidas de los practicantes. Transformar los obstáculos en logros requiere que seamos pacientes con nosotros mismos, y desarrollemos la humildad. Es una culminación, casi como si nos entregasen un título tras muchos años de esfuerzo.

La sexta característica es ser capaces de reconocer cada experiencia. El patrón de la experiencia se reflejará en el patrón del *samadhi*. La consistencia de la práctica nos permite identificar los obstáculos. Pongamos como ejemplo la meditación de permanencia apacible. Algunas personas pueden sentir que no tienen molestias físicas y que el cuerpo ya no es un problema. Parece entonces que el único problema es la mente. La mente se siente torpe. Pero probablemente, esa torpeza sea en realidad física. Es posible que el meditador no entienda esto. Puede que piense que está tan bien sentado que el problema no puede ser su cuerpo de ninguna manera. Entonces es cuando deberíamos ser conscientes de que es muy difícil deshacerse de los agregados físicos. A veces la gente echa la culpa a las vidas pasadas. No reconocen que el problema real es su apego al cuerpo físico y a sus comodidades. Una vez que descubren esto, pueden localizar problemas de postura. Por ejemplo, si la espalda no está erguida, la mente se volverá torpe. Es fácil echar la culpa a alguna misteriosa dificultad mental o espiritual cuando no podemos enfocar la mente. Sin embargo, normalmente se trata de un problema físico. Nos resulta muy difícil trascender nuestro ser físico. El cuerpo y los sentidos son engañosos, y hacen que la mente se equivoque. Tenemos que volver siempre al nivel físico, que es el nivel en el que estamos, en lugar de buscar mucho más lejos la fuente del problema.

La séptima característica es que reconociendo los obstáculos podemos eliminar impedimentos ocasionados por espíritus malignos. Los meditadores los atraen. Según vayamos aprendiendo más acerca de los obstáculos, no echaremos la culpa a cosas externas como el clima, una comida difícil de digerir o un estómago vacío. Normalmente tendemos a buscar excusas fuera de nosotros. En ese momento el meditador puede ver los obstáculos a un nivel mucho más sutil.

Considera el ejemplo de ansiar comida. Los espíritus malignos normalmente invaden los puntos más débiles del practicante. Pueden aparecer en forma de comida para tentarnos. Pueden venir en forma de gente que intente alejarnos de nuestra práctica. Por supuesto que estas personas no son espíritus malignos, pero los espíritus malignos a veces entran en la mente de la gente. ¿No sientes nunca que no eres realmente tú cuando haces algo, como si alguna fuerza te dominase? Cuando pensamos en cosas negativas, los espíritus malignos nos echan una mano. Se les conoce como *maras*. *Mara* significa "matar". Matan nuestra consciencia, y nos sustituyen para que hagamos cosas que no haríamos normalmente. Se dice que si reconocemos estos obstáculos del sendero no culparemos a objetos concretos. Reconoceremos nuestros puntos débiles, y aceptaremos el nivel que hayamos alcanzado. Si tenemos pensamientos negativos, seguro que atraeremos vibraciones negativas. Los pensamientos negativos también atraen accidentes y mala suerte. Por otra parte, los pensamientos positivos atraen milagros. En algunas meditaciones nuestras visualizaciones nos capacitan para comulgar con los budas.

La octava característica es la cualidad de transformar los defectos de los demás en nuestros propios logros espirituales. Cuando hemos superado los niveles precedentes y hemos transformado nuestras propias faltas, es posible que nos fijemos en que los demás aún tienen defectos. La auténtica transformación surge cuando podemos percibir los defectos de los demás como cualidades. Por supuesto que no llegamos a decir a alguien: "Eres fantástico, tienes tan mal genio". Pero decirnos a nosotros mismos que una persona en concreto tiene muy mal genio y no la podemos soportar no nos ayudará a desarrollarnos. Nos volveremos exactamente como la persona a quien estamos criticando. El defecto dejará de estar sólo en la otra persona y nos infectará. Se volverá parte de nosotros. Así que, ¿cuál es la mejor manera de afrontar la situación? Una vez que hayamos aprendido a transformar nuestros propios defectos en cualidades, tenemos que empezar a intentar transformar los defectos de los demás también. Una manera es observar la conducta negativa del otro y decirnos: "Esto me recuerda cómo me solía comportar yo. Lo que yo era, lo veo ahora en el otro." Una vez hayamos transformado nuestras propias faltas, tendremos una perspectiva más elevada para ver los desatinos de los demás. No nos sentiremos amenazados por ellos. No haremos juicios sobre ellos. Las faltas de los demás nos permitirán entonces estar más centrados. Se convertirán en una inspiración. Empezaremos a aceptarlos como retos en lugar de como obstáculos.

Cuando alguien vuelve de un retiro largo, tiene que intentar conservar su nueva visión de los demás. Nos podemos volver bastante inofensivos, viviendo una vida solitaria en una pequeña choza y no relacionándonos con nadie. Pero, ¿qué pasa cuando salimos? El tigre es inofensivo en su jaula, pero ¿qué pasa cuando se escapa? El reto para nosotros como practicantes es considerar que las faltas de los demás son exactamente tan útiles como las nuestras. Una vez que hayamos conseguido esto, no nos molestará la gente "difícil". Después de todo, ¡nos ayudan a aprender! Podemos emular lo que el Buda hizo bajo el árbol del bodhi cuando venció a los maras. Sólo por medio de vencer a los maras fue como el Buda pudo alcanzar la victoria. Para ser vencedores, tenemos que derrotar a nuestros adversarios más poderosos. Y éstos no son otros que nuestras percepciones de las faltas de los demás. Tenemos que hacer la mantequilla de la experiencia espiritual a partir de la leche de nuestros problemas.

La novena característica del Lamdre es que nos permite ver la ausencia de contradicción entre sutra y tantra, moralidad y conocimiento metafísico. De otro modo, mucha gente ve una contradicción entre el conocimiento teórico y la práctica. Algunos tal vez estén contentos con su práctica, pero les afectan fácilmente los juicios ajenos. En realidad, necesitamos las críticas de vez en cuando. Nos ponen a prueba. Si nos desaniman, demuestran que seguramente somos unos practicantes muy superficiales. Las críticas suponen una oportunidad maravillosa para desarrollar la fe. Si nos desanimamos es porque estamos apegados a formas y conceptos mundanos, en lugar de estarlo a los significados profundos de las enseñanzas.

Se dice que una persona bendecida por la transmisión del Lamdre no verá ninguna contradicción entre el sutra y el tantra, la moralidad y la espiritualidad, la vida de monje y la vida de laico. No practicará nada contrario a las enseñanzas básicas del Buda. Por ejemplo, en ciertas ceremonias Vajrayana se permite beber un poco de alcohol como parte integral del ritual. Pero algunos practicantes beben botellas enteras. Esta es una transgresión de uno de los cinco preceptos budistas básicos.

¿Cómo puede uno esperar alcanzar una experiencia elevada del Vajrayana sin el fundamento firme de los cinco preceptos? Es importante seguir un sendero completo, en lugar de centrarse exclusivamente en un nivel. La práctica de un individuo puede ser una fuente tanto de inspiración como de humillación para los demás. Un practicante del Lamdre tendrá en tanta estima el nivel del sutra como el del vinaya. Es posible que a uno no le vayan estos niveles, pero sin embargo respetará cada uno de ellos, y llevará una vida espiritual fundada en una base firme de moralidad.

La décima característica es que exactamente de la misma manera en que un elixir transforma todos los metales básicos en oro, uno recibe enseñanzas de oro puro que transforman todos los problemas de la vida. Ya no vemos los problemas como algo rígido. Todos los obstáculos se vuelven transformables, independientemente de su origen. Apreciaremos las enseñanzas como si fueran una joya de valor incalculable.

La undécima característica es que los beneficios de las enseñanzas son superiores en todos los aspectos a las cualidades del mundo material ordinario. Es importante, sin embargo, no esperar que todas estas cualidades se manifiesten tan pronto como recibimos las seis semanas de enseñanzas del Lamdre. Las desarrollaremos de manera gradual, pero sólo mediante la diligencia y la práctica consistente.

Las cuatro autenticidades

❧ 2 ❧

LA GENTE A MENUDO pretende que una serie concreta de enseñanzas ofrece el resultado mejor o más rápido. Pero hoy en día abundan los charlatanes que emplean la religión para sus propios fines, como hemos visto con el tiempo en los Estados Unidos, y más recientemente en Japón. En la tradición del Lamdre, se recurre a cuatro criterios para asegurar que una serie concreta de enseñanzas se adhiera a unos parámetros de validez estrictamente definidos. Veremos brevemente cómo estos parámetros se pueden emplear para autentificar el Lamdre.

Las cuatro autenticidades en el orden que enseña el tantra.
La primera autenticidad en este orden son las enseñanzas válidas. Las exégesis son textos de comentarios que clarifican y explican las enseñanzas del sutra o tantra budistas. Muchos textos budistas son de difícil comprensión para los laicos, incluso en las mejores traducciones, a menos que vayan acompañados de comentarios. La literatura de comentarios se conoce como *shashtra* en sánscrito. Una persona capaz de escribir un comentario así debe, o bien haber sido profetizado por el Buda, o haber sido bendecido por las dakinis o los seres iluminados. Debe ser capaz de verificar su experiencia de Iluminación. De otro modo, su nombre debe haber sido profetizado en los sutras budistas. En este sistema en concreto del Lamdre, los auténticos shashtras o escrituras los escribió Virupa, uno de los ochenta y cuatro *mahasiddhas* que aparecieron en la India durante el siglo séptimo. Las fechas en que vivió son un

tema de discusión, y dependen de que sigamos la literatura hagiográfica o confiemos por completo en fuentes históricas. Hay una gran dificultad para reconciliar los dos acercamientos. Quienes siguen la manera tradicional del Lamdre de fecharlo, le sitúan en el siglo séptimo. Los auténticos *shashtra* deben basarse en un texto canónico realmente contenido en el canon budista. La obra de Virupa, titulada *Vajragatha*, que quiere decir "versos vajra" elucida el *Tantra de Hevajra*. El maestro y su entorno se deben poder localizar, al igual que el texto.

La segunda es un maestro válido, Acharya, o Maestro Vajra. De los treinta y un volúmenes que contienen la totalidad de las enseñanzas del Lamdre, once se ocupan de las biografías de los maestros del linaje, desde Virupa hasta los maestros vivos de la actualidad. Una de las biografías más cortas es la de Virupa. Es el primero de los maestros, y los detalles de su vida son esquemáticos. Sin embargo, hay muchos más detalles disponibles sobre las generaciones posteriores. La manera de autentificar la línea de maestros es leyendo sus biografías, sobre todo sus biografías secretas. Las biografías son de tres tipos: externas, internas y secretas. La biografía externa consiste en lo que las personas hicieron, a dónde fueron y con quién se encontraron. Esos detalles son de conocimiento común. La biografía interna es sobre lo que el individuo experimentó en realidad. La comprensión de la biografía interna la convierte en biografía religiosa: la biografía sagrada, hagiografía o biografía secreta. Esta es de difícil comprensión para las personas ordinarias. Es muy sagrada y mística. Algunos de los detalles biográficos acerca de Virupa son definitivamente de esa naturaleza. Son parte de su biografía secreta. Durante las enseñanzas, todas estas biografías se leen en tibetano. El maestro normalmente lee muy deprisa. En Occidente, la mayoría de los maestros transmiten la esencia de las historias de la vida en inglés, además de leer las historias completas en tibetano.

La tercera es la transmisión válida. El maestro debe ser un maestro válido que haya recibido las enseñanzas transmitidas oralmente por un maestro auténtico (no a través de libros). El conocimiento sagrado no se puede nunca transmitir por medio de libros. Los libros se pueden usar como una ayuda, pero eso es todo. Las enseñanzas deben venir de la "cálida voz del gurú". El maestro debe estar completamente adiestrado y autorizado para dar la transmisión. En la comunidad tibetana, debe haber varios miles de personas que practican el Lamdre hoy en día, pero sólo una media docena de ellos están autorizados para dar la transmisión. El maestro debe ser un reconocido sustentante del linaje. Debe haber recibido la transmisión oral del texto. Debe haber visto el texto y haberlo estudiado. El texto debe existir. Esto se cumple de manera estricta. Un maestro que es capaz de probar que posee estos requisitos posee la auténtica transmisión que se remonta a Virupa, y de Virupa a Vajra Nairatmya, y de ésta al Buda.

El *Tantra de Hevajra* está en forma de un diálogo entre el Buda y Vajragarba. Se parece al *Sutra del Corazón*. En la tradición Sakya del Lamdre, es posible que se exija a los monjes que memoricen todo el texto raíz del *Tantra de Hevajra*. No es muy largo, realmente, sólo setecientos cincuenta versos y veintitrés capítulos. En algunos monasterios, los monjes ordenados lo cantan de memoria. Hay doce grandes comentarios indios y cincuenta comentarios indígenas del Tíbet que se estudian y discuten. Dada la riqueza de la literatura de comentarios, unida al mantenimiento de la tradición oral, las enseñanzas siguen siendo parte de la tradición viva hasta el día de hoy.

La cuarta es la experiencia válida. Este no es necesariamente el orden correcto. Es el orden que se enseña en el tantra. Este orden se enseña así para que lo escépticos y las personas que no practican y estudian se hagan un lío, y no accedan fácilmente al conocimiento simplemente por medio de la lectura de un texto. La gente debe recibir una transmisión oral guiada. Por este motivo, los textos tántricos están escritos en un lenguaje muy críptico, y en un orden totalmente alterado. Cuando la gente habla del tantra, a menudo tiene ideas bastante extrañas. La mayoría de la gente no entiende la noción de transmisión auténtica. Muchos asocian el tantra con el sexo, lo cual es ridículo. Aunque exista una iconografía que represente posturas de carácter sexual, ese no es el tema. Así sea. A menos que se admita a la gente de manera adecuada, lo malinterpretarán. Al tantra le agrada conservar en secreto aquellas cosas concebidas para ser mantenidas en secreto.

Las cuatro autenticidades en el orden de la secuencia de los acontecimientos.

En primer lugar está la transmisión válida. En el sistema de *secuencia de acontecimientos*, uno establece en primer lugar la auténtica transmisión, dada por Buda en forma de diálogo. Si el tantra en el que figuran estas cuatro autenticidades enseña en un orden alterado, ¿cómo averiguamos el orden correcto? De la misma manera en que un riachuelo fresco que recorre el valle tiene su origen en las montañas de picos nevados, todas las enseñanzas auténticas derivan de elevadas cumbres espirituales. Deben tener su origen en el texto raíz. Es posible que el texto no haya sido escrito hasta transcurridos unos cuantos cientos de años. No tenemos manera de establecer exactamente cuándo fue escrito. El documento más antiguo proviene del siglo octavo. El Buda vivió casi doce siglos antes. Por lo tanto, en el período intermedio, la transmisión se debe haber mantenido de manera oral.

La segunda son las enseñanzas válidas. Tras la transmisión, el texto se fijó por escrito. *La tercera es la experiencia. La cuarta es un maestro válido.* Virupa escribió un texto muy corto. En aquella época, el *Tantra de Hevajra* estaba ya en circulación, por supuesto. Dado que el texto de Virupa es mucho más corto que el tantra, no se le considera realmente como una exégesis o un comentario en cuanto a su naturaleza, sino más bien como un extracto. Constituye una serie de enseñanzas completamente nueva llamada *Lamdre* o *Marga Phala* en sánscrito. *Marga* significa "sendero", *phala* significa "resultado". Por lo tanto, primero vino la transmisión y después la exégesis –¡al menos para la gente que podía entender lo que Virupa escribió!– Uno se puede preguntar por qué Virupa escribió esto, porque ¡no parece de ningún modo más fácil de entender que el mismo texto raíz! Las únicas personas que podían realmente entender el significado del texto de Virupa eran sus discípulos. Estos discípulos dieron pues validez al hecho de que su maestro, Virupa, era un maestro iluminado, el buda por medio del cual recibían las enseñanzas. Se convirtieron en sus sucesores. Virupa sólo tuvo dos de ellos, que se especializaron en temas diferentes.

La historia más antigua del Lamdre es puramente oral. Tras su llegada al Tíbet permaneció así hasta el siglo trece. Por ese motivo, no se intentaba reclutar a muchos seguidores. Normalmente, sólo a uno cada vez. Un discípulo tiene que ser capaz de mantener las enseñanzas. Tiene que haber tenido experiencias válidas relacionadas con el calor, los signos y las experiencias de Iluminación. Los niveles de experiencia que se requieren se explican en el texto. Debe llegarse a ellos por medio de la práctica. Hasta que el mismo individuo vive las experiencias, las autenticidades a las que nos hemos referido antes permanecen en un nivel superficial.

Un meditador debe llegar al punto en el que permanezca sentado inmóvil sin preocuparse del tiempo. Su cuerpo debe ser como un asistente fiel. Su mente debe superar completamente la materia, en lugar de ser el cuerpo quien gobierne la mente. Esta es una de las primeras experiencias que convencen. Cuando se alcanza este estado, los aspectos físicos y emocionales quedan bajo el dominio del anhelo espiritual. Las necesidades sensoriales quedan reducidas a nada. El ansia y el deseo desaparecen. Uno se puede sentar inmóvil como el Buda bajo el árbol del bodhi pase lo que pase. Estas experiencias inspiran al meditador al tiempo que persevera con las prácticas en el orden prescrito, haciendo frente a todas las adversidades. Esta trascendencia de lo físico es lo que hace a una persona verdaderamente espiritual, y no sus creencias. Verá más allá de lo que el ojo físico puede ver, oirá más allá de lo que el oído físico puede oír, tocará más allá de lo que el cuerpo puede tocar, y estará más lejos de donde está. Los conceptos de espacio, tiempo y conocimiento que dictan todo en el mundo ordinario se ven completamente anulados. Casi se trasciende la noción de un yo que exista como independiente de los demás.

Cuando una persona alcanza este estado, experimenta quince niveles de calor. Estos representan niveles de desarrollo en el sendero del Lamdre. Hasta entonces su fe en el gurú surgía de ver la amabilidad de éste hacia él —en otras palabras, estaba orientada hacia el yo y era muy personal—. Respetaba al gurú simplemente porque le había ayudado. Pero cuando nuestras experiencias nos inspiran, nuestra percepción del gurú cambia hasta el punto de verle como la encarnación del Buda. Sólo veremos las características iluminadas del gurú. Nuestra devoción se volverá la fuerza más poderosa que se pueda imaginar. La voluntad del gurú se convierte en todo lo que importa. No hay nada más que merezca la pena hacer. Seguiremos las huellas del gurú. Empezaremos a ver la posibilidad de desarrollar el gurú interior. Hemos visto previamente el parecido del gurú con el Buda. Ahora veremos el parecido del Buda y del gurú con nosotros. Esta percepción es lo que nos da la energía para cultivar el gurú interior. Como resultado de ello, desarrollamos fe inconmovible en la transmisión, las enseñanzas y el texto. Establecemos las cuatro autenticidades a partir de nuestra propia experiencia. Cuanto más elevada sea nuestra experiencia, mayor será el nivel de autentificación. Por otra parte, si nuestra experiencia se queda estancada en un nivel bajo, nunca penetraremos más allá de la biografía externa, por más detalles biográficos que memoricemos. No habrá realizaciones espirituales grabadas en nuestro continuo mental.

Habrá momentos en que los discípulos se pregunten por qué deben ver a su maestro como un buda, cuando es obvio que no lo es. Ven que se enfada exactamente como ellos. No parece ser distinto de los demás, exceptuando el hecho de que puede hablar acerca del Dharma. Estas son proyecciones típicas, ¡y aquí hablo de mi propia experiencia! Pero esa percepción cambiará. La devoción surge de manera natural a partir de las experiencias espirituales inspiradoras. Una característica importante del Lamdre es que devuelve la responsabilidad al individuo. Mientras que inicialmente debe haber fe y devoción hacia las enseñanzas y el maestro, lo que realmente cuenta al final es la experiencia del individuo por medio de su práctica. La noción de devoción al gurú se vuelve entonces un asunto de cortesía humana básica. En algún nivel, tenemos que marcharnos y cortar con cualquier dependencia de la presencia física de nuestro gurú. Llegamos a sentir que marcharse es un reto más grande. No queremos necesariamente estar con él todo el tiempo. Cuanto más lejos estemos del gurú, más fuerte debería volverse nuestra fe. Sólo entonces puede confirmarse la verdadera realización espiritual.

Las cuatro autenticidades en el orden en que el discípulo sigue las prácticas.

El tercer orden depende de cómo un discípulo sigue las prácticas en realidad. Variará de un individuo a otro. El primer vínculo de un discípulo con las enseñanzas es su maestro. El maestro puede hablar del texto y de Virupa, pero el primer punto de contacto del discípulo con las enseñanzas del Lamdre es el maestro que da la transmisión. Uno debe por lo tanto comprobar que es un maestro cualificado, o al menos satisface los criterios externos de un maestro cualificado. También debe ser alguien aceptado por completo en el linaje como exponente del mismo. El maestro no debe enseñar solamente a partir de la cabeza. Tiene que haber enseñanzas vividas, del corazón, que nuestra consciencia absorba hasta la misma médula. Hay maestros que pueden pasar años exponiendo varios temas interesantes a un nivel académico, pero es posible que no haya un sentimiento personal que se transmita a los oyentes. Un maestro debe ser capaz de grabar en los niveles más profundos de nuestra mente, para despertar la espiritualidad latente o dormida.

La primera es un maestro válido. En primer lugar tenemos que autentificar al maestro. Debe estar cualificado de manera formal, aprobado por el linaje, y ser capaz de alcanzar nuestro nivel de consciencia más profundo. Alguien que no haya practicado no será capaz de beneficiar a los otros o de influenciar su mente. Tenemos que ser capaces de sentir que la persona mantiene el linaje. Tenemos que sentir una bendición o un poder que nos llegue y esté por encima de su capacidad individual. *La segunda es una transmisión válida. La tercera es la enseñanza válida. La cuarta es la experiencia válida.* Es nuestra experiencia, por supuesto, lo que da validez a las otras tres. La confirmación depende siempre de nuestra propia experiencia.

Las cuatro autenticidades según el orden de validación.
El cuarto y último sistema se conoce como el orden de validación. Este es el orden que da validez a todas las autenticidades. De acuerdo con él, es sólo en el momento en que el mismo individuo experimente las enseñanzas cuando las otras autenticidades adquirirán una validez real. Por supuesto que tenemos que seguir las enseñanzas de manera sincera, de acuerdo con las instrucciones prescritas. No debemos caer en concesiones o compromisos inadecuados. Por ejemplo, algunas personas creen que ya que los tiempos han cambiado, no es necesario hoy en día hacer las prácticas del *Ngondro*. Este tipo extraño de compromisos son en realidad un tabú en la tradición del Lamdre. Todo el mundo debe empezar con lo primero. Es posible que algunas personas hayan sido grandes maestros en una vida previa, pero lo tienen que probar en esta vida por medio de las prácticas prescritas. No pueden saltarse la cola. El Lamdre no permite andar eligiendo. El Lamdre requiere una obediencia total. Uno debe llevar las enseñanzas a su corazón

y seguir las prácticas con fe, no porque sean interesantes o divertidas, sino porque son un remedio para las causas reales del sufrimiento. Sólo en el momento en que una persona establece una relación entre sí mismo como ser enfermo y las enseñanzas como tratamiento, puede tener experiencias válidas. La eficacia de una medicina sólo se puede comprobar cuando se administra a los enfermos.

Si no experimentamos los beneficios de una enseñanza, nos dominarán las dudas, las sospechas y los miedos. Cuando practicamos, la misma práctica frena las habituales fluctuaciones de la mente entre esperanza y miedo, duda y certeza. La mente dividida no prevalecerá. La práctica nos beneficiará en todas las circunstancias de la vida. Para practicar, no es necesario que mostremos nuestros *malas*, o que hagamos ver que estamos murmurando algo en tibetano, aunque podemos ciertamente invocar ciertas bendiciones cuando las necesitamos, para que las enseñanzas se vuelvan relevantes y adaptables a todas las circunstancias. Cuando se encuentran la práctica y la experiencia, sabemos que estamos en el camino. No hay más dudas. *Las cuatro autenticidades según el orden de validación* comienza con la experiencia. Como resultado de ésta, uno desarrolla devoción al maestro, después a la transmisión y después al texto o exégesis. Para resumir: *Lo primero es la experiencia válida. Lo segundo es un maestro válido. Lo tercero es una transmisión válida. Lo cuarto es una enseñanza válida.*

Los cuatro parámetros de un linaje susurrado al oído.

Aunque estas cuatro autenticidades se puedan establecer sobre la base de nuestra propia experiencia, ¿cómo sabemos que las enseñanzas se han mantenido de manera oral como una transmisión susurrada al oído? Puede que haya linajes que se sientan obligados a propagar extensivamente sus enseñanzas para contar con tantos seguidores como sea posible, pero este tipo de acercamiento no se adopta en el Lamdre. No conservaría el linaje susurrado al oído. Requeriría el uso de altavoces. En el Lamdre, como hemos dicho antes, las iniciaciones principales se dan a no más de veinticinco personas cada vez, de forma que todo el mundo pueda oír las palabras y la voz del maestro de manera directa. El énfasis debe estar en cultivar la calidad, en lugar de la cantidad.

Para comprender la importancia del linaje susurrado nos deberíamos familiarizar con la historia de Ngorchen. Por más que lo intentara con su visualización, no pudo iniciar a más de veinticinco estudiantes de una sola vez. Por supuesto, en aquellos días no había altavoces. Así que se desarrolló la tradición de que las iniciaciones de la causa y el sendero de Hevajra, que son las iniciaciones principales del Lamdre, se dan a no más de veinticinco estudiantes en una sesión. De modo que si hay cincuenta, setenta y cinco o cien, el maestro sólo puede iniciar a un máximo de veinticinco cada vez. Las iniciaciones sólo funcionan si hay una comunicación receptiva entre los iniciados la persona que inicia. Dado que Ngorchen creía que sólo podía iniciar a veinticinco, ninguno de sus seguidores estaba dispuesto a iniciar a un número mayor. Hay iniciaciones de masas en la tradición tibetana. Pero para que el circuito de la energía se conecte, hay un límite de veinticinco estudiantes, y el número debe ser siempre impar. Un significado del linaje susurrado es que incluso cuando llega a haber veinticinco estudiantes, todos sienten que se les está transmitiendo un linaje susurrado y no algo dirigido a todo el mundo. Esto genera una sensación de que las enseñanzas son sagradas y especiales.

1. La corriente del agua de la iniciación no debe secarse.

Hay cuatro parámetros para establecer el linaje susurrado. En primer lugar, la corriente del agua de la iniciación no se debe secar. Recibimos la corriente causal del agua de la iniciación de nuestro maestro. Bebemos el agua, y hay una ceremonia en la cual tiene lugar la bendición. Las diferentes personas recibirán las bendiciones de manera distinta. Con la caída de la lluvia de la sabiduría trascendental, algunos pueden reaccionar físicamente, otros verbalmente, y otros pueden experimentar una profunda reacción emocional. El maestro prepara la ceremonia basándose en un mandala, pintado normalmente en tela o con arena. Se deben juntar el poder del ritual, el maestro y la fe del discípulo para que la iniciación tenga éxito. Cada participante recibe una transmisión causal del agua que no se ha secado. El agua de la iniciación de cuando uno está en el sendero no se seca cuando el individuo practica la sadhana de manera regular. Si practica cada día, desarrollará la experiencia cada vez. Vuelve a recibir la iniciación cada día, sin la necesidad de un gurú físico, un mandala o un ritual. El agua correspondiente al resultado de la iniciación no se seca cuando uno llega a la Iluminación real. Muchas biografías de maestros realizados nos relatan cómo recibieron la iniciación del resultado en una visión del mandala del resultado, directamente de los cinco Budas.

2. La continuidad de las bendiciones no se debe romper.

El segundo parámetro del linaje susurrado es que la continuidad de la bendición no se debe romper. Hay algunos monasterios en el Tíbet en donde las enseñanzas del Lamdre se dan cada año. Con la invasión china, esta manera en concreto de mantener la transmisión se interrumpió. Sin embargo, hay algunos maestros que enseñan el Lamdre cada pocos años. Pero la continuidad de las bendiciones todavía depende del sustentante del linaje individual que mantiene su práctica. Mi maestro, S. E. Chogye Trichen Rimpoché, practica inquebrantablemente cuatro veces al día. Dedica dieciséis horas cada día a la práctica. No hay manera de que su continuidad se interrumpa. A veces otros maestros que se han quedado sin hacer la sadhana un día, se apresuran a verle y a pedirle otra iniciación para recibir causalmente la transmisión de nuevo. Rimpoché sonríe siempre que ocurre esto, y les hace pasar un mal rato. Su preocupación es sobre todo por aquellos que tienen la responsabilidad de continuar el linaje, no por los monjes ordinarios que puedan haberse quedado sin hacer la práctica de un día. Durante las iniciaciones de antaño, muchos discípulos se iluminaban en el acto. Hoy en día se dice que puede llevar una vida entera, o incluso hasta dieciséis vidas, ¡lo cual aún se considera muy rápido! Algunos pueden alcanzar la Iluminación en el bardo, y los de inteligencia aguda en esta vida. Sin embargo, para asegurar la Iluminación final, los discípulos tienen que mantener la continuidad de las bendiciones haciendo la práctica cada día.

3. No se puede interferir con el orden de las instrucciones.

El tercer parámetro del linaje susurrado es que no se puede interferir con el orden de las instrucciones. A eso es a lo que me refería antes cuando dije que no se pueden dar enseñanzas elevadas a gente que no haya hecho ciertas prácticas. Cuando recibimos el Lamdre, las enseñanzas se dan en un período de seis semanas, en el orden de secuencia de la práctica. La primera semana, o los primeros diez días, se dedican sobre todo a las enseñanzas fundamentales de las *Tres Visiones* (sobre la naturaleza de la existencia en el mundo y por qué experimentamos las cosas que experimentamos). Esto está básicamente al nivel del sutra de las enseñanzas del Theravada y Mahayana. La gente debe dominar este nivel antes de proseguir. A partir de la segunda semana, las enseñanzas empiezan a cubrir la dimensión tántrica, como lo hacen los *Tres Tantras*. Siguen varias iniciaciones. En un momento concreto recibimos el voto del bodhisatva. Después recibimos la iniciación del Vajrayana y sus votos, y después las enseñanzas, seguidas de los comentarios, y después las instrucciones. Al llegar a este punto, se enseñan prácticas auxiliares como lo es el *phowa*. El linaje Sakyapa es muy precavido a la hora de dar enseñanzas así. Dar la transmisión es una cosa, pero si se imparten las instrucciones, la gente puede usar la práctica para suicidarse. Por este motivo, el *phowa* se enseña sólo a discípulos con un cierto grado de madurez.

El Lamdre sigue la escuela gradual más que la escuela repentina. No se enfatiza la visión última. En este nivel, la gente está aún anclada en el nivel burdo. Las enseñanzas tratan de dónde está la gente, en lugar de intentar impartir una visión elevada desde una perspectiva iluminada. Es muy importante que la gente se relacione en primer lugar con el nivel que han alcanzado, en lugar de intentar comprender cosas para las que no están preparados. No se debe transigir con el orden de las instrucciones o adaptarlo excesivamente con la sencilla finalidad de atraer a nuevos adeptos.

4. Uno se debe sentir satisfecho por su devoción a las enseñanzas.

El cuarto y último parámetro del linaje susurrado es que una persona se debe sentir satisfecha por la devoción que surge en ella por las enseñanzas. No se debería requerir un gran esfuerzo para convencer a los discípulos, que deben desarrollar la devoción en su propio interior. Los que desarrollan una satisfacción así no se pierden nada. La comida se convierte en un mero combustible para mantener el cuerpo fuerte. Todo se ve como temporal. Pueden dedicar un tiempo a los asuntos mundanos cuando sea necesario, pero esas cosas no implicarán su corazón y su alma. Sus prioridades quedan claramente definidas.

A un practicante así no le desconciertan las calamidades del mundo. Ve todo aquello como efímero. Sus objetivos están ahora en otro lugar. Ya no surge ningún problema al tratar con fenómenos como una separación, la enfermedad, la vejez y la muerte. Esta devoción creciente ha superado los sufrimientos básicos de los que se habla en las *Tres Visiones*, y satisface todas las necesidades. Uno se ha vuelto humilde. La vida está rebosante y entera. Un discípulo que recibe la transmisión del linaje susurrado sentirá estas bendiciones, que se volverán el centro de su vida. Todo lo demás se sitúa en torno a ellas. Las percepciones se revisan por completo. Su relación con la sociedad se transforma. No le afectarán las subidas y bajadas de la existencia diaria. El egoísmo se evapora por completo. Las cosas ya no le hacen preocuparse, porque ve que no tienen sustancia. Y por la misma razón, nada del mundo externo le puede enriquecer.

Cuando alcanzamos ese nivel de comprensión espiritual, la lámpara de la devoción al Lamdre se ilumina en nuestros corazones y los beneficios fluyen hacia los demás. Aumenta nuestra autoestima. Vemos que somos capaces de ayudar a los demás mucho más a este nivel espiritual de lo que nunca pudimos a un nivel material. Se ha completado nuestra transformación de una persona material en una persona espiritual, como resultado de honrar y amar las enseñanzas. Cada vez que pensamos en ellas, trascendemos nuestro dolor, preocupación, deseo y enemistad. Las enseñanzas lo tienen todo. Son una gema que concede todos los deseos, y todos los nuestros se ven colmados. Todos nuestros problemas se resuelven. Podemos soportarlo todo.

Esos son los cuatro criterios del linaje susurrado. Volvamos sobre ellos: el agua de la iniciación no debe haberse secado, la continuidad de las bendiciones no se debe haber roto, el orden de las instrucciones no se debe haber alterado o comprometido, y la persona debe estar completamente satisfecha por su devoción. Si un linaje posee estas cuatro cualidades, prepara a los discípulos para practicar a un nivel muy profundo, y por lo tanto se cultivará probablemente la cuarta autenticidad, que es la experiencia válida. En ausencia de estas cosas, una serie de enseñanzas puede quedarse en lo puramente externo: un mero sistema intelectual en lugar de una realidad viva.

La vida de Virupa

❧3❧

En la sesión anterior hablamos de las cuatro autenticidades que se requieren para considerar que unas enseñanzas son genuinas enseñanzas vivas del Buda. Una de éstas es la autenticidad de los maestros. ¿Cómo podemos estar seguros de que las enseñanzas provienen de maestros cualificados e iluminados? No podemos abarcar aquí los relatos de las historias de los aproximadamente sesenta maestros del Lamdre. Sin embargo, como exponente del trasfondo biográfico, esbozaré brevemente la vida del *mahasiddha* Virupa, el primer maestro humano del Lamdre.

Las enseñanzas budistas, ya sean de sutra o de tantra, deben poder seguirse hasta una persona histórica. Se puede seguir la pista de las enseñanzas en su conjunto hasta el mismo Buda. Hay un registro de cuándo enseñó, dónde lo hizo, qué tipo de audiencia tenía, y quién solicitó las enseñanzas. Las enseñanzas del tantra las enseñaron y expusieron normalmente maestros posteriores. Aunque situar las fechas es algo extremadamente difícil, como en todas las tradiciones religiosas, se considera que el *mahasiddha* Virupa vivió a mediados del siglo séptimo. Todos aquellos que transmitieron enseñanzas de tantra en la India cumplían el requisito no sólo de ser practicantes, sino también de haber sido profetizados por el Buda o bendecidos por las dakinis. Veremos cómo la historia de la vida del *mahasiddha* Virupa satisface estos criterios, y cómo, por lo tanto, se convirtió en un *mahasiddha*. *Maha* significa "grande", *siddha* significa "adepto" o "asceta".

Se dice que Virupa comenzó su vida como un príncipe que creció en el sur de la India. Siguiendo la costumbre de la época, sus padres consultaron a un astrólogo acerca del futuro de su hijo. Este predijo que iluminaría algún día las enseñanzas del Buda. Por lo tanto, se le puso el nombre "Rueda de Plata", queriendo con esto decir que iluminaría la rueda del Dharma emitiendo rayos de luz blanca o plateada. Muy animados por esta predicción, sus padres le llevaron a un monasterio llamado Sompur, en el norte de Bengala, que hoy en día es Bangladesh. Rueda de Plata estudió allí hasta la muerte de su maestro. Tras su fallecimiento, preparó una ceremonia especial, y ofreció un gran banquete. Después de esto, pensó que el lugar donde había estado estudiando era demasiado pequeño, y decidió trasladarse a una institución de enseñanza budista mayor. Así que viajó a la universidad de Nalanda, que estaba en el actual estado de Bihar, sede del antiguo reino de Magadha. Se trataba de una de las mayores instituciones de enseñanza que existían entonces. Se conservan sus ruinas, que se pueden visitar hasta hoy en día. Virupa estudió allí, y recibió la ordenación de *bikshu*, que quiere decir monje completamente ordenado, del Abad Dharmamitra. Le dieron el nombre monástico de "Dharmapala".

Exteriormente, las enseñanzas monásticas se restringían al nivel del sutra. En otras palabras, se ocupaban de los sutras y de la filosofía del budismo. Dharmapala aún no había adquirido el nombre de Virupa, pero eso lo veremos después. Aunque se implicaba en estudios diurnos del sutra, su mayor interés lo acaparaban las enseñanzas esotéricas nocturnas. Justo antes de morir, su nuevo maestro anunció que Dharmapala debía ser nombrado sucesor suyo. Cuando murió, Dharmapala tuvo que cargar con la responsabilidad de enseñar todas las clases anteriormente a cargo de su maestro, además de seguir con sus propias clases diurnas. No tenía realmente mucho tiempo para practicar durante el día, así que dedicaba sus noches al Vajrayana. Continuó así durante doce años, enseñando durante el día, y llevando a cabo prácticas esotéricas del Vajrayana durante la noche. Se dice que sus prácticas principales eran Chakrasamvara y Hevajra. Continuó así hasta los setenta años.

No es de extrañar que esperase la manifestación de signos que indicasen su realización espiritual. Sin embargo, al hacerse mayor se estaba poniendo muy enfermo y estaba cada vez más decepcionado por su falta de logro. Le abrumaban tanto su falta de salud física como las onerosas tareas que tenía que llevar a cabo. Empezó a tener algunos sueños muy perturbadores. Una noche vio un enorme fuego que ardía en la parte más baja del valle en el que vivía, y una avalancha de agua que se precipitaba desde la parte superior de éste. El se encontraba atrapado en medio de este conflicto entre dos elementos contrarios. Vio granizo que caía sobre su cabeza. Vio carámbanos. Vio a su gurú, yidams, deidades y otros amigos espirituales, todos vueltos del revés. Tenían todos las caras cortadas, los ojos arrancados, y había sangre que caía por doquier.

Le preocupaba mucho tener unos sueños así después de tantos años de práctica constante, sobre todo teniendo en cuenta que su estado físico era tan malo. Empezó a sospechar que no tenía una conexión kármica con las enseñanzas esotéricas de aquella vida. Decidió que le podría ir mejor centrándose en las enseñanzas básicas, después de todo. Así que en el día veintidós del cuarto mes lunar, se despertó pronto por la mañana, y decidió de una vez por todas abandonar las prácticas del Vajrayana. Cogió su mala y lo tiró al retrete. No se había dado cuenta de que el sueño no era un sueño ordinario. Los sueños ocurren normalmente a causa de las esperanzas y miedos que generan nuestras tendencias habituales. Este trataba de la transformación total del cuerpo físico y psíquico. Cuando se abren ciertos canales psíquicos y chakras, por la realización espiritual propia, es fácil interpretarlo mal, a menos que uno haya recibido explicaciones detalladas acerca de lo que hay que esperar. Eso es lo que le ocurrió a Dharmapala. Había muchos cambios sutiles que tenían lugar en su cuerpo, pero no había recibido las enseñanzas que le habrían permitido interpretarlos. Así que lo tomó todo de manera literal, y por esto reaccionó desanimándose completamente y lanzando su mala a la letrina.

Lo que ocurría en realidad es lo siguiente. Hay tres maneras en que los aires sutiles pueden entrar en el canal central. Estas se denominan entrada primera, entrada media y entrada tercera. Cada entrada de este aire en una vena concreta o en el canal central provoca una reacción diferente, cambiando la química y alterando el flujo de energía. Esto puede crear el caos en la experiencia ordinaria de uno. Como su abad se había muerto, y Dharmapala no había recibido las enseñanzas adecuadas, actuó con precipitación. Después de deshacerse del mala, se fue a la cama. Un poco más tarde le despertó una mujer azul, que era la diosa Nairatmya, según sabemos nosotros ahora. Apareció con la forma más bella que se pueda imaginar y dijo: "No es adecuado que te comportes de esta manera cuando estás a punto de lograr *siddhis*. Todos los budas cuentan con una compasión no discriminatoria. Sin embargo, soy la deidad con la cual tienes una mayor afinidad kármica, y te ayudaré a llegar a la Iluminación rápidamente. Recupera las cuentas de tu mala. Lávalas con agua perfumada, confiesa tus faltas y reanuda tu práctica." Después desapareció.

Dharmapala se fue directamente al retrete, como se le había dicho, recuperó su mala y, con una mezcla de arrepentimiento y alegría, lo lavó y reanudó su práctica. En cuanto hubo hecho esto, la misma diosa reapareció. Manifestó todo el mandala de la diosa Nairatmya, y él recibió la iniciación. Al acabar ésta, alcanzó la Iluminación del primer *bhumi*. Al día siguiente, alcanzó el segundo *bhumi*, el tercer día el tercer *bhumi*, y continuó así hasta que al cabo de seis días, el veintinueve del cuarto mes lunar, había alcanzado el sexto *bhumi*. Anualmente se celebran ceremonias de Hevajra en los monasterios Sakya para celebrar esta consecución de seis *bhumis* en seis días consecutivos por Dharmapala. Al llegar a este nivel, fue capaz de dar una nueva interpretación a su sueño. Comprendió que las crudas apariencias de distintos seres habían sido manifestaciones de su propia mente. Estas imágenes las produjeron las energías vitales al entrar en las venas *ksa* y *ma*, situadas debajo del ombligo, lo cual a su vez resultó en el deshacerse de los nudos de las venas. En el cuerpo físico ordinario, estas venas están normalmente obstruidas. No permiten el paso de la energía, y por lo tanto no hay experiencia espiritual. Al deshacerse los nudos, experimentó calor psíquico. Esto es lo que había visto en su sueño como un fuego ardiendo al final del valle. Lo que había interpretado como una conflagración externa era en realidad su fuego interno que se había encendido.

Los meditadores que alcanzan grandes niveles de meditación normalmente descubren mucho calor en su cuerpo, lo cual es bastante natural. Su mente consciente estaba intentando interpretar esto a un nivel convencional, aunque la experiencia no tenía nada que ver con fuego convencional. Al interpretar la mente conceptual el fuego de manera equivocada como un fenómeno externo, conjuró automáticamente lo contrario del fuego. De ahí la inundación. Si hubiese entendido el significado real del fuego como calor psíquico, su mente no habría producido la imagen de la avalancha de agua. La circulación vigorosa de las gotas hizo que la energía fluyese muy deprisa, casi como una inundación.

En el Lamdre se nos enseña que cada reacción extremada a nivel emocional produce energías burdas. Esto conduce a experiencias que exteriorizamos y creemos que son verdad. Se trata de una mera proyección. Si estamos paranoicos, frustrados, enfadados o apasionados, fijamos patrones que gobiernan nuestra percepción del mundo que nos rodea. Nuestras percepciones ordinarias del mundo no son reales. Se pueden transformar debido a cambios que ocurran en nuestro interior. Las caras desgarradas de los gurús y los yidams eran experiencias meditativas que representaban los tres niveles progresivos de fusión de los elementos en el interior del cuerpo. Veía las caras de sus maestros como si estuvieran desgarradas y goteando sangre. Esto se debía a que su apego hacia ellos le estaba dañando realmente. Tenía que comprender que su apego hacia sus maestros no se diferenciaba de ninguna otra forma de aferramiento. El que estuviesen desgarrados y vueltos del revés significaba realmente que debía desprenderse de ellos. También los objetos por los que sentimos más devoción deben ser abandonados.

Dharmapala era ahora un bodhisatva que se encontraba en el sexto *bhumi*. Anteriormente comenté los cuatro criterios de un linaje susurrado. El recibir las iniciaciones directamente de Vajra Nairatmya estableció el hecho de que la corriente de la iniciación no estaba seca: aún fluía. La consecución de seis *bhumis* en seis noches consecutivas confirmó que el linaje de las bendiciones que había recibido no estaba roto, y por lo tanto se trataba de una tradición viva. Su fracaso para mostrar señales de realización espiritual y su mala interpretación de éstas cuando llegaron indicaba que no había recibido las instrucciones medulares. Ocurre a menudo que los discípulos no reciben instrucciones completas. Siempre hay un montón de consejos que faltan. Sin los consejos que faltan, una persona no realizada no será capaz de proseguir. Es mejor que ciertas instrucciones se mantengan en secreto. La experiencia real del estudiante le permitirá encajar las piezas que faltan en el puzzle.

Dharmapala adquirió entonces la confianza que surge de la devoción. Estaba totalmente satisfecho. Se había vuelto el depositario de los cuatro linajes de enseñanzas susurradas. Por lo tanto, necesitaba asegurarse de que la transmisión de este linaje se llevase a cabo de manera secreta. Hacía tiempo que se consideraba a Dharmapala como un gran abad, y la gente acudía en tropel desde muy lejos para recibir sus enseñanzas. Pero se encontraba en una situación difícil, porque la transmisión que ahora estaba autorizado a impartir tenía que ser dada a un único discípulo, y en el mayor secreto. ¿Cómo podía transmitir su logro? Este era un auténtico dilema para él.

Por aquel entonces, Dharmapala preparó un gran banquete de ofrecimiento para dar las gracias a su gurú y a los yidams. Entre las sustancias requeridas para la ceremonia había carne y vino, aunque en pequeñas cantidades. Esto provocó una cierta aprehensión entre los monjes. Se preguntaban por qué de repente su muy devoto abad se permitía abiertamente ceremonias que incluían el consumo de carne y vino. Una noche, un grupo de ellos decidió escuchar indiscretamente al otro lado de su puerta. De acuerdo con el nivel de pureza o de falta de ella de sus mentes individuales, algunos le vieron rodeado por quince mujeres, otros vieron ocho, pero otros le vieron rodeado de quince o de ocho lámparas. Estos relatos ocasionaron una controversia considerable en el seno de la comunidad monástica.

Consciente de que su conducta había suscitado muchas sospechas entre los monjes, Dharmapala decidió no continuar como abad. Su papel había cambiado. A pesar de las sospechas acerca de su conducta, los monjes aún no se atrevían a hablar abiertamente, porque en otros lugares la reputación de su abad era aún la de un brillante maestro. Mientras tanto, Dharmapala reunió a todos los monjes y les informó de que era perverso. Para evitar dañar la credibilidad de toda la doctrina y no arriesgar la reputación de Nalanda, se marcharía. Se quitó el hábito del Dharma, y dejó su cuenco de pedir limosna en el suelo. Los ofreció a los budas y dijo: "Soy Virupa", que quiere decir "desvergonzado" o "sin forma". *Rupa* significa "forma", y *vi* significa "sin". Después se vistió con flores y hojas, pero sin ropa. Tomó las flores y las hojas de la floristería local. Se llenó la boca de rábanos, se puso unos cuantos rábanos más en los sobacos, y empezó a correr de un sitio a otro gritando: "Soy malo". Empezó a frecuentar tabernas, y bebía vino y cerveza casera hecha de arroz. Esto, por supuesto, escandalizó más a los monjes. Todo el mundo empezó a batir las palmas, con lo cual se le despedía oficialmente del monasterio. Como respuesta a su expulsión oficial, Virupa cantó una canción *doha* muy famosa. La mayor parte de los *mahasidhas* de la tradición Vajrayana han escrito *dohas*. En beneficio del Dharma, no iba a rebajar las enseñanzas. Las quería elevar. Para contar de nuevo con la fe de aquellos que habían perdido la confianza en él, había aceptado que él era malo. Ya no era Dharmapala. A partir de entonces, se le conocería como "Virupa".

Tras estos acontecimientos, Virupa se marchó de Nalanda y se dirigió a Benarés. Finalmente llegó al río Ganges, donde encontró a un grupo de monjes. Le rechazaron, golpeando latas y haciendo todo lo que pudieron para alejarle de donde estaban. En cuanto llegó a las orillas del Ganges exclamó: "Tú eres puro. Yo no. Yo soy perverso. Así que déjame pasar sin tocar tu agua sagrada. Dame un sendero seco." Como respuesta, el río se abrió, y él cruzó caminando. Miró hacia atrás a los monjes, que comprendieron entonces que era un ser totalmente iluminado. Le suplicaron que se quedara con ellos, pero él se negó. Se marchó, y los monjes dijeron: "¡Teníamos razón, pero estábamos equivocados!" Pero no pudieron cruzar el río.

Virupa llegó hasta Benarés, donde permaneció durante algún tiempo. Algunas fuentes dicen que pasó dieciséis años, otras dicen que fueron dieciséis meses. Los campesinos, que eran en general seguidores del brahamanismo, se fijaron en aquel yogui errante de aspecto bastante extraño, y comunicaron su presencia al rey. No podían decir si se trataba de un yogui hinduista o budista. Ahora bien, el rey de Benarés, Govinda Chandala, era un hinduista ferviente. Quería ofrecer comodidades al vagabundo si era hinduista, pero temía que éste dañase a sus ciudadanos si era budista. Así que ordenó a sus ministros que identificasen al yogui. Pero los ministros no pudieron encontrar ninguna pista sobre quién podría ser. No tenía ninguno de los signos físicos de un yogui hinduista, y sin embargo se le había oído cantar las escrituras de los Vedas de la manera más elocuente.

El rey ordenó que trajeran al hombre santo a su presencia. Resolvería él personalmente el enigma de aquel extraño yogui. Cuando llevaron a Virupa ante el rey, todo el mundo se fijó en que no se inclinaba ante el altar de Vishnu. Simplemente, lo ignoraba. Así que empezaron a dudar sobre si sería hinduista. Debía de ser budista. Por lo tanto, el rey ordenó que arrojasen a Virupa al Ganges. Poco después de haber hecho esto los ministros del rey, Virupa volvía a encontrarse de nuevo en su presencia. El proceso se repitió muchas veces, hasta que el rey decidió que aquel yogui conocía un encantamiento mágico para controlar el elemento agua. Así que decidió poner a prueba los poderes del yogui con otros elementos. Ordenó que se cavase una gran zanja y que se enterrase al yogui bajo la tierra. Así que lanzaron a Virupa a la zanja, le cubrieron con tierra, y muchos elefantes pisotearon el lugar. Pero una vez más, antes de que el ministro hubiera vuelto, Virupa estaba sentado en presencia del rey, ileso. A continuación, el rey ordenó que todos los carniceros de la ciudad acudieran con sus cuchillos y apuñalasen a Virupa. Pero ninguno de los cuchillos pudo entrar en su cuerpo. Se rompieron, sin más, dañando sólo a quienes los esgrimían. Virupa apareció de nuevo ante el rey, intacto. Viendo esto, el rey se convenció de su poder espiritual y le confesó sus faltas.

A continuación, Virupa convirtió a todos los ciudadanos de Benarés al Vajrayana. Después, anunció que se iría de la ciudad. Viajó de nuevo hasta llegar al Ganges. En esta ocasión, no deseaba dividir el río, sino que le pidió a un barquero que le pasara al otro lado. El barquero, que más tarde se convirtió en un discípulo predilecto, contestó que él no llevaba a yoguis errantes o a gente que no pagase: "Me tienes que pagar", advirtió. Virupa le prometió el mismo río: "¿No te basta eso como paga?", preguntó. "Sin el río, no te puedes ganar la vida. Con un río tan ancho aquí, siempre tendrás muchos pasajeros para tu barco." Le preguntó al barquero si prefería el río ancho o estrecho. El barquero contestó que le gustaría que siempre fuese ancho. Virupa contestó que eso iba contra la naturaleza, ya que los ríos siempre se contraen en invierno. Pero el Ganges siempre es lo suficientemente ancho en todas las estaciones como para requerir un barco para cruzarlo. Le dijo al barquero que pedir que el río permaneciera ancho todo el año podría hacer que algunas personas sufrieran inundaciones. "Pide un Ganges de tamaño moderado", le advirtió al barquero. El barquero le contestó que, de todos modos, tenía el río todo el tiempo, y que Virupa carecía del poder de dárselo o quitárselo. Con todo esto, Virupa se hartó. Así que ordenó al Ganges que se abriera, y una vez más, apareció ante él un sendero seco. Cruzó el río a pie.

La aparición de un sendero seco cruzando el Ganges hizo que muchos pueblos se inundaran. Cuando el rey local oyó lo que había pasado, envió mensajes a Virupa pidiéndole que parase la inundación y ofreciéndole a cambio plata, oro, ganado, e incluso rábanos si quería. La gente empezó a llegar cargando con muchos ofrecimientos para pedirle a Virupa que cambiase el curso del río y detuviese la inundación. Entonces, Virupa cantó otra canción *doha*, explicando que no quería ninguna de las cosas que la gente le ofrecía. Sin embargo, con un chasquido de los dedos, devolvió el río a su cauce, y los campesinos se salvaron.

La reputación de Virupa como hacedor de milagros se extendió a lo largo y a lo ancho. El barquero que se había negado en un principio a su petición se presentó entonces ante él y le pidió que le aceptara como discípulo. Se trataba de Dombi Heruka, que llegaría a ser uno de los dos discípulos principales de Virupa. Más tarde, Virupa le dijo a Dombi Heruka que tenía que ir al sur de la India, porque mucha gente allí practicaba el sacrificio de animales y tenía que pararlo. En el camino, entró en una taberna y empezó a beber enormes cantidades de cerveza. Cuando la camarera le pidió que pagara, contestó que primero le tenía que servir todo lo que quería beber, y después pagaría todo lo que costase. Siguió bebiendo, hasta que se le acabó la cerveza a la tabernera. La señora tuvo que conseguir la cerveza de las tabernas de otras ochenta ciudades para satisfacer las demandas de Virupa, pero ni aún así se saciaba su sed. Finalmente, la tabernera le dijo que tenía que acceder a pagar en algún momento. Así que él se avino a fijar el momento del pago.

En aquellos días, por supuesto, no había relojes. Virupa dibujó una línea de sombra, y prometió que pagaría cuando la sombra de la casa se alinease con ella. Mientras tanto, el sol permanecía sin moverse. ¡Había parado el sol! Siguió bebiendo. Mantuvo el sol parado durante tres días consecutivos. Todo el mundo perdía el sentido del tiempo. La gente se caía de cansancio del tiempo que llevaba sin haberse ido a la cama o haber dormido. Este fenómeno se comentó por todas partes. Cuando el rey lo oyó, pidió a Virupa que dejase libre al sol, y le prometió pagar la consumición de su cerveza a cambio. Virupa aceptó, y soltó al sol para que continuase su curso. La gente acudía en tropel de todas partes para ver un instante a Virupa, pero al mismo tiempo tenía miedo de lo que pudiera hacer.

La reputación de Virupa estaba ahora bien establecida. Se le conocía como el hombre que había separado las aguas del Ganges en dos ocasiones, había detenido el curso del sol, y había consumido toda la bebida de ochenta tabernas en una sesión. Viajó hacia el sur a un lugar llamado Daksinipata. Allí gobernaba el rey hinduista Narapati, que llevaba a cabo muchos sacrificios con animales. Era un gran devoto de Vishnu. Mantenía a quinientos grandes yoguis que rezaban a Vishnu cada día patrocinados por él. Cuando llegó Virupa estaban todos adorando un enorme *Shivalinga*. Virupa empezó a cantar una canción de elogio védico a Shiva, lo cual suscitó mucho interés. El rey estaba tan impresionado que puso a Virupa al mando de los quinientos adoradores del Shivalinga. Pero Virupa en realidad nunca rezaba al Shivalinga, aunque ellos pensaban que sí lo hacía. Cada día, cuando dirigía la oración de los demás, se observaba que Virupa siempre hacía algo extraño antes de que empezasen las oraciones. Se metía la mano en el pelo, sacaba un libro, se inclinaba ante él, lo volvía a meter allí, y cantaba con los demás como si no hubiera pasado nada. Los yoguis más antiguos dieron cuenta de esta extraña conducta al rey. Hicieron sospechar sobre su devoción a Vishnu. Nunca le habían visto inclinarse ante Shiva; sólo lo hacía ante el libro (que resulta que era el *Tantra de Hevajra*). Sin embargo, no podían explicar cómo se sabía todas las oraciones de memoria.

El rey acusó a los yoguis de estar celosos, y se negó a prestar atención a sus alegaciones. Pero había tantos rumores que finalmente él mismo empezó a dudar, y decidió llegar hasta el fondo del misterio. Así que le preguntó a Virupa por su falta de reverencias a Vishnu. Virupa contestó que era un rey pecador por pedirle que rindiese homenaje a una imagen de piedra. Dijo que nunca rendiría homenaje a un Shivalinga, y le advirtió que debía estar buscándose problemas por pedirle eso. El rey se sorprendió mucho. Preguntó por qué Virupa se atrevía a llamarle un rey pecador, cuando estaba patrocinando tanta devoción. Le ordenó a Virupa que se inclinase. Virupa contestó que de hacerlo, el rey sufriría las consecuencias. El rey siguió insistiendo. Entonces Virupa se tocó la cabeza con la mano y recitó "Namo Buddhaya". (Rindo homenaje al Buda.) Al hacer esto, la parte superior del Shivalinga se resquebrajó. Después juntó las manos a la altura de la garganta y recitó "Namo Dharmaya" (Rindo homenaje al Dharma). Entonces se rompió la parte media del Shivalinga. Al recitar "Namo Sanghaya" (Rindo homenaje a la Sangha) se rompió toda la estatua. Al inclinarse, la estatua se derrumbó al suelo ante los ojos de todo el mundo. El rey le imploró que no continuara. Virupa le recordó que le había advertido que no le pidiera inclinarse ante aquél dios mundano, que no era merecedor de su respeto. "No está iluminado", explicó Virupa. "Veneráis una imagen de piedra sin poder." Anunció que se marchaba. A medida que se alejaba, los fragmentos del Shivalinga le seguían. El rey estaba casi muerto. Se inclinó ante los pies de Virupa, pidiéndole que rehiciera el Shivalinga. Virupa aceptó, pero sólo con la condición de que el rey mantuviera una imagen del mismo Virupa, o de Avalokiteshvara colocada sobre él. Señaló que era mucho más difícil recomponer la estatua que destruirla, y que pediría más cosas. Exigió que se detuvieran inmediatamente todos los sacrificios de animales. A partir de entonces, los ofrecimientos tenían que ser sólo de comida vegetariana. Tras acceder el rey a estas demandas, Virupa restauró la estatua rota, y se colocó la imagen de Avalokiteshvara en lo alto de ella.

Uno de los quinientos yoguis, un hombre llamado Krishna, renunció a sus creencias hinduistas para seguir a Virupa. Se convirtió en uno de sus dos discípulos principales. Fue a él a quien Virupa dio las enseñanzas del linaje susurrado, mientras que Dombi Heruka recibió el comentario. Dombi Heruka era el discípulo responsable de sus comentarios de texto, mientras que Krishna se convirtió en el receptor de las enseñanzas del linaje susurrado. En algún momento, Virupa escribió un pequeño texto llamado *Vajragatha*, que significa "versos vajra", que formó la base de las enseñanzas del Lamdre. Se lo dio a Krishna, que se convirtió en el sustentante del linaje.

Finalmente, Virupa viajó a la provincia india occidental conocida en la actualidad como Gujarat. Había un enorme santuario allí, en el que se sacrificaban muchos búfalos. Cuando estaba en camino, Somnatha, el dios hindú del santuario de Saurastra en Gujarat, previó lo que iba a suceder. Se disfrazó de peregrino ordinario y se fue a saludar a Virupa, quien por supuesto sabía que se trataba de la forma disfrazada del dios. Al encontrarse, el dios le preguntó a Virupa a dónde iba. Virupa le contestó que iba a aplastar a unos malvados que estaban sacrificando animales. El dios disfrazado repuso que el dios ya no estaba allí, que se había trasladado recientemente al continente norte. Virupa continuó haciendo como si no le hubiese reconocido . Dijo que atendería al dios más tarde, pero que primero se encargaría de la gente que llevaba a cabo los sacrificios de animales. Después dijo que encontraría al dios, dondequiera que estuviese, y le sometería. Al oír esto, el dios hindú tuvo miedo, y confesó su auténtica identidad. Le pidió a Virupa que, en calidad de budista amable y compasivo, no destruyera el santuario. Virupa contestó que como era muy amable y compasivo, deseaba detener aquellas prácticas de sacrificio de animales. Pidió que en su lugar sólo se ofrecieran sacrificios vegetarianos, y que se detuviera la matanza. Somnatha prometió que haría lo que Virupa ordenaba.

Se dice que Virupa permaneció en meditación profunda, en la pose de detener el sol. Más tarde adoptó la pose de sostener un elixir particular que transforma cualquier metal en oro. Meditó en esa postura, y se volvió de piedra. Se construyó un santuario en ese lugar, y mucha gente acudía a él. Llevaban consigo metales básicos para que se transformasen en oro. Al cabo de dos o tres generaciones, el rey local envió a uno de sus criados para que cortase la mano de la estatua y se la trajera, de forma que nadie más pudiera hacer oro a partir de ella. En cuanto el enviado del rey hubo tocado la estatua, murió. No pudo cortar la mano. Se cree que el santuario aún existe en algún lugar en el oeste del Gujarat, pero ya no se le identifica como el de Virupa. Se dice que incluso hoy en día, la gente con una visión pura que recita una oración especial puede ver a Virupa.

Hay otra cosa misteriosa acerca de esta imagen. Dicen que cuando personas con fe, ya sean éstos altos o bajos, viejos o jóvenes, se inclinan y ofrecen flores a la estatua, pueden alcanzar las rodillas de ésta. Se dice que los deseos de quienes tienen fe se cumplen de manera inmediata. Delante de la imagen hay una copa hecha de cráneo que nunca rebosa, incluso si se vierten miles de galones de vino en ella. Se dice también que hay un chico mudo que cuida esta copa de cráneo, y que es una emanación de Vajrapani. Hay una conexión especial entre Virupa y Vajrapani, porque Virupa es el poder de la valentía iluminada totalmente realizada, y Vajrapani es el Buda del poder. También hay una emanación de Vajravarahi delante de la estatua, que aparece a veces como una mujer leprosa, y otras veces como una chica muda. Estos son los misteriosos compañeros de Virupa. Según los relatos tradicionales, la gente ve estas emanaciones dondequiera que vaya Virupa.

Se dice que Virupa no murió nunca. Se ha aparecido a muchos practicantes del Lamdre a lo largo de los siglos. Una historia muy convincente al respecto implica a Sachen Kunga Nyingpo, uno de los primeros maestros Sakyapa, que vivió en el siglo once. Ahora bien, Virupa vivió en el siglo séptimo, y le siguieron seis sustentantes del linaje. El último de los maestros indios que vinieron realmente al Tíbet fue Gayadhara, quien transmitió las enseñanzas a Drogmi Lotsawa, quien a su vez fue el maestro del padre de Sachen Kunga Nyingpo. Pero Sachen nunca conoció a Drogmi. Todas estas enseñanzas se impartían de la manera más secreta de una única persona a otra. No había textos o libros para consultar en aquellos días. Así que si se recibían enseñanzas, se practicaba. Si algo le sucedía a la memoria de uno, ¡mala suerte! Un día, Sachen sufrió una neumonía. Estaba tan enfermo que no pudo practicar en mucho tiempo, así que olvidó las enseñanzas. Estaba realmente deprimido, porque era el único sustentante del linaje. No había nadie a quien pudiera preguntar. Se suponía que no debía mencionar ni tan siquiera el nombre de las enseñanzas. Así que rezó. Su maestro, Zhangton Choebar había muerto hacía ya mucho tiempo. Una noche, soñó que veía a su maestro de espaldas. Entonces, rezó más fervientemente, y vio que su maestro se acercaba. A la mañana siguiente de haber visto el rostro de su maestro en el sueño, empezó a recordar algunas enseñanzas. Así que siguió practicando lo que podía recordar.

Su maestro, Zhangton Choebar, había sido un yogui en secreto. Solía hacer trabajos humildes, como cavar estiércol, cuidar el ganado de la gente, y cosas así. Por las noches hacía su práctica. Le había dicho a Sachen que no debía mencionar aquellos textos hasta que no hubieran transcurrido dieciocho años, y tampoco podía escribir acerca de las enseñanzas o hablar de ellas con nadie. Le había dicho que debía practicar totalmente solo. Una vez que hubieran transcurrido dieciocho años, sería el único poseedor de las enseñanzas. A partir de entonces, podría hacer lo que quisiera. No habría más restricciones. Pero Sachen había olvidado esto. Entonces, un día, cuando estaba practicando, aún incapaz de recordar las enseñanzas, decidió que no debía invocar tan sólo a su maestro, sino a todos los antiguos maestros del Lamdre, incluyendo al mismo Virupa. Rezó y rezó. Un día, Virupa apareció. Hay un territorio en Sakya, en el Tíbet, que está rodeado de montañas. Vio a Virupa de pie sobre dos montañas, con una pierna en cada una de ellas. Como respuesta a esta visión, Sachen Kunga Nyingpo compuso una canción de elogio, que la gente con fe canta hasta el día de hoy. Se cantará durante las enseñanzas del Lamdre, por lo menos tres veces, para invocar la presencia de Virupa en el maestro. Se dice que Sachen escribió estas líneas mientras se estaba vistiendo. Mientras cantaba, estaba buscando su cinturón. La melodía evoca la imagen de alguien que busca algo. Por lo menos, esa era la melodía original. Pero las melodías también tienden a cambiar. Es posible que no tengamos hoy en día la misma sensación. Virupa permaneció en la percepción de Sachen durante tres meses, aunque era invisible para los demás. Le transmitió a Sachen toda la enseñanza del Lamdre, de principio a fin. Sachen recuperó completamente la memoria que había perdido, y se volvió el depositario del Lamdre. Escribió once comentarios a petición de varios discípulos, porque su maestro le había dado permiso para escribir lo que quisiera una vez que hubiera transcurrido el tiempo. Los doce textos han sobrevivido hasta hoy en día. Se conservan como enseñanzas de oro de la tradición Sakya. La transmisión de estos once textos se da a lo largo de las enseñanzas del Lamdre.

Desde Virupa hasta la actualidad, ha habido unos cincuenta maestros, sustentantes del linaje del Lamdre. Alguna que otra vez algún maestro en concreto ha manifestado signos muy notables de tener exactamente el mismo carácter y personalidad que Virupa. Los seguidores del Lamdre no creen que Virupa muriese nunca. Está constantemente presente. Hay un *Yoga del Gurú* especial que uno puede recibir durante el Lamdre. Se dice que si se le invoca, Virupa se aparecerá a los practicantes que experimenten lapsos de memoria, preocupaciones o dudas. La palabra tibetana para las biografías espirituales de los maestros es *nam thar*, que significa "liberación completa". Esto es debido a que nos podemos liberar sencillamente por medio de oír la historia de la vida de un maestro iluminado. El objetivo de relatar estas biografías es despertar e inspirar a los discípulos letárgicos. Estas historias demuestran que la liberación es posible. Todos tenemos el potencial de alcanzar la Iluminación, siempre que practiquemos de manera diligente. Puesto que hay individuos que han practicado tan intensamente en beneficio de otros seres, se deben relatar sus vidas. Sus historias se deben contar. No hablamos de historia aquí, sino de hagiografía, o historia sagrada. Esta se ocupa de las experiencias interiores y de la realización espiritual.

Un mensaje relevante para todos nosotros es que cada experiencia que tenemos indica cambios físicos y psíquicos en el cuerpo, que provienen de cambios químicos que hacen que las venas se obstruyan o se aflojen. Como resultado de eso, la energía fluye o no. Se dice que en el cuerpo hay venas de odio, venas de perdón, venas de compasión, amor y apego. Nuestro aire tiende a circular en las zonas concretas a las que estamos habituados. Repetimos estas experiencias cada día, porque no tenemos otra manera de encauzar la energía. La mayoría de nosotros no tenemos conocimiento o prácticas que nos permitan activar otras venas.

Hay cuatro mandalas en cada uno de nosotros. Nuestra manifestación psíquica se basa en una red de venas y arterias, que está cubierta con huesos, carne y piel. Todas las venas tienen la forma de letras cósmicas distintas. No son las letras concretas de ningún idioma, sino los sonidos de esas letras. Se trata de sonidos psíquicos, iluminados, que todos llevamos en nuestro interior. Hay aspectos y formas determinadas. Algunas están deformadas, dependiendo de cómo pensemos a nivel sutil. Nuestros pensamientos influyen en la energía que permanece en esas venas. Nuestra manera de pensar crea una química especial, que llena las venas. Es la mente la que hace que ésta circule o se quede estancada. Las experiencias individuales son todas reflejo de los cuatro mandalas.

Ahora mismo, nos definimos por nuestras tendencias habituales. Probablemente queremos beber nuestro café o nuestro té como siempre lo hemos hecho. No nos podemos imaginar disfrutando de ningún otro estilo de bebida. Limitamos nuestras percepciones. Esto afecta a las venas, la energía que fluye por ellas, y por lo tanto a la consciencia misma. La iniciación en un mandala contribuye a alterar estos modelos y a introducir cambios sustanciales. Toda la confusión de Virupa se disipó en el momento en que recibió la iniciación en un mandala completamente santificado. Cada uno de los mandalas de venas físicas se representan en el mandala pintado. El mandala de las letras de las venas también se representa con las distintas sílabas semilla que se dibujan en él. La energía que fluye en cada una de las letras se representa con colores, símbolos, letras, números, y demás. En la mente humana ordinaria hay conceptos que parecen muy reales, mientras que otros están completamente ausentes. El mandala destruye todas las construcciones ordinarias de la realidad. Unido a la iniciación, la transmisión de las bendiciones, y las experiencias relacionadas con él, el mandala es el mapa de una nueva comprensión de la realidad y de la naturaleza del yo.

Es únicamente por medio de la iniciación como las bendiciones de un mandala así se pueden fijar en el continuo mental del individuo. La iniciación sólo se puede dar y recibir cuando el tiempo, el lugar y las circunstancias son adecuados. Sólo la puede dar un maestro iluminado y reconocido. La iniciación no se da a grupos grandes. La pueden recibir sólo discípulos que son receptivos gracias a su fe y devoción. Si la transmisión tiene éxito, los discípulos lo experimentarán a algún nivel. Este puede ser físico, mental o verbal. La gente que recibe la forma física de la bendición a veces se mueve y tiembla. Los que reciben la bendición verbal pueden pronunciar mantras de todo tipo que nunca habían oído antes, que bloquean su percepción de los sonidos normales. Cuando es el continuo mental lo que recibe la bendición, una nueva visión de la realidad inunda la mente. Las iniciaciones normalmente se apoyan en un mandala externo, pintado normalmente con arena o sobre tela. Una vez que un discípulo recibe la iniciación, se tiene que volver a iniciar él mismo a diario por medio de la práctica regular. Finalmente, esto le llevará a la realización espiritual. Es bueno que pensemos que el tiempo transcurrido entre la vida de Virupa y la actualidad no es más que unos cuantos cientos de años. No se trata de una figura del pasado remoto. En todo caso, la experiencia espiritual no conoce barreras de tiempo, espacio o conocimiento. Cuando un auténtico devoto escuche las palabras de uno de los maestros, se sentirá profundamente afectado. Un auténtico discípulo se sentirá inspirado al escuchar hagiografías.

Una vez dadas las enseñanzas biográficas, comienzan las enseñanzas auténticas. Estas incluyen las *Tres Visiones* y el *Triple Tantra*. Las enseñanzas de las *Tres Visiones* tratan sucesivamente de la visión impura, la visión de la experiencia y la visión pura. Cubren las dimensiones de la mente y la razón por la que ésta ve lo que ve. Enseñan cómo nuestras percepciones dependen de nuestras estructuras físicas y de las actitudes mentales que las acompañan. Si no nos hace felices ver y pensar ciertas cosas, ¿cómo podemos dejar de hacerlo? ¿Cómo podemos interrumpir maneras de pensar, actuar y hablar que no nos ayudan? La mayoría de la gente no adquiere el control de su cuerpo, palabra y mente. Son víctimas de sus circunstancias del pasado y del presente. Una vez que un discípulo es iniciado, por otra parte, la práctica de cada día proporciona la oportunidad de disolver el pasado llevando a cabo actividades iluminadas. Cuando uno lleva a cabo la sadhana tras recibir la iniciación, la práctica representa las doce grandes obras del Buda en una sola sesión. Purifica todas las muertes de las vidas previas y todo el karma. Se purifica el nacimiento, la juventud, la madurez, e incluso la próxima muerte. Las biografías que oímos son un reto para nuestras creencias. ¿Confiamos en ellas? ¿Sentimos que son sólo estratagemas creadas para invocar nuestra fe? ¿Cuál es la intención que hay tras ellas? La manera en que reaccionamos dice mucho acerca del nivel que hemos alcanzado. ¿Por qué creemos algunas cosas fácilmente, pero otras no? Eso dice mucho acerca de nosotros también. El Lamdre es un proceso de infundir fe y eliminar dudas. Lo principal no son los detalles de la biografía externa del maestro. Tiene que haber algún impacto espiritual. Tiene que alterar nuestra experiencia. Esa es la función de estas biografías. Si no nos hacen efecto, si seguimos tan insensibles como siempre, esto quiere decir que no tenemos una conexión kármica. Pero una biografía que nos inspira indica un fuego espiritual a punto de encenderse. Algunas personas memorizan biografías. A veces, escuchar las vidas de otras personas, independientemente de la riqueza de nuestra experiencia, puede inducir una realización espiritual mayor. Esto es debido a que nos puede abrir a experiencias que no son nuestras. Ver la experiencia de los demás desde nuestro punto de vista puede ser más iluminador que ver siempre nuestra propia experiencia desde nuestro propio punto de vista. Estas biografías no son fáciles de conseguir. Tenemos que ahondar en las escrituras budistas para encontrarlas.

Muchos de nosotros nos hemos dado cuenta de que por más que luchemos y por más cosas que consigamos en la vida, nunca nos sentimos realmente satisfechos. Esto se debe sobre todo a que prescindimos de fijarnos en las cosas que tenemos ya. Todos tenemos suficiente materia prima en nuestro interior como para producir experiencias iluminadas. Lo único que se necesita es que adopte la forma adecuada. Las prácticas extraen el significado de la materia prima de nuestras vidas. Convierten la leche de la vida en la mantequilla de la Iluminación. Si ansiamos un mensaje espiritual, obtendremos uno incluso de mirar películas, mientras que los artistas tal vez reciban un mensaje artístico. Lo relevante es que no hay un único mensaje que se pueda aplicar a todo el mundo. No hay nunca nada inherentemente real y que permanezca inalterado. Tenemos que ser capaces de desmantelar las cosas a las que nos aferramos.

La historia de Virupa demuestra que no somos lo que pensábamos que éramos. Es el apego a nuestros egos lo que nos atrapa. Tenemos que aprender cómo romper nuestras estructuras actuales. Lo podemos hacer exponiéndonos a estructuras totalmente diferentes, ya sean éstas espirituales o mundanas. Las experiencias ordinarias de la vida pueden suscitar la realización espiritual. Imagina la experiencia de Virupa, un monje totalmente ordenado que hacía el papel de abad y enseñaba a muchos otros monjes. De repente, se convierte en alguien que parece tener cualidades totalmente diferentes. ¿Qué tipo de valor y confianza fue necesario para esto? O considera el arrojo del joven príncipe Siddharta, escapando del palacio en el que se le admiraba y mimaba tanto, para vivir la vida de un renunciante y mendigo.

Las enseñanzas de los linajes Nyigma, Kagyu y Sakya se remontan en el tiempo hasta llegar a los maestros indios. Los Kagyupas las hacen remontar hasta Naropa y Tilopa, los Nyigmapas hasta Padmasambhava. Padmasambhava es una figura histórica que se convirtió no sólo en el fundador de un linaje, sino en el más destacado sin lugar a dudas de los antiguos maestros que llevaron el budismo al Tíbet. Aunque no es uno de los ochenta y cuatro mahasiddhas, se considera que fue un gran ser iluminado. La tradición Sakya hace remontar su linaje en el tiempo hasta Virupa y Dombi Heruka, por supuesto, seguidos de Krishna, quien transmitió el linaje secreto, que de Krishna pasó a Damarupa, de él a Avadhutipa y después a Gayadhara, quien fue el último maestro indio de la tradición del Lamdre que viajó al Tíbet.

Las biografías, como dije antes, sirven para inspirar a los estudiantes letárgicos que encuentran poca inspiración en el mundo que les rodea. Hoy en día no se crean nuevas tradiciones espirituales. Por lo tanto, tenemos que amar y preservar estas historias del pasado, que contienen más beneficio que lo que se escribe actualmente. ¿Cómo podríamos mantener las tradiciones espirituales sin conocer las vidas y las experiencias de los maestros del pasado? Esa es la razón por la que el Lamdre dedica tanto tiempo a estas biografías.

Una visión de conjunto de las enseñanzas del lamdre

4

En esta sesión trazaré un breve esbozo de lo que se incluye en las enseñanzas del Lamdre. Es útil en primer lugar ver el trasfondo de las enseñanzas y cómo se nos han llegado a ofrecer aquí, en Australia, en 1997. El Lamdre se da sólo si se solicita de manera especial. De hecho, la solicitud se debe haber hecho tres veces, nunca una única vez. Los maestros que reciben solicitudes así pueden responder que no tienen los textos consigo, o que han olvidado las enseñanzas. A la segunda solicitud, el maestro podría contestar que tal vez podría encontrar el texto. La solicitud del Lamdre no común la hicieron en primer lugar en 1988 estudiantes que asistieron a las enseñanzas no comunes del Lamdre que dio Su Santidad Sakya Trizin en Australia ese mismo año. La solicitud se ha repetido a partir de entonces más de tres veces, y han sido necesarios todos estos años para que Su Santidad vuelva.

Las enseñanzas Sakya, y en concreto el Lamdre, se conocen como "enseñanzas de oro". No se le dan a todo el mundo. No se pretende atraer a un gran número de seguidores, y esto se debe a su naturaleza secreta. Se dice que la leche del león no se debería poner en un recipiente ordinario. De la misma manera, las enseñanzas esotéricas sólo se deben dar a discípulos maduros. El Lamdre no consiste sólo en enseñanzas preliminares. Es una serie completa de instrucciones. La primera parte cubre las enseñanzas del Buda sobre sutra, que comparten los seguidores del Theravada y todos los demás budistas.

La segunda parte contiene las enseñanzas esotéricas o tántricas, que se armonizan perfectamente con las enseñanzas del sutra. Menciono esto porque algunas tradiciones tienden a ignorar las enseñanzas del sutra sobre moralidad para concentrarse exclusivamente en prácticas tántricas.

Hubo un tiempo en que se requería de los discípulos que, además de solicitar las enseñanzas tres veces, hiciesen ofrecimientos materiales de oro. En el siglo once, hubo un maestro tibetano llamado Drogmi. Se negaba a dar enseñanzas hasta que los alumnos hubieran hecho no sólo tres solicitudes, sino que también le hubiesen llevado lingotes de oro. La gente con una visión impura pensaba que era codicioso. Comprensiblemente, sólo atrajo a un número limitado de seguidores y, por supuesto, esto era lo que pretendía. De sus dieciocho sucesores, sólo uno iba a ser el principal. Hasta que este discípulo en concreto no estuvo totalmente adiestrado, siguió pidiendo más oro. Pero cuando este discípulo se hubo desarrollado totalmente, ya no quería oro de nadie. Para entonces, la gente se había empezado a dar cuenta de que era un gran maestro. Empezaron a acudir a él masivamente, llevando preciosos ofrecimientos de oro. Entonces, les dijo que no necesitaba su oro. Su mujer se quejó, recordándole que previamente había rechazado a alumnos que no traían oro. ¿Por qué entonces, ahora que le traían mucho oro ya no lo quería? ¿Qué pasaba? Contestó que ya no lo necesitaba, porque su oro ya se lo había pasado a quien se suponía que lo tenía que recibir.

Actualmente, hay mucho menos oro en circulación. Al acabar la enseñanza, el patrocinador principal puede que haga un ofrecimiento de oro, como señal. Pero el acercamiento de los sustentantes del linaje sigue siendo de oro, en el sentido de mantener las enseñanzas como sagradas y especiales y no darlas a multitudes enormes. Incluso cuando hay un número elevado de estudiantes, se dividen en grupos de no más de veinticinco. Cuando se va a enseñar el Lamdre, hay muchos preparativos que hacer por parte de los organizadores y los maestros. A los futuros discípulos también se les pide que se familiaricen con las enseñanzas básicas, y tal vez que intenten hacer algunas de las prácticas preliminares, para ayudar a prepararlos para ser receptivos a las enseñanzas.

Las enseñanzas del Lamdre se dividen en dos secciones: primero la sección preliminar y después la sección tántrica. La sección preliminar se enfoca en las *Tres Visiones*, que son la *visión impura*, la *visión de la experiencia*, y la *visión pura*. Uno puede tener tres percepciones diferentes del mismo tema, dependiendo del estado de la propia mente. Una persona que tema a las serpientes puede percibir una manguera de jardín enrollada como una serpiente enroscada. Esta percepción engañada surge del miedo no resuelto de esa persona hacia las serpientes. De acuerdo con las enseñanzas de la *Triple Visión*, toda nuestra percepción ordinaria es así. Es "impura", contaminada por nuestro karma y engaños. Nuestros engaños oscurecen la imagen verdadera. Lo que vemos es realmente una proyección de nuestras propias mentes. Si alguien trajese consigo una linterna y mostrase al hombre atemorizado por las serpientes que la supuesta serpiente es en realidad una manguera de jardín, su miedo desaparecería. No sólo le perdería el miedo a la manguera, sino que descubriría su propio miedo interior a las serpientes. Este es un ejemplo de la visión de la experiencia.

Tal vez la mejor traducción no sea "visión". Podría ser más adecuado el término "percepción". La percepción impura, pues, se refiere a la naturaleza básica compartida por todos los seres humanos. Todas nuestras experiencias no son más que reflejos de la mente, que se disfraza en diferentes ocasiones en forma de gente, comida, disfrute o lo que sea. Normalmente, en lugar de reconocer estas cosas como reflejos de nuestra mente, nos aferramos a ellas. Después intentamos hacer que duren más de lo normal. Como consecuencia, son sobre todo nuestras propias percepciones las que nos dirigen. Lo primero que tenemos que aprender es que cada percepción es nuestra experiencia. La manera en que las cosas se manifiestan en nuestras mentes influye en nuestra manera de reaccionar a ellas. Así que nuestras mentes perpetúan las experiencias, haciéndolas cada vez peores, si queréis. Es un poco como cuando los niños se ponen a girar y girar, y luego se paran. Ven todo lo que les rodea como si estuviese dando vueltas. Del mismo modo, con una visión impura, todo lo que experimentamos en torno nuestro son reflejos de la mente.

Al no comprender la tremenda importancia que tiene el yo en la creación de nuestras experiencias, normalmente percibimos las cosas como viniendo del mundo exterior hacia nosotros. Pero todo, en realidad, viene de nuestro interior. Lo que vemos es realmente el reflejo del espejo, que es el mundo. Las percepciones propias son como una trampa para los seres. No importa qué sufrimientos tengamos, colectiva o individualmente; son normalmente una proyección de nuestra propia neurosis, nuestro propio enfado, nuestra propia avaricia, nuestra propia arrogancia, nuestra propia ignorancia. De forma que todo el mundo, o lo que podemos denominar samsara, no es más que un reflejo de la mente sin resolver. Cuando la mente finalmente se resuelve, es liberada de esas condiciones emocionales y lo puede convertir todo en nirvana. Una de las enseñanzas básicas del Lamdre es la indivisibilidad de samsara y nirvana. Todo depende en realidad de la orientación de la mente. Tendemos a tener una relación mucho más estable con la orientación hacia el samsara, y nos falta la flexibilidad para darle la vuelta. Si el nirvana es simplemente la otra cara de la moneda, tenemos todo lo que necesitamos. ¡Sólo necesitamos aprender cómo darle la vuelta!

El Lamdre enseña que el resultado está *en el camino*. Por lo tanto, el samsara es de manera inherente el nirvana. No podemos obtener el nirvana sin comprender el samsara. Para comprender el samsara, no es necesario que viajemos por todo el mundo, midiendo los mares y las montañas, etc. Para comprender el mundo, realmente todo lo que tenemos que hacer es conocer el reflector que hace que los fenómenos se manifiesten de una manera concreta. El auténtico substrato de toda experiencia es el yo y sus respuestas. Todo depende de la manera en que la mente nos haga recibir cosas como la alabanza y la crítica. ¿Por qué unas veces vemos la crítica como constructiva y otras veces sólo nos sentimos amenazados y heridos? ¿Por qué no tenemos la suficiente flexibilidad mental como para ver *todas* las críticas como constructivas? Todos tenemos suficiente materia prima con la que trabajar. Cuando cuenta con la química adecuada, la mente puede aceptar la crítica como una gran enseñanza. La puede ver como una forma de estímulo. Si pudiésemos conseguir esto más a menudo, sería una mejora, pero sólo una mejora relativa. Nuestra percepción se seguiría clasificando como impura, debido a que aún nos aferramos a los logros.

Las enseñanzas describen con todo detalle cómo perciben los seres de cada uno de los seis reinos de existencia. El reino humano ya nos es familiar, y en cierta medida el reino animal también. Estos son los dos reinos de existencia que podemos verificar mediante nuestros propios sentidos. Pero, ¿qué hay del reino de los espíritus hambrientos? Tal vez nos resulte difícil concebir un reino así, pero supondría mucho más esfuerzo convencer a los espíritus hambrientos de que existe un reino humano. Eso se debe a que tienen mucho más sufrimiento, y por lo tanto menos espacio en sus mentes para comprender estas cosas. Pero nosotros tenemos la oportunidad de entenderlos a ellos.

Las enseñanzas exponen detalladamente la experiencia de los seres de los reinos de los infiernos, del reino de los espíritus hambrientos, del reino de los titanes (asuras, o semi dioses) y de los dioses de larga vida. Los asuras tienen algunas de las características de los dioses, pero al mismo tiempo comparten algunos de los problemas a los que se enfrentan los seres humanos. Geográficamente, los humanos y los animales no deberían tener problemas para aceptar la existencia los unos de los otros. Sin embargo, se dice que hay más animales invisibles que visibles. Algunos viven entre los continentes. Nosotros sólo vemos los de nuestro mismo continente que son lo suficientemente grandes como para entrar en nuestro campo de visión. Si comparamos el número de animales que hay con el número de seres humanos, veremos que los humanos son tan escasos como una mota de polvo sobre la uña del dedo. Por otra parte, los animales son tan numerosos como los átomos del universo. La vida humana escasea mucho más que la vida animal, y es mucho más preciosa. Incluso entre las vidas humanas, algunas son mucho más valiosas que otras. Hay distintos niveles de capacidad. Piensa sencillamente en el samsara colectivo que los seres humanos han construido porque comparten una percepción mental colectiva. Debido a que compartimos una mente colectiva que quiere unas cosas concretas y no quiere otras, los fenómenos se manifiestan de manera más o menos uniforme para todos nosotros. La estructura básica del samsara consiste en los engaños de los que hablábamos anteriormente. Los reinos individuales, como el reino infernal, no son distintos, en realidad, de lo que estamos construyendo ahora mismo. El infierno es simplemente una forma intensa y prolongada de enfado. Podemos ver, a partir de nuestras propias reacciones físicas, que cuando nos enfadamos todo adquiere una apariencia infernal. Si este enfado intenso continuase sin interrupción durante varios meses, ¡imagina el aspecto que nos presentaría el mundo! Por desgracia, algunos seres nacen con esa forma concreta a consecuencia del enfado acumulado durante muchas vidas. Hay descripciones en las enseñanzas de los sufrimientos concretos que los seres tienen que experimentar cuando nacen en un reino así.

El período de vida de un ser humano es bastante corto en comparación con el de los seres de la mayoría de los otros reinos, exceptuando el reino animal. Nuestra experiencia humana es variada. Podemos tener cinco minutos de enfado rabioso, seguidos tal vez de veinte minutos de arrepentimiento, y luego nos calmamos. Tenemos un momento de nubes oscuras, pero antes o después el sol reaparece. Nuestras experiencias son bastante transitorias. En los reinos inferiores, los seres pueden sufrir sin interrupción. Nosotros, los humanos, al menos contamos con interrupciones de nuestro sufrimiento. Normalmente, si tenemos frío, nos ponemos una chaqueta. Si tenemos calor, nos la quitamos. Esta variabilidad por lo menos interrumpe el malestar, aunque el mismo cambio se pueda convertir más tarde en otra forma de sufrimiento. No hay ninguna felicidad inherente en el hecho de llevar una chaqueta. Antes o después ocasionará molestias. Es la condición de la mente y el cuerpo lo que determina la percepción de estos requerimientos. Algunas personas pueden necesitar echarse tres mantas encima, mientras que otras no necesitarán ninguna en absoluto. Aunque compartimos experiencias humanas colectivas, también tenemos experiencias individuales.

Cuando hablamos de la visión impura, una de las primeras cosas que tenemos que aprender es a tolerar el uso de la palabra "impura" en relación a nuestra propia experiencia. La gente a menudo rechaza el término. Pero nuestra visión está contaminada. Está sucia. No obstante, es al mismo tiempo pura, porque es la misma impureza la que contiene las semillas de la pureza. No se trata de rechazar la impureza que hay en nuestro interior para buscar la pureza en algún otro lado. Siempre hemos contado con el potencial. Nuestra mente enfadada crea la impresión de que todo el mundo a nuestro alrededor es hostil. Cuando nos demos cuenta de lo equivocados que estamos por tener una mente tan llena de odio, aquellos sobre quienes proyectábamos sentimientos de hostilidad se manifestarán de modo completamente distinto. Nuestra actitud hacia ellos cambia cuando nos damos cuenta de que sencillamente estábamos contaminados por nuestro propio enfado.

Este enfado envenena nuestras relaciones y nos ciega a todas las cosas buenas de nuestras vidas. Además de la ira, también deben transmutarse la avaricia, la ignorancia, la envidia y la arrogancia. No se trata de sustituirlos por cualidades piadosas que no tenemos. No hay un concepto de un bien o un mal últimos en el budismo. No hay un mal inherente distinto de la mente transitoria y no resuelta que proyecta enfado y hostilidad. Cuando nos sentimos enfadados, esta es únicamente una manifestación distorsionada de lo que realmente queremos ser. Si estamos aprendiendo a bailar, nuestros pies tienen que aprender los pasos. No tiene sentido rechazarlos cuando cometen un error. A pesar de nuestras esperanzas, ¡no obtendremos un nuevo par de pies con los que bailar la próxima vez!

Muchas enseñanzas espirituales matan la esencia real. Es muy importante que recordemos que la visión impura es en realidad la esencia del camino. Es nuestra materia prima. Si eres una persona colérica, encaríñate con esa realidad. No estoy diciendo que debas inflamar tu ira: eso sería una tontería. Pero recuerda que es por medio de tu ira y de tu manera de manejarla como vas a crecer. Negarla, o sentirte culpable por ella no van a ayudar. Todos nosotros hemos nacido con nuestro propio carácter y personalidad, que es también nuestro potencial. Esta es la naturaleza oculta de buda. Antiguamente, se consideraba a un príncipe que aún no había nacido como a un rey. Si perdemos una joya en el barro, y a continuación la encontramos, deberíamos apreciar el barro. Después de todo, es el medio del que el oro ha podido surgir. Si rechazamos el barro y nos negamos a mirar en él, ¡nunca encontraremos la joya preciosa!

Es importante ver cómo se crean las visiones impuras y cómo se manifiestan. ¿Qué tipo de estado de ánimo necesitamos para ver las cosas como lo hacemos? ¿Por qué nos despertamos por la mañana y nos embarga alguna emoción de repente, cuando no hace nada que estábamos dormidos? ¿Cómo podría ocurrir esto a menos que tenga su origen en la noche anterior? Todo se guarda durante la noche. No hay que interpretar la visión impura de manera negativa. Tenemos que intentar entenderla a un nivel más profundo. Nuestro reflejo impuro nos da el potencial para un reflejo puro. A menos que aceptemos la impureza, no seremos capaces de aceptar su opuesto. El proceso de nombrar es muy importante. Si estamos enfadados, todo se manifiesta como hostil. Las personas coléricas son personas inquietas. Es como si hubiese unos gusanos comiéndoles. Los enemigos internos son mucho más dañinos que los seres externos que aparentemente son la fuente de todos los problemas. Nos herimos a nosotros mismos mucho más de lo que otros nos puedan herir nunca.

Los dioses mortales viven en un entorno relativamente libre de problemas. No hay vejez, no hay enfermedad, no tienen ansia, y no es necesario que hagan nada. Pero viven en una condición de gozo muy contaminado. Algunas personas viven en una situación similar aquí mismo, en el reino humano. Es posible que tengan mucho dinero, y aparentemente ningún problema. No pueden concebir que nada malo pueda suceder nunca. Viven en un mundo ilusorio. No saben que la misma riqueza a la que se aferran es la semilla de grandes problemas. Caminan cruzando un puente hecho de un árbol platanero; se hundirá cuando den el siguiente paso.

La próxima vez que empieces a experimentar enfado, intenta observar el proceso y después dejarlo en suspenso. Esta es la manera de cambiar la visión impura. Los seres en su vida en el samsara viven esta estupidez de lleno, como animales que ignoran lo que es limpio y lo que no lo es, exactamente de la misma manera que los cerdos que meten las narices en cualquier cosa de manera indiscriminada, incluso en el estiércol. Imagina que eres un animal, incapaz de saber qué está sucediendo, inconsciente de que puedes estar metiéndote en una trampa o en algún otro peligro oculto. Nosotros, los humanos, contamos con nuestra propia porción de estupidez, pero ésta no es tan grande como la de los animales. Tal vez no nos metamos en trampas físicas tan fácilmente, pero nos metemos en las trampas que nos ponemos nosotros mismos. Cuando los animales se ven atrapados, agitan sus miembros para intentar escapar, pero es demasiado tarde. En comparación, los humanos tenemos una pizca más de inteligencia. Hay un gran sufrimiento en el reino de los espíritus hambrientos. Su ansia es inimaginable. Incluso si se les obliga a sentarse delante de una comida, no la verán. Hasta los árboles que tienen delante se secarán. Su sufrimiento es en realidad el resultado de un ansia insaciable en el pasado, que hace que sientan que les falta todo lo que necesitan. Los árboles se vuelven rocas secas. No se les aparecerá ninguna vegetación ni otra forma de vida.

No es una cuestión de localización geográfica concreta. Podría haber espíritus hambrientos en esta habitación ahora mismo. Son más numerosos que los animales, y son invisibles. Por supuesto, ellos no nos verían. Podríamos ser rocas para ellos. Si alguna vez te has visto abrumado por un ansia concreta, eso te dará una cierta idea de la vida de un espíritu hambriento. Intenta no comer durante un día. Imagina, sencillamente, a seres que tienen que vivir su vida entera así. Nosotros somos capaces, en general, de conseguir lo que queremos y de parar cuando queremos. Pero en el caso de ciertos espíritus hambrientos, si se les dan galones de agua, ésta desaparecerá antes de alcanzar su boca. A éstos se les conoce como los espíritus hambrientos "deformados exteriormente". Otros son los "deformados interiormente". Por lo menos éstos verán el agua como agua. Pero en cuanto la beban, se convertirá en fuego, que destruirá todos sus órganos internos. Es muy importante no localizar estos reinos. Las experiencias de los otros reinos no son fundamentalmente distintas de nuestras experiencias humanas.

Cuando nos ocupamos de nuestras percepciones impuras, nos preocupa sobre todo cómo evitar transmitirlas a otros. Imagina que anuncias cosas por la radio, y escuchas tu propia voz. ¿Cómo puedes dejar de decir ciertas cosas? Todos nos hemos sentido en alguna ocasión dolidos por lo que otros han dicho. Podemos empezar viendo los modos en que nosotros hemos contribuido a ese duradero sentimiento de dolor. Cuando hagamos esto, nuestra percepción de esa realidad cambiará. También se transformarán nuestro odio, enfado y apego. El apego es un buen ejemplo de visión impura. Cuando estamos apegados a la gente o a cosas, exageramos las cualidades no existentes del objeto de nuestro apego. Se vuelve, durante un tiempo, lo mejor, incluso la única cosa que merece la pena en la existencia. Creemos en él, le escuchamos y hacemos lo que sea negativo que nos induzca a hacer. Si experimentamos separándonos físicamente del objeto, descubriremos que nuestras mentes continúan aferrándose a él, lo cual demuestra que no es tanto el objeto en sí lo que ocasiona el aferramiento, sino nuestro deseo de él. Es posible que el mismo objeto esté decayendo ya. Cuando los monjes desean fortalecer su compromiso con el celibato, meditan en el deterioro de los cuerpos de las mujeres. Algunos llegan en realidad a ver los cuerpos como esqueletos, sin embellecerlos. En otras palabras, el poder de su meditación transforma su percepción.

El padre de Buda intentó mantener a éste en el palacio proporcionándole todo tipo de objetos gratificantes. Todos esos objetos estaban pensados para reforzar su visión impura, por decirlo de alguna manera. Por supuesto, el príncipe anhelaba intensamente escapar. Cuando pudo salir del palacio, vio lo que ahora conocemos como las cuatro visiones del príncipe Siddharta. Presenció la vejez, la enfermedad y la muerte, y por primera vez vio a un monje. Cuando vio la vejez y la muerte, perdió su apego a la belleza mundana, la fuerza y el poder. Cuando volvió al palacio vio a todos los habitantes como meros esqueletos. Tal había sido el cambio en su visión de la realidad. Ya no veía las cualidades exageradas en las cosas que le rodeaban.

La mente del meditador prevé cosas. Muchas personas pueden tener miedo de meditar en la visión impura. Mientras hay belleza y salud, quieren disfrutar estas cosas, en lugar de pensar en gente que se convierte en esqueletos. Pero a veces es bastante liberador ver a la gente de esa manera. Aunque podamos disfrutar de la juventud y la salud, estamos mejor si vemos más allá de ellas, en lugar de caer en la trampa que nos ponen. Su pérdida no tiene que ser necesariamente una pérdida para nosotros, siempre que los dejemos marchar. La vida humana nos da muchas oportunidades de disfrutar una felicidad momentánea, mientras que muchos otros seres no tienen esta oportunidad. Se dice que las lágrimas vertidas por todas las madres que hemos tenido ocuparía más que todos los mares de la tierra. Ha sido necesario mucho llanto para traernos hasta aquí. Pero, por supuesto, nuestras madres también han experimentado una gran felicidad. En otras formas de vida, no tienen este intermedio. Por lo tanto, es en esta forma concreta de vida en la que podemos comentar la visión impura con detalle y estudiar la manera en que las cosas se manifiestan.

No hay espíritus hambrientos, devas o titanes reales fuera de nosotros. Tenemos toda esta parafernalia en nuestro interior, funcionando cada día. A veces realmente nos sentimos como un deva. Sólo queremos ir a un hotel bonito o a un centro comercial, y pasearnos, sin ninguna preocupación en absoluto. Otras veces, podemos estar en esos mismos lugares, pero sentirnos vacíos. Podemos ver todas las cosas bonitas a nuestro alrededor, pero no disfrutamos con la belleza y la riqueza de los demás. Sólo ansiamos. Algunas personas que caminan por lugares así se sienten como espíritus hambrientos, porque no sienten que poseen lo que ven. No pueden simplemente apreciar el hecho de que esas cosas existan. Les falta el valor de pensar: "Todo esto es mío". Si el ansia continúa día tras día, surgirá esa mentalidad de espíritu hambriento. Nos podemos volver mezquinos y de puños cerrados, como ratas que siempre están recogiendo cosas y escondiéndolas. ¡Si tan sólo supieran que tampoco su escondrijo es un lugar seguro! Es como atesorar dinero en un banco. Los bancos también se pueden hundir. Esta es la mentalidad del espíritu hambriento en acción. El odio es el ejemplo de la mentalidad del infierno.

Si lo podemos superar con compasión y paciencia, se convierte en exactamente su opuesto. Podemos sentir lo calmante que es invocar la compasión y la paciencia en medio de un ataque de odio. Leer acerca de la compasión es una cosa, pero cuando la aplicamos donde realmente se necesita, se convierte en una panacea. Puede curar todas las enfermedades crónicas y el dolor.

La visión impura es el tema más extenso de los incluidos en las *Tres Visiones*. El tema del que hablaremos a continuación, la *visión de la experiencia*, es bastante difícil de explicar. A muchas personas les gusta hablar de lo que experimentan en la meditación, pero no tenemos manera de comprobar que el beneficio vaya a durar. Aparece claramente en nuestras mentes, pero es posible que eso sea todo lo que haya. Lo que importa realmente es en qué medida nos ha ayudado a minimizar nuestra visión impura. Por otra parte, cuanto más observemos la visión impura e intentemos aprender de ella, más extraeremos de la visión de la experiencia.

La visión de la experiencia puede ser muy valiosa, porque tenemos la oportunidad de cambiarla, sobre todo durante las sesiones de meditación. Por ejemplo, podemos transformar el dolor de sentarse en la postura de meditación. Es importante concederle todo su significado al dolor de nuestras rodillas, para aprender de qué trata realmente la meditación. Ese mismo dolor nos puede ayudar a incrementar nuestra diligencia y determinación. Se convierte en una bendición. Intenta imaginar cuando el Buda pasó sentado seis años bajo el árbol bodhi. Lo sabía todo acerca de la visión impura. Pero no era esta visión impura la que le sostenía. Debido a su nivel de determinación, era capaz de emplear las percepciones impuras para transformar su visión impura en la visión de la experiencia. Hay muchos sutras que describen experiencias en las cuales una persona puede transformar el odio, el enfado, la paranoia y otras neurosis en una experiencia espiritual profunda.

El primer nivel de las enseñanzas de las *Tres Visiones* es muy importante. Incluye detalladas y gráficas descripciones de los otros reinos de existencia, que nos permiten sentir empatía hacia los seres que habitan allí. Por ejemplo, cuando leemos acerca de los reinos de los espíritus hambrientos, donde todo es seco y no se puede conseguir agua o comida, no lo dejamos simplemente allí para que se ocupen de ello los espíritus hambrientos. Lo que tenemos que hacer en cambio es esforzarnos para sentir este elemento de espíritu hambriento en nuestro interior. Se dice que cuando los espíritus hambrientos se las arreglan para coger algo, lo aprietan con tanta fuerza que desaparece. Cuando guardamos algo con mucho cuidado, para asegurarnos de no perderlo, es posible que ya no lo volvamos a encontrar nunca. Esto se debe a que nos aferramos a ello con demasiada fuerza. Los escritos del mismo Virupa transmiten este mensaje elocuentemente. Son muy crípticos. Nadie puede leerlos y entenderlos con la facilidad con la que se cogen de la estantería. Están escritos en un lenguaje esotérico muy codificado.

A los maestros Sakya les llevó más de dos siglos y medio hacer inteligible el *Vajragatha*. Hasta mediados del siglo trece no había ningún libro que pudiera expresar su significado elocuentemente. Fue entonces cuando Sachen Kunga Nyingpo escribió sus once comentarios, atendiendo a la solicitud de varios discípulos, una vez recuperado de su enfermedad. Recordaréis que había olvidado las enseñanzas, y después tuvo una visión de Virupa que le dio la instrucción de tres meses y el permiso para escribir y hablar acerca de ellas. Siguieron numerosos comentarios a cargo de otros autores, incluyendo obras de Sakya Pandita. Hoy en día hay un costoso conjunto de treinta y un volúmenes que abarcan todas las enseñanzas, y forman la base de las instrucciones dadas durante el Lamdre. Las enseñanzas sobre la primera visión llevan tres o cuatro días. Cada enseñanza se da cuatro veces. El tema del día le lleva al maestro en torno a una hora. Después repite las enseñanzas.

Más tarde, las repite de nuevo, más brevemente. Las enseñanzas se repiten dos veces el día en que se dan por primera vez. Al día siguiente, antes de empezar el nuevo tema, se revisa de nuevo el tema del día anterior.

Por las tardes y noches, los alumnos experimentados llevan a cabo meditaciones guiadas sobre los temas del día. No sólo oímos las enseñanzas varias veces durante el día, sino que también las contemplamos. Cuando disfrutes de tu maravillosa comida preparada por los expertos cocineros, es posible que te encuentres preguntándote si realmente la deberías disfrutar tanto. Tal vez reflexiones en las enseñanzas sobre los espíritus hambrientos: empiezan a afectarte realmente. Los estudiantes a veces tienen experiencias conmovedoras. Hay muchos problemas del pasado que se han ignorado que irrumpen a la consciencia y se les presta atención entonces. Después de todo, toda la transmisión tiene la finalidad de purificar las manchas que nos cubren. Pero tienen que salir a la superficie para que las podamos ver. Es exactamente como lavar ropa sucia: la suciedad tiene que salir a la superficie para que la ropa se pueda lavar. Así que si notamos que pasa esto, ¡es una señal de que las enseñanzas funcionan!

Las enseñanzas esotéricas pueden parecer remotas. Te puedes encontrar dudando de si alguna vez serás capaz de dominarlas. Pero cuanto más oigas las enseñanzas preliminares, mejor preparado estará el terreno. Te recomiendo que leas y te familiarices con dos libros: *El Bello Ornamento de las Tres Visiones* y el comentario titulado *Los Tres Niveles de la Percepción Espiritual*. Cuanto más familiarizados estemos con estos temas y más meditemos en ellos, más nos beneficiaremos del Lamdre. Estos libros contienen detalles para ayudarnos a desarrollar nuestra contemplación. Por ejemplo, imagina cómo se sentiría un pez si le trajeran a esta habitación. ¿Cómo la vería? No sobreviviría mucho tiempo. Sería como que le arrojasen a la arena caliente. La percepción del pez no es únicamente una cuestión de biología, como muchos puedan suponer.

Hay muchos factores implicados, que empezaron a intervenir mucho tiempo antes de que la biología del pez se desarrollase.

La visión de la experiencia

❧ 5 ❧

HOY QUISIERA HABLAR SOBRE la posibilidad de desarrollar un nuevo tipo de percepción. Es menos mundana que la manera como vemos las cosas en la vida diaria. Si la gente no tiene un buen día, o está insatisfecha con una relación, si no está contenta con su salud o trabajo o lo que sea, esta infelicidad la crean sus propias percepciones. En la última charla me referí a este nivel como percepción "engañada" o "impura". Determinará cómo reaccionamos a los elogios de otras personas y cómo recibimos los elogios o la crítica que nos hacemos nosotros mismos. Si recibimos las críticas con un sentido de aprecio, no nos sentiremos amenazados, sino que nos encontraremos ante un espacio para mejorar. Es nuestra actitud la que dicta nuestras experiencias, en lugar de hacerlo las cosas que ocurren a nuestro alrededor.

Este es un descubrimiento de importancia fundamental. Nos ayuda a comprender que podíamos haber sido más felices por acontecimientos del pasado si hubiéramos sabido esto, y no hubiéramos rechazado las experiencias "desagradables". Muchos de nuestros sufrimientos aparecían como tales únicamente debido a nuestras maneras de pensar habituales. Nuestra actitud era tal que no lo podíamos hacer mejor entonces, y experiencias similares se manifestaban una y otra vez con gente diferente y en lugares diferentes. Los espejos podían haber cambiado, pero el reflejo que veíamos en ellos era siempre el mismo. Los objetos funcionan como espejos. Una persona que no conozca la verdadera naturaleza de la mente normalmente culpa al espejo por reflejar su propia imagen.

Las tres visiones es un tema enorme. Todas las experiencias compartidas de los seres conscientes son visión impura: sólo reflejos de su propio hacer kármico. La gente busca enseñanzas religiosas para intentar mejorar sus patrones habituales y aprender a hacer las cosas de modo distinto. Esto nos lleva al tema de la charla de hoy, la visión de la experiencia. La riqueza de nuestra experiencia espiritual depende únicamente de cómo evaluemos nuestras percepciones engañadas. Podemos aprender a alterar la manera en que vemos las cosas. Podemos desarrollar una cierta flexibilidad una vez que comprendamos que somos los autores de nuestras propias percepciones. Lo que esto quiere decir es que si nos cambiamos a nosotros mismos, las cosas que nos rodean cambiarán. Esta comprensión genera un gran sentimiento de libertad. Si no podemos cambiar nuestros pensamientos, si no podemos perdonar, viviremos en un estado de engaño constante. Una persona que ha perdonado a otra se siente libre de ella, en lugar de estar atrapado por sus experiencias con esa persona. La mayoría de la gente es víctima del pasado y de la percepción fija y exagerada que tiene de él. Cuanto más tiempo se cargue con las percepciones engañadas, mucho más grandes se volverán éstas, y más difícil será desprenderse de ellas.

Necesitamos encontrar maneras de perdonar el pasado, y de perdonarnos a nosotros mismos por haber sido unos proyectores tan deficientes. Necesitamos ver nuestro potencial para cambiar nuestras proyecciones. Estoy seguro de que todos hemos tenido breves vislumbres de la visión de la experiencia —cuando nuestra actitud cambió por completo debido a una nueva perspectiva de la mente—. A veces dos personas están enfadadas una con la otra. Cambiar esto es muy fácil. Basta con que uno le diga al otro: "Perdóname". Alguien ha sido herido, pero la manera en que continúan percibiéndose mutuamente después es el auténtico problema. Esto a menudo ocasiona más dolor que los mismos acontecimientos originales. Si nos enfocamos en la conmiseración personal y seguimos considerándonos a nosotros mismos como víctimas, nuestras percepciones engañadas se vuelven cada vez más fuertes. Normalmente, las personas que tienen una opinión pobre de sí mismos seguirán teniendo una percepción muy engañada del mundo y de la gente que les rodea. No pueden ver nada positivo en el mundo exterior, porque no están contentos consigo mismos.

A lo largo de las enseñanzas sobre la visión impura, se habla mucho del precioso renacimiento humano. Una vez que empezamos a reflexionar sobre nuestra enorme suerte por haber nacido como seres humanos con acceso a estas enseñanzas, las pequeñas quejas y los sentimientos de dolor se vuelven insignificantes. ¡Tenemos tantas cosas que apreciar! Y pesan mucho más que cualquier cosa que pensemos que nos falta. En comparación con otros seres humanos del planeta, tenemos salud, riqueza, educación, seguridad y libertad, y esta lista podría continuar y continuar.

Si la gente no entiende las enseñanzas sobre el precioso renacimiento humano, siempre sentirán que algo no anda bien en sus vidas. Pensarán que son los únicos que han quedado excluidos. En el momento en que comprendemos lo preciosa que es nuestra vida y dejamos de desear las cosas que no tenemos, nos volvemos mucho más felices. Empezamos a percibir todas nuestras relaciones de modo diferente. Muchos de nosotros seguimos viniendo y haciendo las prácticas una y otra vez. Esto es debido a que hemos tenido un destello de claridad mental. Pero lo que buscamos es una percepción duradera. Queremos ser más amables, perdonar más, ser más sabios, más pacientes. El tema de hoy nos hace avanzar un poco más. Una persona se tiene que iniciar a sí misma para permitir que estas experiencias ocurran. La gente que hace retiros cortos siente definitivamente algún beneficio inmediato. Las experiencias son enriquecedoras. No es únicamente una cuestión de creencias o de fe.

La visión de la experiencia consolida las enseñanzas. Es únicamente por medio de experiencias así como podemos saber si estamos fuera o dentro, en el sendero o fuera del sendero. Estar en el sendero no significa que tengamos que hacer prácticas todo el tiempo. Podríamos estar haciendo todo tipo de cosas, y sin embargo estar en el sendero. De hecho, a medida que nuestra visión de la experiencia se desarrolla, sentimos que estamos en el sendero todo el tiempo: no sentimos que las cosas nos saquen de éste. Uno de los aspectos más inmediatos y fundamentales de la visión de la experiencia es que la percepción de nuestras prioridades cambia por completo. Nos esforzamos para tener tiempo para hacer varias prácticas. Podemos establecer prioridades en nuestro tiempo y disciplinarnos para mantenerlas independientemente de las presiones o compromisos externos. Cuando no tenemos un tiempo para la práctica formal, dedicamos éste a actividades mundanas, que normalmente sólo permiten una realidad mundana. Eso ocurre a menos que tengamos una práctica muy poderosa que nos permita transformar todo lo que hacemos, de forma que todo se convierta en visión pura.

Hay una historia de un maestro del Lamdre, un profesor de Sachen Kunga Nyingpo llamado Zhangton Choebar, que estaba muy impresionado por la aproximación temática de las enseñanzas del Lamdre. Al progresar, descubrió que estaba aún en la primera visión, o sea, en la visión impura, la mayor parte del tiempo. En otras palabras, había muy pocos momentos en los cuales su mente fuese pura. Siendo esto así, decidió que trabajaría con estas manifestaciones impuras, e intentaría cambiar la percepción que tenía de ellas. Con esta idea en la mente, encontró trabajo como cavador de estiércol. Hizo los peores trabajos que había, que nadie más quería hacer, y la experiencia le pareció muy iluminadora. En lugar de elegir lo que quería hacer, simplemente hacía los trabajos que otros rechazaban. Se convirtió en extremadamente hábil para transformar las cosas que le rodeaban.

Por supuesto, nadie sabía que era un practicante. No le descubrieron hasta que Sachen Kunga Nyingpo se puso a buscar un sustentante del linaje que le diera las enseñanzas. Sachen había oído hablar de Zhangton Choebar. Pero desde el momento en que Zhangton Choebar se volvió un cavador de estiércol, había permanecido oculto. No tenía ni monasterio ni seguidores, tan sólo una pequeña choza. La gente solía ir a su casa y preguntarle a su mujer dónde estaba "Akhu". Se le conocía por ese nombre, que significa "tío". Dada su humilde situación en la vida, la gente no se preocupaba de su nombre completo. Siempre estaba muy ocupado. De hecho, Akhu se manifestaba en muchos lugares al mismo tiempo. Aunque nunca había dado enseñanzas, Sachen Kunga Nyingpo había oído su nombre, y se puso en camino para encontrarle.

Las investigaciones de Sachen le llevaron a un pueblo cercano, donde preguntó por Zhangton Choebar. Los habitantes del pueblo dijeron que nunca habían oído hablar de él. Había un "Akhu Choebar" que vivía allí, que sólo jugaba con los niños y cavaba estiércol, pero era una persona sin importancia. No hacía ningún trabajo de responsabilidad. Finalmente, después de insistir, llevaron a Sachen a ver a Choebar. Choebar le preguntó a Sachen qué quería. Sachen contestó que había oído hablar mucho de él, pero que como vivía de manera tan discreta, había sido extremadamente difícil localizarle. Entonces le hizo ofrecimientos simbólicos de oro, una mula, sal y bolsas de comida, y le pidió a Choebar que le impartiera la transmisión del Lamdre.

Zhangton Choebar contestó: "Debes estar bromeando. Estás completamente equivocado. Yo no soy la persona que buscas. Te has confundido con la persona y con el lugar. La gente me llama Choebar, pero no sé nada de las enseñanzas de las que hablas." Así que se negó. Pero Sachen insistió, diciendo que había oído que Choebar sustentaba el linaje, y que aquél era un linaje susurrado de enseñanzas que se le había confiado para que continuase después de él. Pero Choebar contestó:

"Sólo conozco algunas enseñanzas de *Dzogchen* sobre nadis. Pero perdí todos los textos hace años, y no sería capaz de enseñarlas. De hecho, casi he olvidado mi propia práctica. Realmente, has venido al lugar equivocado. Deberías continuar tu búsqueda en otra parte."

Tras esta respuesta, Sachen ya no tenía ganas de seguir con el asunto. Contestó que tal vez se había equivocado con el lugar, pero ciertamente no con el nombre. Dijo que se iría y comprobaría su información de nuevo. Mientras tanto, algunos de sus compañeros, que eran observadores muy astutos, habían notado algo especial en este "Akhu Choebar". Cuando el grupo se preparaba para irse, uno de ellos dijo que tenía la corazonada de que no se debían marchar aún. Sugirió que volviesen a la casa y lo intentasen de nuevo. Relató una tradición del Lamdre según la cual uno tiene que solicitar las enseñanzas tres veces. Así que Sachen volvió y repitió su petición. Finalmente, Zhangton Choebar reconoció que en efecto, había recibido las enseñanzas en un pasado remoto, pero dar las enseñanzas completas le llevaría años. Sin embargo, dado que Sachen pertenecía a una familia espiritual tan rica, no quería rechazar su solicitud sin más. Le pidió que se marchase e hiciera preparativos durante tres años. Para entonces, pensaba que podría arreglárselas para encontrar sus textos.

Por supuesto, Zhangton Choebar conocía la práctica de memoria, y dado que todas las enseñanzas eran del linaje susurrado, no había textos que consultar. El hacía esa misma práctica todo el tiempo que cavaba el estiércol. En resumen, Sachen volvió tres años más tarde, y recibió las enseñanzas, lo cual llevó otros tres años. Transcurrido ese tiempo, Choebar se dirigió a Sachen diciendo: "Como ya sabes, eres el único que ha venido a solicitarme enseñanzas, de forma que es tu karma el verme como un valioso maestro. Pero no mucha gente me puede ver de ese modo: soy sólo un cavador de estiércol. Debido a la percepción pura que tienes de mí, te tengo que hacer alguna demostración convincente." Choebar llevó a Sachen a un valle desierto, conocido como Sakthang Deng, donde dijo que demostraría algunos de los logros de la meditación. Se quitó el abrigo de piel de cordero que siempre llevaba, y se lo puso con la parte de dentro hacia fuera, de forma que el pelo de la piel del cordero quedaba en el exterior. En la punta de cada pelo, Sachen vio una manifestación de Choebar. Finalmente, éste se quitó el abrigo y lo sacudió. Todos los Choebars se convirtieron en pájaros. La bandada entera de éstos salió volando cuando se volvió a poner el abrigo. Dado que Choebar era un cavador de estiércol, siempre llevaba consigo una cesta de bambú. Se dijo, hablando para sí: "Hoy aprovecharé esto bien". Puso la cesta del revés y colocó el abrigo encima. Después desapareció. Sachen no podía creer lo que veían sus ojos. Estaba llorando por la buena suerte que había tenido al encontrar un maestro tan realizado. Nunca consideró que se trataba de su propia visión de la experiencia en acción. Pensaba que se trataba únicamente del poder de su maestro. Todos los pájaros volvieron volando y se posaron sobre la cesta. Un pájaro se disolvió en el siguiente hasta que no quedó más que uno solo, y ese se disolvió en el abrigo. El abrigo se disolvió en la cesta, y la cesta se disolvió en Zhangton Choebar. Entonces, el maestro dijo: "No he sido un practicante realmente grande, pero lo he intentado con un poco más de esfuerzo que la mayoría de la gente. Si tú lo haces, serás capaz de hacer esto también. Pero no debes revelar estas enseñanzas a nadie hasta que no hayan transcurrido dieciocho años. Durante esos dieciocho años, debes practicar diligentemente."

Cuando la gente tiene una fe inconmovible, puede experimentar ese tipo de percepción. Puede ver los milagros que sus maestros exhiben, que no son necesariamente visión pura instantánea por parte de los discípulos. Pueden ocurrir sobre todo por el poder del maestro. Si alguna otra persona hubiese estado allí, no habría visto estas cosas de la misma manera. La visión de la experiencia es normalmente la culminación tanto de la práctica como de la devoción de uno. En retiros de meditación profundos o en sesiones de iniciación profundas, los discípulos pueden ver muchas cosas. Estas visiones de la experiencia no se pueden validar. No es posible comparar con otros. Mucha gente percibe a los maestros de formas distintas, y eso es debido sobre todo al poder del ritual y de la concentración del maestro. No todos tendrán la misma percepción del mismo ritual. Una parte muy importante de las enseñanzas del Lamdre son las iniciaciones de Hevajra de la causa y el sendero. En el transcurso de estas iniciaciones hay una sección denominada la "caída de la lluvia de la sabiduría trascendental", que es una parte de la transmisión. Se dice que incluso la persona más tonta y carente de fe percibirá las bendiciones, por lo menos de alguna manera. Algunos tendrán reacciones físicas, otros verbales, y otros mentales. A veces la percepción es tan rápida que una persona puede no recordarla, pero su cuerpo puede haber experimentado entonces un estremecimiento. La caída de las bendiciones en el cuerpo normalmente produce temblor. En lo más profundo del corazón y de la mente, puede que no haya nada. Verbalmente, una persona puede pronunciar algunas palabras. Algunos pueden pronunciar mantras que no han oído nunca antes. Las bendiciones de la mente podrían llevar a una experiencia de disolver totalmente el lugar en un mandala puro, como la visión de Virupa de Vajra Nairatmya.

Esas son visiones de la experiencia dramáticas, que dependen mucho de rituales, maestros, o ceremonias particulares. Son cortas, pero su inspiración puede ser duradera. La auténtica visión de la experiencia ocurre cuando uno pasa un tiempo considerable en la meditación de permanencia apacible. La meditación de permanencia apacible se considera indispensable para el desarrollo de la concentración. A menos que desarrollemos nuestra concentración, no podemos conectar con un estado de mente concreto y mantenerlo a pesar de las distracciones. Mientras continuemos viendo las distracciones como externas, no tendremos buenas experiencias. Si podemos ver las distracciones como internas, es más probable que adquiramos alguna visión de la experiencia. ¿Cómo vemos las distracciones? Nuestras percepciones de ellas cambian, lo cual demuestra que carecen de existencia inherente.

Las distracciones se perciben de manera distinta según nuestro nivel de éxito meditativo. Al principio, sentimos que no deberíamos experimentar ninguna distracción en absoluto. Después, empezamos a aprender a aceptarlas. Empezamos a verlas no como acontecimientos separados de la meditación, sino como componentes importantes. Usamos entonces las distracciones como indicadores para medir nuestro progreso. Ya no son un reto. Intentamos mantener nuestra calma a pesar suyo: intentamos pensar con calma al tiempo que somos conscientes de las distracciones, que ya no existen de manera inherente. Nos damos cuenta de que son transitorias, y una vez que comprendemos su naturaleza fugitiva, se derrumban. Si podemos oír música de fondo, por ejemplo, la oímos de manera continuada, pero distinta. Se convierte más en un objeto de atención que en uno que haya que evitar. Podemos de hecho cambiar nuestra concentración del objeto de meditación a la distracción. Aquí es donde interviene la visión de la experiencia. Se desarrolla muy gradualmente, como resultado directo de nuestro progreso con la meditación de permanencia apacible. Podemos tener una comprensión básica de la ley del karma, percibir la naturaleza insatisfactoria de la existencia en el mundo y conocer la ley de la impermanencia y de la muerte. Pero no seremos capaces de desarrollar una visión de la experiencia duradera simplemente mediante una comprensión intelectual de estas ideas, que sólo nos hará pensar como un ideólogo budista: las meras ideas no nos ayudan mucho. Tenemos que consolidar las ideas intelectuales en experiencias religiosas, que sólo son posibles cuando llevamos a cabo esta práctica sistemática de enfocar y transformar la mente.

La meditación de permanencia apacible es muy importante para cada aspecto del camino. Hay mucha gente que medita, pero la mera meditación no nos llevará a una visión de la experiencia pura. Algunas personas sólo están intentando escapar de la vida real. Meditan para tener un poco de paz: sólo quieren poner un poco de música y extraer lo que puedan. No hay implicada una visión de la experiencia, sino sólo un entumecimiento completo de los sentidos, y esto se considera meditación en la sociedad convencional. Mucha gente emplea técnicas así. No hay duda de que hay algún beneficio inmediato en hacer que la gente dedique algún tiempo a algo que no sean sus problemas urgentes. Pero a largo plazo, no se trata la causa raíz. Es como no oír, no tocar, no mirar, y bloquear todos los sentidos. Si se tratara de eso realmente, todos podríamos simplemente dejar de mirar poniéndonos unos parches oscuros sobre los ojos, tapar nuestras orejas, y cortar con los contactos sensoriales. Pero los sentidos son en realidad unas herramientas muy importantes que se deberían emplear activamente.

Intentar cortar con la percepción sensorial es un acercamiento muy superficial a la meditación. La meditación de samatha es una buena práctica introductoria, siempre que se desarrolle gradualmente una cierta comprensión de la teoría. Las enseñanzas nos ayudan a pensar claramente, con agudeza y de manera lógica. Cualquier práctica encaminada a enfocar nuestra concentración debería tener el mismo efecto. Shamatha es el acercamiento sistemático al desarrollo de la concentración. Durante los retiros de Lamdre, se dedican seis meses exclusivamente a esta meditación. A medida que los meditadores progresan desde el primer nivel hasta el noveno, desarrollan una comprensión cada vez más clara de la manera en que la mente proyecta en sus alrededores.

La visión de la experiencia es como la percepción de un elefante amaestrado. Este ya no ataca a su *mahout*, sino que le escucha. Por supuesto, le podría pisar si quisiera, pero ya no quiere. Tiene la misma fuerza física de antes, pero la emplea de un modo mucho más inteligente. Mientras que un elefante salvaje percibe a todo el mundo como un atacante, el elefante amaestrado tiene una visión de la experiencia. Su percepción cambia cuando está amaestrado. La mente empieza como un elefante salvaje. Los niveles de la meditación de samatha se corresponden en realidad con las nueve etapas de la doma de un elefante. Cuando una persona pasa a través de estos estados, aprende a gobernar sus percepciones. Las percepciones son transformables no sólo de A a B, sino que al mismo tiempo A es B y B es A. Es simplemente una cuestión de cuál elegimos. Ya no estamos habituados a tener una visión A todo el tiempo. Podemos desconectar la visión A y tener la visión B. Debido a que nuestra sociedad y la gente que nos rodea todo el tiempo nos sintoniza con la visión A, tenemos que practicar de manera deliberada maneras alternativas de percibir la realidad. Cuantas más prácticas formales hagamos, más oportunidades tendremos de desarrollar nuestra visión de la experiencia. La manera en que una persona maneja el dolor y la distracción durante samatha revela mucho sobre cómo trata sus percepciones engañadas. Tenemos que proceder de manera gradual. Después de todo, si intentamos parar un coche de repente, tendremos problemas. Tenemos que disminuir la velocidad antes de emplear los frenos. El samsara es como una montaña rusa: todos estamos acelerados. Normalmente no tenemos elección acerca de cómo reaccionar a los insultos y otras molestias. Simplemente, seguimos reaccionando de la manera en que siempre lo hemos hecho.

La visión de la experiencia se puede aplicar a todos los niveles de inteligencia, desde los más bajos, pasando por los mediocres, hasta llegar a los más altos. Las personas de distintos niveles tendrán visiones de la experiencia diferentes. Lo que tiene importancia recordar es que incluso si tenemos un nivel de concentración alto y somos capaces de lograr samatha, no tendrá un valor real mientras lo estemos haciendo todavía con un afán egoísta. La visión de la experiencia Mahayana trata del sometimiento de nuestra naturaleza de querernos a nosotros mismos. Tenemos que desarrollar el impulso fundamental de querer a otros, y entonces toda nuestra visión cambiará. Cuando alcancemos ese nivel, ya no necesitaremos sesiones de meditación especiales. La visión de la experiencia constante sobrepasa por completo la práctica formal.

Esta es la manera Mahayana de interpretar la visión de la experiencia. Por supuesto, la meditación samatha es obligada a todos los niveles. Pero si olvidamos el altruismo, entonces no importa lo buena que sea nuestra concentración, el período de tiempo que podamos permanecer sentados, y lo bien que manejemos la distracción y el dolor; nuestra meditación tendrá un beneficio muy limitado. Seguiremos siendo egoístas y no nos ocuparemos de los demás. No habrá una visión de la experiencia. Tenemos que tener ésta para ser capaces de querer a otros seres vivos más que a nosotros mismos. Cuando traslademos nuestra preocupación de nosotros mismos a los otros habrá una alegría constante, porque habrá más gente feliz además de nosotros. Nuestra felicidad por lo tanto se multiplicará. También nos preocuparán más los sufrimientos de los demás, porque su sufrimiento es mucho mayor que el nuestro. Nuestro propio sufrimiento se vuelve insignificante.

Según el Mahayana, tendemos a enfocarnos en el yo y en sus propias percepciones todo el tiempo, y no en la razón por la cual el yo percibe como lo hace. Cuando una persona traslade su interés desde sí mismo hasta otros seres vivos, ya practique una meditación formal o no, su visión de la experiencia mejorará de manera dramática. Como resultado de eso, tendrá una visión de la experiencia duradera, con más probabilidades de convertirse en visión pura. La visión de la experiencia tiende a ir y venir. Es elusiva. En contraste, la percepción engañada permanece firme y constante. Una vez que cambiamos nuestra visión por la visión de la experiencia, queremos evitar naturalmente volver a caer en la visión engañada.

La visión de la experiencia es simplemente una etapa. Es un trampolín para la visión pura. Queremos que la visión de la experiencia siga creciendo: la aproximación Mahayana es por lo tanto indispensable, porque si no tenemos altruismo, entonces no importa cuánta paciencia desarrollemos: será fácil que volvamos atrás. El ego es muy poderoso. Si la gente consigue niveles altos de samatha, sin progresar más allá del nivel de permanecer en trance profundo durante años, trascienden la noción ordinaria del yo, pero siguen aferrados a sus logros. Este estado se denomina en el Mahayana "la trampa de los vehículos menores". Hay un peligro cuando la gente no deja de hablar de una experiencia concreta. Se está aferrando a ella, en lugar de seguirla. Así que se dice que cuando tengamos visiones de la experiencia, deberíamos conservarlas para nosotros mismos. Si necesitas aclaraciones de tus maestros o compañeros de práctica, lo puedes comentar con ellos, por supuesto; pero no todas las experiencias no comunes se deberían compartir. Hacer eso puede estimular el aferramiento, y de ese modo bloquear el desarrollo futuro.

El altruismo impide que nos quedemos detenidos. Incluso cuando no nos sentimos capaces de hacer alguna práctica a la que nos hayamos comprometido, tenemos que hacerla de todos modos. Podemos superar nuestras reticencias desarrollando el altruismo nada más empezar. Cuando empezamos con la dedicación, ésta nos da el valor y la paciencia para seguir. Nos saca de nuestras limitaciones egoístas y nos da una finalidad para continuar. Después, al final, dedicamos la práctica. Siempre que tengamos una motivación pura, si nos sentimos incapaces de continuar, no veremos esto como un fracaso. Seremos capaces de parar tranquilamente, y de dedicar lo que hayamos hecho. La aproximación Mahayana nos proporciona un alto grado de flexibilidad. Entonces tiene lugar una visión de la experiencia constante. Nuestros propios sufrimientos se convierten en una fuente de esa visión. Cuando experimentamos la enfermedad y el dolor, podemos decir cuando tomamos nuestra medicina: "Que todo el dolor del mundo se disuelva en el mío". Podemos entonces dar la bienvenida al dolor. Mucha gente no puede hacer eso. Por eso se denomina a los seres que tienen ese altruismo bodhisatvas: por su gran valor.

Mientras practiquemos continuamente el altruismo, tenemos mucho que hacer. No es necesario que sigamos haciendo prácticas formales. La visión de la experiencia se ha vuelto un asunto diario. Nuestro propio dolor se convierte en el medio de transformarlo: lo usamos para aliviar a los demás. Le damos un significado. Que no nos guste el dolor no es una buena razón para evitarlo o intentar librarnos de él. Tal vez es ése el motivo por el que surge en un principio, porque somos incapaces de aceptarlo. No estoy diciendo que debamos invitar al dolor, pero cuando surge, podemos tener recursos para hacerle frente. Algunas personas tienen experiencias sorprendentes cuando se encuentran inmersas en dificultades. Es como practicar el tiro al blanco con los problemas. Por supuesto, para dispararlos, tienes que tener habilidad y experiencia.

En resumen, el altruismo es la clave para desarrollar una visión de la experiencia duradera. Deberíamos dedicar incluso lo más insignificante que hagamos. Por lo tanto, deberíamos amar lo que hagamos, sea lo que sea. Esto se aplica a nuestro trabajo y a todo lo demás. Formulamos el deseo de que nuestros trabajos, y todo lo que hacemos durante el día, puedan beneficiar a otras personas. Después de todo, la experiencia la dicta lo que pensamos, y no lo que hacemos. Es muy liberador recordar que construimos nuestras propias experiencias. ¿Qué es esa libertad de la que la gente habla tanto hoy en día? ¡No puede haber una libertad mayor que ser capaces de construir nuestras propias experiencias!

Para hacer el cambio desde la percepción engañada hasta la percepción de la experiencia, tenemos que ser capaces de deconstruir. Usamos los mismos ladrillos, pero los colocamos de acuerdo con un diseño nuevo. El oro se usa a menudo para hacer estatuas de Buda, pero cuando el mismo oro se emplea para hacer un orinal, se convierte en un objeto menos deseable. Esta visión de la experiencia nos convierte en orfebres, y ese es el motivo por el cual las meditaciones del Vajrayana son tan hábiles. Cuando hacemos el yoga de la deidad, en primer lugar recitamos la oración del refugio, después la oración del altruismo, y después recitamos el mantra y disolvemos la visión impura de nosotros mismos en la vacuidad. Esto es muy importante, porque es esta visión impura la que ha ocasionado todos nuestros problemas en un primer lugar.

Es muy inspirador tirar abajo lo que construimos. Después nos podemos rehacer por completo, con características iluminadas. Esa flexibilidad es una expresión de verdadera libertad. Si no tenemos ese sentimiento de libertad, no desarrollaremos una visión de la experiencia duradera. Será sólo una cuestión de cubrir la visión engañada con una breve visión de la experiencia, que se disolverá rápidamente y será reemplazada de nuevo por nuestra percepción engañada habitual. ¿Cómo nos aseguramos de que eso no ocurra? La respuesta es que lo logramos por medio de las prácticas preliminares, que son el método directo para purificar las manchas de las negatividades. Por ejemplo, pongamos que estamos haciendo postraciones para cultivar la humildad. Hacemos unas cuantas: tres, siete, veintiuna, tal vez. No ocurre casi nada. Pero cuando hacemos cien o doscientas, es un asunto totalmente distinto. Realmente multiplica nuestras posibilidades de desarrollar experiencias visionarias, mientras que si nos retiramos después de diez o doce, no estamos lo suficientemente estimulados como para desarrollar estas experiencias.

La realización espiritual puede ser una experiencia muy solitaria: muy pocas personas parecen comprendernos. La experiencia visionaria es el valor de caminar solo por caminos solitarios. Pero lo tenemos que hacer nosotros mismos. Se deben hacer las prácticas preliminares muchas veces. No es la postración anterior la que cuenta, sino la postración que hacemos en este mismo momento. La mayoría de la gente no se rinde debido a sus limitaciones físicas, sino porque se han desanimado. Se han enfocado excesivamente en contar lo que han hecho, y buscan las recompensas demasiado pronto. Nos podemos centrar tanto en obtener nuestra recompensa que seamos incapaces de prestar atención a lo que estamos haciendo ahora mismo. Eso limitará los beneficios de la práctica considerablemente. Por supuesto, en cuanto al karma, obtendremos una recompensa a la larga. Nadie nos puede engañar: los números se irán sumando. Es un poco como intentar quitar pegatinas adheridas a un vidrio. Lo intentamos una vez, pero no sale. Así que lo intentamos de nuevo, y sale un poco. Y una vez más, hasta que finalmente todos los restos han desaparecido. Del mismo modo, nuestras tendencias latentes están profundamente grabadas en nuestra consciencia, y hay que sacarlas lenta y deliberadamente. Tenemos que seguir intentándolo. Eso, por sí mismo, nos dará una visión de la experiencia.

Si adquirimos los recursos suficientes como para transformar todo lo que hacemos, probablemente no necesitaremos hacer cien mil postraciones. Cuando lavemos los platos, podemos visualizar que lavamos las impurezas de todos los seres. Mientras caminamos por la calle, nos podemos concentrar en caminar para la gente que está sola, o para los que están tristes y desanimados. Es maravilloso ser capaces de integrar todo lo que hacemos en nuestro viaje espiritual. Pero hasta que seamos capaces de ello, tenemos que seguir ciertas prácticas prescritas. Hacerlas nos ayudará finalmente a aprender cómo integrar otras cosas que hacemos en nuestro sendero espiritual.

La visión de la experiencia es un gran cambio con respecto a la percepción engañada. Muchos de nosotros tenemos destellos momentáneos de esta visión, normalmente en el transcurso de la práctica formal o cuando escuchamos las enseñanzas. La visión de la experiencia duradera se desarrolla normalmente de manera gradual con el tiempo, como resultado de seguir un adiestramiento formal y de hacer las prácticas prescritas de manera regular. A medida que fortalezcamos nuestro vínculo con las experiencias y desarrollemos una convicción interna, nuestra visión de la experiencia se verá progresivamente enriquecida.

Personalizando la visión de la experiencia

❧6❧

Hoy me gustaría hablar de cómo podemos personalizar la visión de la experiencia. ¿Cómo podemos decir cuándo nos hemos trasladado desde la visión impura hasta la visión de la experiencia? Por ejemplo, puede haber habido algunas situaciones adversas en nuestras vidas hace algunos años que ahora vemos de manera completamente distinta. Sin tener que ser necesariamente practicantes religiosos, a medida que pasan los años podemos encontrarnos con que nuestra percepción de las experiencias del pasado se altera con el tiempo y la madurez progresiva. La mente puede ser bastante flexible, incluso sin haber ahondado en la religión. Sin necesidad de haber alcanzado el nivel del trance en meditación, todos hemos pasado por el trance de los sufrimientos de la vida. No deberíamos suponer que la visión de la experiencia se restringe a las personas que se dedican de manera intensiva a la meditación yóguica. Sólo es necesario un segundo para que ocurra la visión de la experiencia. No ocurre únicamente durante un retiro. Podría ocurrir mientras llevamos a cabo una tarea cotidiana. Pero podemos ayudar a desarrollar esta visión aprendiendo, contemplando y meditando.

La mayoría de nosotros no aceptamos por completo las enseñanzas hasta que no las contemplamos y ponemos a prueba en nuestras vidas. De entre las cosas que hemos oído, tal vez elijamos probar sólo unas cuantas. Tenderemos a valorar más aquellas que nos funcionan a nosotros. Es únicamente por medio de nuestra experiencia como las enseñanzas se nos vuelven reales. Si no las podemos aplicar, no son para nosotros más que un mero conjunto de afirmaciones doctrinales. O tal vez sólo nos identifiquemos con un grupo concreto de personas y les sigamos para hacer bulto y ser uno más de entre la muchedumbre. Pero cuando nos vinculamos a las enseñanzas y hacemos uso de ellas para resolver nuestros propios problemas, no sólo las aprendemos, sino que las absorbemos. Tal vez hayamos oído enseñanzas sobre la ley del karma o la compasión, y no encontremos ninguna dificultad en absoluto para aceptarlas, porque podemos ver estos procesos operando en nuestras vidas. Cuando se han integrado las enseñanzas por completo, ya no requerimos claridad intelectual para reforzarlas, ni tampoco necesitamos reforzar nuestra seguridad por medio de convencer a otros: estamos satisfechos a nivel del corazón. Esta es la visión de la experiencia que opera con las enseñanzas. Es necesario el aprendizaje, la contemplación y la práctica para alcanzar este nivel. Las experiencias seguirán en el transcurso de nuestra meditación. Aunque podamos no dominar el arte de exponer las enseñanzas intelectualmente, una vez que las hayamos absorbido empezaremos a comunicarlas a los demás de maneras sutiles, adaptadas individualmente a sus necesidades.

Se dice que una persona que enseña el budismo desde una perspectiva intelectual es diferente de una que enseña desde una base de realización meditativa. Recordad que muchas de las enseñanzas que dio el Buda no requerían explicaciones verbales metódicas. La mayor parte del tiempo, el Buda estaba callado. Gran parte de la comunicación entre él y sus discípulos ocurría a un nivel más sutil. En realidad, es el nivel humano burdo el que requiere el uso de mucho lenguaje. Pero la comunicación real no requiere necesariamente palabras. Hay mucha comunicación a nivel sutil que tiene lugar entre las personas, ya sean éstas religiosas o no.

Cuando alguien aprende a meditar, sabrá cómo aplicar los antídotos adecuados para cualquier distracción que surja. La manera en que aprende a aplicar estos antídotos puede ser completamente distinta de lo que había imaginado inicialmente. La primera vez que empleamos una herramienta, siempre nos sentimos torpes. Pero a medida que nos acostumbramos a ella, nos volvemos más eficientes, y parece más fácil de usar. Un meditador parece mejorar su postura, administrar mejor su tiempo, y desarrollar niveles de disciplina de los que la mayor parte de la gente carece. Creando el espacio para la experiencia meditativa regular, el meditador transforma toda su forma de vida. Desarrolla un alto grado de confianza en sí mismo. Por otra parte, aquellos que se comprometen a meditar pero fallan al cumplirlo se quedan con un sentimiento de insatisfacción consigo mismos. Si un principiante deja pasar un día o una semana, le puede llevar tiempo recuperar su nivel previo. Esto se debe sobre todo a su actitud intransigente con respecto a saltarse una práctica. Una vez que alcancemos un nivel de realización espiritual maduro comprenderemos que no hay nada que perder. Integraremos nuestra práctica con todo lo que hagamos. Cuando desarrollemos ese nivel de flexibilidad, habrá menos obstáculos para nuestra visión de la experiencia. Todo el tiempo que pasemos en meditación formal será beneficioso. No perderemos el tiempo preocupándonos por las cosas del pasado que no se han hecho. Cada sesión será una progresión desde la anterior, incluso si ha habido lapsos de tiempo en medio.

Los meditadores descubren cinco niveles en la visión de la experiencia. Lo primero que la mayoría de la gente nota cuando comienza cualquier forma de meditación es que tiene demasiados pensamientos. Algunas personas casi llegan a desarrollar una tendencia anti-pensamientos como reacción a este descubrimiento. Esta es la primera impresión y la más importante cuando el cuerpo está bien relajado y la mente empieza a concentrarse. Además ocurre que el principiante considerará los pensamientos como cosas separadas de sí mismo. El quiere ser algo distinto de los pensamientos. *Este nivel se denomina el "reconocimiento de los pensamientos".* Es un período muy valioso. No es un nivel de realización evolucionado, porque los pensamientos se consideran externos. Pero es sin embargo una etapa muy importante. Es una ilustración fantástica de la visión impura. Normalmente no reconocemos que los pensamientos somos nosotros: los vemos como cosas separadas, con su propia existencia inherente. Es entonces cuando la mayoría de los meditadores empieza a luchar para que sus mentes regresen al objeto de meditación. Aún no se dan cuenta de que el objeto no es más que un simple punto de referencia, que no tiene valor por sí mismo, sino por su relación con la distracción. La mente dedicará muy poco tiempo al objeto de la meditación, por más que uno lo valore, y más tiempo a las distracciones, que el principiante quiere rechazar. El meditador se enfrenta entonces al dilema de qué hacer con la distracción. Cuando los meditadores cuenten con la suficiente experiencia y la instrucción adecuada, aprenderán a ver que los pensamientos no son externos e ellos. Pero las instrucciones detalladas no bastan para poder obtener esta realización espiritual. Se precisa mucha práctica sobre el cojín antes de llegar allí.

Llegaremos a un nivel en el que, aunque tal vez sigamos viendo los pensamientos como externos, sintamos que hemos amortiguado su impacto. No parecen surgir tan a menudo como antes. Cuando nuestra concentración mejora, la corriente de pensamientos se contrae. Puede surgir un sentimiento de regocijo. *Este es el segundo nivel, conocido como "agotando los pensamientos".* Aún no hemos comprendido que los pensamientos son parte de nosotros. Los vemos como entidades separadas que estamos empezando a aprender a controlar. Dado que los pensamientos surgen ahora con menos frecuencia, empezamos a preguntarnos si ha habido alguna vez pensamientos externos a nosotros. Empezamos a comprender que los pensamientos eran parte de nosotros. Lo que se examina ahora es aquello que realmente percibe, y no lo percibido. El meditador se vuelve más contemplativo, porque empieza a observarse a sí mismo más que a sus pensamientos. Esta comprensión extingue todos los pensamientos por completo, pero sólo de manera temporal. *Este es el tercer nivel, conocido como la "aniquilación de los pensamientos".* Sentimos que hemos alcanzado el punto de trascender el pensamiento, y podemos ahora realmente empezar a progresar con la meditación. Al alcanzar ese nivel, el meditador empieza a sentir alegría, y por lo tanto relaja su esfuerzo. Considera que ha recorrido mucho camino, y ya no es necesario que lo intente con tanto ahínco. Pero esta relajación es prematura. El cese repentino de los pensamientos no es realmente un momento para la relajación. Estos están en realidad jugando con nosotros. Por desgracia, en cuanto el meditador se relaje, surgirá, como salida de la nada, otra corriente de pensamientos. Esta afluencia repentina desconcierta al meditador. Pero en cuanto se concentra en ellos, desaparecen. Si el meditador ha desarrollado una cierta madurez, reconocerá que los pensamientos no tienen sustancia. Son transitorios, y todos ellos son su mente. Estos pensamientos tienden a ser muy gráficos, muy emocionales. Nos pueden hacer llorar. En este nivel, estamos modificando de muchas formas la manera de pensar, y por ello, la corriente de pensamientos intenta fluir con nuestra energía, a través de nuestros canales, pero es detenida. Esto es lo que ocasiona el alto nivel de actividad emocional.

El cuarto nivel es cuando no podemos aceptar que somos nuestros pensamientos, pero tampoco estamos seguros ya de que nuestros pensamientos sean externos. Parecen subir y bajar. Parece que vamos de un extremo a otro. A veces no tenemos pensamientos, pero otras veces nos vemos inundados por ellos. Es como las olas del océano. Esta se denomina la experiencia del océano con olas. La mente quiere sostener un nivel de concentración profundo, similar al océano, pero es incapaz de mantener la calma, o de detener las olas. El meditador aún considera las olas como evitables, y no las puede tolerar como parte del océano. Se abre paso un sentimiento de soledad y de tristeza, que parece en gran medida una repetición de las emociones diarias que no manejamos muy bien. Algunas emociones surgen así, de ningún lugar en absoluto, como olas. Es como si una estructura muy profundamente enraizada en la mente intentase hacerse patente en la superficie de ésta.

La manera en que toleramos esto es muy importante. Hemos alcanzado el punto de ver que la mente es tan profunda como el océano, y que las olas son un problema. Por supuesto, las olas son una característica especial de un océano profundo. Ser capaz de aceptar las olas permitirá al meditador permanecer en meditación. Hasta que uno acepte la distracción como necesaria, particularmente en este nivel, se debe sentir que la distracción es uno mismo. Mientras continuemos viendo las distracciones como exteriores y no deseadas, seguirán siendo un problema constante. Es saludable verlas como nuestro yo habitual intentando dejar de funcionar. Dado que no ha sido detenido antes, cuando intentamos pararlo por primera vez salta, exactamente como cuando conducimos un coche y frenamos de repente. Todo se sacude. Los pasajeros piensan que aún se están desplazando hacia delante.

En este nivel, la visión impura es aún corriente, pero intenta transformarse en la visión de la experiencia. Cuando nos despertamos de una pesadilla, nos queda un residuo del sueño, aunque sepamos que no ha sucedido nada en realidad. Nos acercamos ahora al *quinto estado de meditación, en el que el meditador ya no percibe la diferencia entre el océano y las olas.* El océano no nota sus propias olas. Son las personas que quieren que el océano esté tranquilo quienes lo hacen. Cuando no pensamos que las cosas sean problemas fundamentales, no se manifiestan como problemas en absoluto. Aquí es donde el meditador reconoce las distracciones y los pensamientos como él mismo. Por lo tanto, no interrumpe los pensamientos cuando surgen, sino que se reconoce a sí mismo. Evita que el viejo yo habitual perdure en la meditación. Ahora este viejo yo habitual y la persona yóguica que hace la meditación tienen distinta identidad. El meditador no puede evitar recordar el pasado, así que es como si llevase dos pares de zapatos al mismo tiempo. Se encuentra en el cuerpo del viejo yo, con muchas de sus experiencias, pero con la experiencia de la meditación de un yogui. Es como una persona poseída por un espíritu de Nueva Guinea que habla una lengua de Nueva Guinea. Lleva un rato expulsar al espíritu. Cuando un medium vuelve a su consciencia, necesita un tiempo para establecer de nuevo su antiguo territorio. De manera similar, la meditación es una transformación de la consciencia a nivel del trance profundo. Si uno no ha entrado en uno de los cuatro niveles de *dhyana*, el viejo yo seguirá rondando. Si esto ocurre, interferirá en el desarrollo tranquilo de las cinco etapas.

Las cinco experiencias no se desarrollan necesariamente en una sesión, de manera secuencial. Nos podemos encontrar con que a veces estamos inmersos en la tercera experiencia, sin haber pasado por la primera y segunda. Si contamos con años de práctica meditativa, tal vez nunca pasemos por los niveles primero, segundo y tercero. Podríamos estar siempre en el cuarto y quinto. Algunas personas pueden alcanzar los niveles cuarto y quinto, pero seguir a veces todavía detenidos en el primero. Esto no significa que hayan vuelto atrás. Es el condicionamiento de la mente ordinaria por la percepción ordinaria lo que impide entrar en el estado meditativo.

El quinto nivel es el que provoca el noveno nivel de meditación de permanencia apacible, que produce *vipasana*. A este nivel, la mente carece de cualquier cosa que pueda relacionar con el yo. No hay ningún objeto que pueda separar la mente de nosotros. Los objetos han perdido su cualidad magnética. Ahora podemos enfocar nuestra mente a voluntad. El yo está vacío. Se tiene casi la sensación de que se está teniendo la experiencia de la "carencia de autoexistencia". Podemos ahora permanecer en un estado de trance y entrar en los cuatro niveles de éste. En este nivel, si no hemos desarrollado la actitud Mahayana, y usamos la visión de la experiencia para nuestra propia liberación, nuestro logro será muy limitado. Esta es la "trampa del cese de la existencia". El enfoque Mahayana evita esta trampa por medio de la intención altruista de liberar a todos los seres conscientes. Este altruismo nos recuerda que tenemos que ir más allá de nuestra propia comprensión de la idea. Nuestra preocupación se centra en la mejor manera de llevar esto a la práctica y de transmitir el beneficio a los demás.

De acuerdo con el sistema Mahayana, hay diez *bhumis* o niveles de Iluminación que se pueden conseguir una vez que uno consigue *vipasana*. El primer *bhumi* es la misma experiencia vipasana, en la cual uno ve la ausencia de autoexistencia. Pero hay mucho aferramiento a este logro. Hay una tendencia a sentir que no hay nada más allá de esto. Es un nivel muy contradictorio. Por una parte, uno ha llegado a la experiencia de la carencia de autoexistencia, pero al mismo tiempo hay un deseo de aferrarse a lo que parece ser un estado muy deseable. Esta contradicción hace que muchos no progresen más allá de este nivel. Por eso se le denomina a menudo "la trampa de la no autoexistencia". Una persona que carezca de una acumulación suficiente de sabiduría y mérito caerá en esta trampa y no irá más allá. Lo que llega a abarcar la experiencia de la "no autoexistencia" es tema de muchos debates entre las escuelas budistas y no budistas.

La visión de la experiencia implica no sólo la comprensión de que el samsara no es realmente el samsara, como habíamos pensado anteriormente, sino también de que quien lo percibe no existe tampoco. Si el yo no existe, la consecuencia es que todo lo que el yo contiene no tiene ningún valor. Esta es una experiencia desconcertante para la mayoría de las personas, porque no saben a dónde ir a partir de allí. Por eso muchas escuelas insisten en la importancia de seguir una secuencia de enseñanzas estricta. La noción de la ausencia de autoexistencia no se enseña a los principiantes, que tal vez no puedan con ella: podrían responder abrazando el nihilismo, lo cual no era la intención del Buda. Llevado a su conclusión lógica, el nihilismo podría desbaratar la ley de causa y efecto. Hasta que los estudiantes hayan acumulado el mérito y la sabiduría suficientes como para digerir la experiencia de la vacuidad, existe el peligro de que abandonen la moralidad, la ley de causa y efecto, y el concepto de renacimiento. Por consiguiente, los seguidores del Mahayana enseñan que la mera práctica de la meditación diaria de samatha o vipasana puede ser buena para evitar más acumulación de estrés, pero tiene pocos beneficios más. Para llegar a la comprensión que conduce a la Iluminación, uno tiene que acumular suficiente mérito y sabiduría. Se debe haber purificado el karma negativo antes de poder lograr ninguna experiencia verdadera. Ese es el motivo por el cual el adiestramiento incluye prácticas que purifican el karma negativo y acumulan virtud. Las prácticas preliminares o *Ngondro* deben ser anteriores al logro de la visión última. Para emplear la analogía de una comida en un restaurante, las prácticas preliminares son el primer plato y la comprensión de la vacuidad es el plato principal. ¡Pero las prácticas espirituales no funcionarán si nos saltamos el primer plato! Así que en el Lamdre, las enseñanzas sobre las prácticas preliminares se dan inmediatamente después de las enseñanzas sobre samatha y vipasana, antes de dar las enseñanzas sobre la visión.

Los primeros diez días, más o menos, de las enseñanzas del Lamdre se dedicarán a la visión impura, la visión de la experiencia, y después a la visión pura. Las enseñanzas sobre el altruismo y los seis *paramitas* se incluyen en las enseñanzas de la visión de la experiencia. Las enseñanzas de la visión pura son muy cortas: este tema no se puede elaborar realmente. Inmediatamente después de esto, el maestro dará los votos del bodhisatva. En primer lugar el maestro explicará a los estudiantes que habiendo estudiado el Mahayana, aquellos que deseen seguir deben tomar los votos del bodhisatva. Esto se debe a que, incluso con una experiencia de la renuncia, y fe en la ley de causa y efecto, y aun habiendo tomado refugio en la Triple Joya y practicado *samatha*, uno podría estar motivado todavía por el objetivo de la liberación personal. Ese es el peligro. Por eso uno debe tomar el voto del bodhisatva antes de profundizar en las prácticas. Se debe corregir la intención para no desarrollar aspiraciones limitadas y egoístas para esta vida o para un renacimiento futuro en interés propio únicamente.

Los senderos Mahayana y Theravada divergen en este punto. No hay una diferencia entre las dos escuelas en cuanto a temas como la ley del karma, la Triple Joya o las desventajas del samsara. La diferencia surge acerca de si un practicante debería emplear el altruismo como su motivación principal para progresar en el sendero. Los seguidores del Theravada argumentan que cada persona se debe ayudar a sí misma: nadie puede ayudar a ninguna otra persona. Pero antes o después, comprenderán el significado real de *mettabhavana* o amabilidad amorosa en las enseñanzas Theravada, aunque no se concentren en esto en los primeros niveles. No es meramente una cuestión de ser capaz de renunciar al mundo y de vivir una vida ascética. Eso no basta. Muchas personas realizan todo tipo de sacrificios sin progresar necesariamente mucho espiritualmente.

La motivación es crucial si deseamos progresar desde la visión impura hasta la visión de la experiencia. Las enseñanzas nos dicen que el samsara está lleno de sufrimiento, pero ¿cómo podemos alterar esto? La respuesta es: recibiendo las enseñanzas Mahayana. Cuando recibamos el voto del bodhisatva, el maestro explicará que a partir de entonces debemos practicar los seis paramitas (generosidad, moralidad, paciencia, entusiasmo, meditación y sabiduría), en la vida diaria. Este es un camino muy largo. Son necesarios tres incontables eones para alcanzar la Iluminación en el sendero del Paramitayana causal. Pero el Buda enseñó un camino más rápido, que es el sendero secreto del Vajrayana. Es posible que el gurú pregunte a los discípulos si están interesados en saber más sobre esto, que implica actualizar la motivación altruista empleando una metodología de recursos esotéricos. Al día siguiente, los estudiantes que deseen continuar deben solicitar formalmente al maestro que los acepte como discípulos. No hay ningún compromiso entre maestro y discípulo anterior a este. No ha habido una relación entre gurú y discípulo. En el budismo, el concepto de gurú existe sólo en el Vajrayana. No hay ningún concepto así en el Mahayana o en el Theravada. Hay maestros y preceptores o *kalyanamitra* (amigos virtuosos), pero no hay un gurú. En el Vajrayana se aplica únicamente una vez que uno desarrolla una relación tántrica con el maestro. Esa tarde, los estudiantes que queden solicitan al unísono ser aceptados como discípulos. El maestro, con mucha indecisión, accede. La petición de convertirse en discípulo en el contexto Vajrayana significa que se solicita la iniciación, que dará a los discípulos la transmisión para experimentar la ausencia de autoexistencia. Por las bendiciones de esa transmisión, el maestro procederá a dar enseñanzas sobre la vacuidad y la noción de vacío desde la perspectiva Vajrayana.

Hasta llegar al voto del bodhisatva, cualquiera puede quedarse y escuchar las enseñanzas. Pero los estudiantes que no hayan asistido a la primera parte de las enseñanzas no pueden asistir a la segunda parte, que consiste en el *Triple Tantra*. *Tantra* significa "continuidad". Comentaremos los tres tantras o *continuos* más adelante. Es durante la transmisión de esta iniciación cuando los discípulos adquirirán una visión de la experiencia. Es su intento de mantener esa visión después lo que constituye el tantra. Tras la iniciación, intentamos revivir la experiencia iniciándonos de nuevo a nosotros mismos cada día. La visión de la experiencia, en el sentido formal, tántrico, es la práctica diaria.

A partir de entonces, los discípulos no meditarán como personas "ordinarias". Emplearán técnicas de meditación para disolver el yo ordinario y recrearse a sí mismos con la forma de la deidad de la iniciación. No es una cuestión de pasar gradualmente por los distintos niveles de samatha. La recitación del mantra al principio de la sesión disuelve el yo ordinario en la vacuidad. Ya no queda ninguna forma, sensación, ni percepción ordinarias, ni nada más, que haya que disolver en el vacío. Meditamos en la forma de la deidad con sus colores y formas, sus gestos y mandala, en el interior de su palacio. Toda la manifestación de un reino puro en torno a nosotros es nuestra propia creación. Llegamos a entender que no sólo tenemos permiso para hacer eso, sino que es exactamente lo que hicimos en el pasado para crear nuestro ser ordinario. Todo es un mandala. Todo ha sido un mandala, en el sentido de que todo es una circunferencia del centro. Si el centro es feliz, la circunferencia es feliz. Si el centro está poco limpio, toda la circunferencia lo estará también.

Este tipo de meditación invoca la visión de la experiencia. No estamos intentando transformar nuestra experiencia ordinaria en algo mejor. Hemos reunido ya todas nuestras experiencias en una sola, no estableciendo distinciones entre los dos tipos. No esperamos la experiencia en la meditación Vajrayana. No tenemos que subir paso a paso. Simplemente, *nos convertimos* en ello. Sencillamente, nos visualizamos a nosotros mismos como el Buda de la Compasión, en lugar de intentar ser un poco más amable con nuestros padres, hermanas, etc. El nivel de compasión del sutra implica intentar construir el amor y la compasión de manera gradual, a nivel individual. Es laborioso y poco efectivo. Mientras que si simplemente nos transformamos en el buda compasivo, no hay discriminación entre los seres en cuanto a quién es valioso y quién no lo es, o quién necesita nuestra compasión y quién no la necesita.

Esta meditación es manipulativa. Manipulamos el ego ordinario; no prescindiendo de él por ser algo inadecuado o enfermizo, sino considerándolo totalmente perfecto. Si somos capaces de verlo de esta manera, se vuelve así. Cuando nos consideramos imperfectos, por supuesto que lo seremos. Todo es un reflejo de quien percibe. Si una persona se concibe a sí misma como María o Juan que tiene distracciones, a ella o a él siempre le saldrán al encuentro las distracciones de María o de Juan. La María o el Juan del pasado seguirán molestando. Pero una persona que se concibe como Avalokiteshvara sólo tendrá que tratar con el pasado de éste.

¿Cómo llegamos a una comprensión de la vacuidad? En primer lugar, nos tenemos que vaciar a nosotros mismos, lo cual no es un concepto nihilista. Es una vacuidad creativa: a lo que apunta es a que si somos cero, nos podemos convertir en cualquier número. La meditación se convierte en la visión de la experiencia. Y no únicamente en la visión de la experiencia adecuada a nuestro nivel de inteligencia, sino en la de las doce grandes obras del Buda. Estas se pueden representar en una sesión de meditación, si sabemos cómo cada una de las prácticas de la sadhana se relaciona con cada gran acción del Buda. Purificará las vidas, infancia, renacimiento y muerte del pasado, y el renacimiento e infancia de esta vida en un sesión de meditación. Se logra la visión de la experiencia directamente en cada sesión. No es como emplear la técnica de samatha para intentar ir del nivel uno al nueve, y después lograr vipasana.

Al principio mismo de la sadhana hay una parte que incluye todas las prácticas preliminares: refugio, bodhichita y Vajrasatva. Estas tres se ocupan de cualquier impureza que pueda estar obstaculizando nuestro sendero a la realización espiritual. Cuando nos disolvemos instantáneamente en la vacuidad, purificamos las muertes de las vidas pasadas. La disolución del ser ordinario se manifiesta en forma de una sílaba, mantra o loto, que representa la consciencia de la persona que muere y busca en primer lugar un renacimiento. Después, la sílaba semilla se manifiesta instantáneamente con la forma de la deidad. Esta es la concepción de la consciencia en el útero de la madre. Es una regresión, ¡una regresión espiritualmente correcta, si queréis! Así que no necesitamos una regresión a las vidas pasadas. Lo estamos haciendo ya en cada sesión. A causa de su karma individual, algunas personas experimentan muchos problemas en el útero de su madre, que se suma al sufrimiento normal del nacimiento. Se dice que cuanto mayor sea la claridad con que visualicemos una sílaba semilla concreta o un loto, más purificaremos las negatividades acumuladas durante un período de gestación difícil, partos difíciles, o relaciones de la infancia difíciles. De hecho, cualquier problema que hayamos tenido desde nuestra infancia hasta ahora se purificará.

Todos esos estadios los purifica con éxito cada meditación de las que hacemos. Después, tenemos un nuevo nombre, un color diferente, sostenemos determinados objetos, etc. Nos identificamos entonces con las características iluminadas de la deidad. La meditación de la sadhana nos cura de nuestro aferramiento a las percepciones mundanas e impuras, reemplazándolas por estas comprensiones visionarias. Si pasamos una hora y media haciendo la sadhana, hacemos algo que es tan real como cualquier otra cosa, una vez que nuestra concentración se haya desarrollado. La imaginación juega un gran papel. Si no nos podemos imaginar a nosotros mismos trascendiendo las distracciones, éstas debilitarán nuestra concentración. Que la calidad de la meditación mejore o no con el tiempo dependerá por completo de la valentía del meditador.

El Vajrayana es un método mucho más rápido que cualquier otro. El ego es la causa de todos los problemas. Debe ser purificado. Se debe trascender mediante el uso de técnicas de meditación. Considera que si Juan tiene un problema por culpa de Juan, se tiene que librar de éste. Mientras siga viviendo como Juan, seguirá teniendo sus problemas. En cada sesión de meditación Vajrayana intentamos matar nuestro pasado. Hasta que no lo hayamos hecho, no habrá un presente nuevo que pueda salir a la superficie. El valor que se requiere para disolver el yo ordinario de uno en la vacuidad elimina cualquier peligro de nihilismo. La trampa del nihilismo es que al disolver el yo, éste no se reemplace con nada. Pero con el Vajrayana, el yo reaparece instantáneamente con la forma de la deidad. Que la gente se sienta cómoda o no haciendo esto depende mucho de su nivel de inteligencia. No mucha gente se siente a gusto cuando se visualizan por primera vez como Avalokiteshvara. Preferirían hacer cosas prácticas. Preferirían tratar con lo que ellos ven como sus propios problemas particulares. No pueden concebirse a sí mismos con cuatro brazos. ¡Apenas pueden gestionar los dos que tienen! A menudo, esto dependerá de cuánto se haya desarrollado la persona gracias a las prácticas preliminares. Cuanto más se desarrolle alguien por medio de estas prácticas, más cómodo se sentirá haciendo estas meditaciones. Muchos de los miedos e incertidumbres de los discípulos los elimina la oleada de bendiciones durante la ceremonia de iniciación. Todo el yo queda sumergido. Por eso es tan importante que la iniciación la lleve a cabo un sustentante del linaje reconocido, y no alguien que simplemente haya escrito un libro o cuente con unos seguidores. Ese es el motivo por el cual hay tan pocas personas en la tradición Sakya que puedan transmitir la iniciación de Hevajra.

Hay una explicación histórica para el límite de veinticinco discípulos. Hubo un maestro del siglo quince llamado Ngorchen Kunga Zanpo, que tenía fama de tener una capacidad muy poderosa para transmitir iniciaciones. Pero él creía que no podía dar una transmisión a más de veinticinco discípulos en una sola sesión. Era objeto de gran reverencia, así que, como es natural, ninguno de aquellos que le siguieron más tarde se atrevieron a aceptar a más de veinticinco discípulos de una vez. Esta era la misma ceremonia que llevó a cabo Chogyal Phakpa cuando dio la iniciación a Kublai Khan y a muchos de sus ministros y reinas. Así fue como el Tíbet fue devuelto a su pueblo tras la dominación mogola. Fue esta iniciación la que marcó el principio de la introducción del budismo en Mongolia.

Es posible que surjan grupos de meditación que hablen de sus experiencias, pero sus miembros pueden estar completamente perdidos sin las instrucciones correctas de un maestro cualificado. La meditación se puede convertir en una forma de droga, que puede crear dependencia en las personas. Estas pueden pasar mucho tiempo hablando de sus experiencias, y perder completamente el contacto con la realidad. La visión de la experiencia es muy importante. Pero las experiencias válidas deben guardarse para uno mismo, o clarificarse con la ayuda de compañeros de prácticas y maestros. Las experiencias a menudo tienen significados que son totalmente contrarios al aparente y obvio. Como el sueño de Virupa de los ojos de sus maestros colgando, que resultó significar algo muy diferente de lo que él había pensado en un principio. Algunas visiones de la experiencia pueden asustar y desanimar a los practicantes, a menos que sean interpretadas por un maestro cualificado.

Una de las cosas más importantes que hay que recordar en cuanto a la visión de la experiencia es no aferrarse a las experiencias agradables, ni temer las desagradables. Son simplemente transitorias, sin existencia inherente. El meditador debería emplear todas las visiones como una ayuda para convencerse de que nada es estático, de que todo cambia, incluso las mismas experiencias de meditación. Cuando reacciona así, todo se puede considerar visión de la experiencia: es irrelevante intentar decidir qué lo es y qué no lo es. De otro modo, es probable que nos aferremos a algunas de ellas. El aferramiento no es un resultado deseable de la visión de la experiencia. Si nos aferramos, retrocedemos.

Los meditadores no se ven atrapados normalmente por su incapacidad para meditar, sino por su incapacidad para interpretar la experiencia. La visión de la experiencia pone de relieve realmente la necesidad de tener una relación continuada con un maestro. Esto se debe a que las distintas escuelas dan importancia a distintas áreas y distintas técnicas. Si oímos versiones distintas de maestros especializados en estilos diferentes, no siempre estaremos de acuerdo. Mientras que varias sendas distintas pueden conducir al mismo destino, no avanzaremos mucho si andamos cambiando de una senda a otra. Mientras que todas las enseñanzas son enseñanzas válidas del Buda, no todas las enseñanzas son adecuadas para todo el mundo, y no todas las prácticas comentadas por los distintos maestros le resultarán familiares al practicante. Los estudiantes que comparen maestros y métodos desarrollarán inevitablemente la confusión. Por supuesto, es el individuo quien tiene que decidir qué serie de enseñanzas seguir. Pero habiendo hecho eso, debería serles fiel de manera constante. Por ejemplo, las instrucciones sobre las cinco experiencias acerca de las que hablábamos antes las pueden enseñar sólo las personas que hayan dominado por completo la meditación de samatha. Es posible que algunos maestros no empleen ninguna de esas técnicas o instrucciones. Pueden emplear técnicas diferentes, con distintos métodos de interpretar la visión de la experiencia. Uno de los *cuatro apoyos* es no tomar nunca nada de manera literal, ya sea de libros o de maestros. Si lo hacemos, veremos disparidades y conflictos, y no sabremos qué instrucciones seguir. Es muy importante asegurarnos de que oímos enseñanzas de maestros cualificados, respaldados por la autoridad de un linaje.

Se dice que si comprendemos muy bien uno de los linajes, nuestra fe en los otros aumentará. Pero si no tenemos una comprensión sólida de uno de ellos, no seremos capaces de mantener una interpretación pura de las enseñanzas. No desarrollaremos una base sólida. Tendremos enseñanzas contradictorias y no seremos capaces de concentrarnos; mientras que si conocemos una serie de enseñanzas bien, las demás concordarán, no de manera literal, sino en cuanto a intención. No te sientas ligado a los individuos, no te sientas ligado a las formas, en cambio, no te separes de la esencia y del significado, y de las enseñanzas mismas.

Hay muchas versiones de la visión correcta para ayudar a los discípulos a establecer una visión de la experiencia. Una vez que lo hayan hecho, esta visión será siempre relevante cuando traten con su visión impura. Verán la visión de la experiencia como una transición desde su visión impura. Hasta que uno pueda manejar su propia ira, verá siempre a los demás como enfadados: esa es la visión impura del enfado. Por otra parte, una persona que esté desarrollando la visión de la experiencia desde el punto de vista Mahayana, verá su propia impaciencia como la causa principal de su enfado: verá que el enfado propio y el de los demás son un reflejo de su propia impaciencia. Se enfrentará a su propio nivel de enfado cuando sea testigo del enfado en los otros.

No es necesario que nos alarme el enfado de los demás, mientras no nos haga enfadar a nosotros mismos. Si respondemos con enfado, nos convertimos en exactamente lo mismo que la persona enfadada. Si no nos dejamos provocar, y vemos a la persona enfadada o que es desagradable como a alguien que está sufriendo, desarrollaremos empatía, lo cual transforma la visión del odio en compasión. Es una compasión mutua, porque estábamos a punto de enfadarnos nosotros también. Pero nos las hemos arreglado en su lugar para realizar el cambio del enfado por la compasión: la amenaza se ha neutralizado. Cuando nos alaban nos sentimos contentos. Puede no ser fácil ver que nuestra felicidad requiera una transformación, pero ahí está el quid de la cuestión. Cuando nos sentimos demasiado cómodos, realmente necesitamos llevar a cabo un cambio. Tenemos que alterar no sólo los aspectos sin atractivo de la visión impura, sino también los atractivos. Esta forma Mahayana de la visión es absolutamente práctica para el uso diario.

Es muy difícil transformar el odio en compasión. Es más fácil transformar los elogios y la alegría en humildad. Una manera de hacer esto es recordar lo que otras personas han llegado a hacer y restar importancia a lo que hemos hecho nosotros. A algunas personas los elogios les humillan, mientras que a otras les ocurre lo contrario. Lo importante es que tenemos que ser capaces de transformar la visión de percepción emotiva habitual en una visión pura manipulada. Tenemos que transformarla deliberadamente en su opuesto, que normalmente es la verdad. Lo que surge naturalmente es lo que se debe evitar, porque no es más que nuestra tendencia habitual.

Hay mucha satisfacción creativa que deriva de transformar objetos. Imagina la capacidad de poder transformar una taza en un reloj, por ejemplo. Podemos alterar nuestra visión simplemente cambiando de posición en la habitación. La visión de la experiencia requiere el valor de transformar los objetos más familiares en sus opuestos. Cuando nos atrevamos a hacer esto, nuestra propia reacción producirá la experiencia. La naturaleza de la experiencia que tengamos nos dirá mucho sobre el nivel que hayamos alcanzado. No sólo las distintas personas que hacen el mismo tipo de cambio tienen distintas experiencias, sino que nosotros mismos tendremos distintas experiencias con el mismo cambio, de acuerdo con nuestro estado de ánimo y disposición en el momento concreto.

Cuando llegamos a casa después de un día de trabajo y evaluamos nuestra jornada, estamos en realidad evaluando nuestra experiencia. La visión impura de un día entero la podría cambiar una sesión corta de la visión de la experiencia. De esta forma, la percepción impura de un día no se conservaría para el día siguiente y así posteriormente. Así, cada sesión de meditación que hiciéramos se convertiría en una práctica de purificación. Incluso aunque no podamos tener la visión de la experiencia en el acto, la podemos crear un poco más tarde. No deberíamos perder energía culpándonos a nosotros mismos porque haya llegado demasiado tarde. Cuando desarrollemos la habilidad de alterar nuestra percepción tras el acontecimiento, nos encontraremos cada vez más a menudo con que somos capaces de hacerlo en el acto. Seremos capaces de contener las palabras duras antes de decirlas. Se desarrollará un nuevo poder de control. Seremos capaces de predecir las consecuencias de nuestras acciones, y de hacer las modificaciones necesarias en nuestra conducta.

Una de las cosas que la gente espera obtener con la meditación es el don de la presciencia. Esta esperanza no es poco realista. La mente de un meditador se vuelve tan pura que puede casi decir qué va a ocurrir a continuación. Esto realmente fortalece su capacidad para operar su panel de control mental. Esta sensibilidad tiene su origen en experiencias meditativas profundas. Mejoramos con la práctica. Lleva tiempo y esfuerzo. Nuestra percepción alterada nos lleva por una ruta completamente nueva. Cuando quien proyecta está al mando, la pantalla está allí simplemente para ayudarle a ajustar la imagen. A muchas personas les asustan los espectáculos de magia. Pero a las personas que tienen la visión de la experiencia no les afectan. No se lo tragan fácilmente, porque pueden ver detrás de los trucos.

La Visión Pura

❧ 7 ❧

Esta es la tercera de las tres visiones. Hemos comentado ya la visión impura y la visión de la experiencia. Las tres están conectadas entre sí. Son simplemente percepciones de fenómenos idénticos por tres estados mentales distintos. Es más correcto hablar de la *visión triple*. La visión pura sobrepasa tanto a la visión impura como a la visión de la experiencia. Las visiones puras culminan en la purificación completa de la visión impura. Las visiones de la experiencia no siempre nos vuelven mejores personas. Podríamos considerarlas simplemente como interesantes. Es la visión pura la que distingue a una persona iluminada de una ordinaria.

Es difícil relatar las visiones puras. La visión pura es lo que perciben los seres iluminados. Es la manera en que los seres iluminados ven el mundo. Por supuesto, cuando hablamos acerca de la visión pura, estamos hablando en realidad sobre el estado mental de quien percibe: el tipo de estado de ánimo que tiene que tener quien percibe estas cualidades para hacerlo así. Muchas de las técnicas de meditación del Vajrayana son manipulativas, en el sentido de que intentan facilitar estas experiencias. Por ejemplo, hay prácticas en las cuales nos visualizamos en un reino puro, como *Sukhavati*, en lugar de vernos aquí en Canberra, pasando frío. Visualizamos el lugar en el que estamos como un reino celestial, en el que no existen la vejez, la enfermedad o la muerte. No hay imperfecciones que se manifiesten. Todos los seres son felices. Todas las preocupaciones mundanas y las ansiedades han desaparecido, y tenemos la libertad de simplemente disfrutar estos maravillosos fenómenos. Vemos las señales de la Iluminación por doquier, que no son tangibles, pero que sin embargo se pueden disfrutar. Uno se podría preguntar por el motivo de hacer esto. Se dice que hemos hecho lo mismo antes para crear lo que nos rodea, así que para deshacer esta creación tenemos que visualizar un estado de mente puro.

Es difícil liberarnos de nuestra percepción impura, que se ha vuelto tan natural y cómoda. La comparten billones de otras personas, así que ¿cómo puede estar equivocada? Todo el mundo parece estar de acuerdo en que esta mesa es una mesa. Esta visión compartida que tenemos se conoce como "percepción kármica". Dado que todo el mundo la comparte, contamos con todos los motivos para considerarla ciertamente válida y real, y por eso no la ponemos en cuestión normalmente. Pero el estado de ánimo de una persona, si es feliz o desgraciada, es por completo individual. Esto demuestra que el mundo relativamente sólido que compartimos es una base kármica sobre la cual construimos nuestras propias proyecciones de la realidad.

Muy pocas cosas existen inherentemente en otras personas o en el mundo que sean puras o impuras por derecho propio. Son simplemente una base que nos permite ponerle etiquetas; depende de nosotros el elegirlas. Así que ¿por qué no etiquetar el lugar como un reino puro? Atrevámonos a visualizar nuestro entorno como un reino puro, en el que los árboles son características iluminadas, los pájaros cantan la verdad en sus canciones, y nosotros mismos ya no somos ordinarios sino que tenemos la forma de un ser iluminado como Avalokiteshvara. Esto es un reto para nuestro apego a las etiquetas impuras. Las técnicas de meditación Vajrayana son bastante provocativas. Hacen que quitemos las etiquetas antiguas y las reemplacemos por otras nuevas. Cuando pensamos en nosotros mismos como Avalokiteshvara, podríamos tener cuatro, o tal vez incluso mil brazos. Esta es una tarea imponente. Se habla de milagros en el área de los trasplantes de órganos de la medicina, pero esos avances médicos palidecen hasta la insignificancia cuando se comparan con estas técnicas de meditación, que nos dan toda una vida nueva, no sujeta a la muerte y la decrepitud.

La mayoría de la gente no puede apreciar estas técnicas, porque preferirían tratar con cosas a su propio nivel. Están aún atados a la antigua etiqueta, aunque no estén satisfechos con algunas de las cosas que contiene. Quieren arreglar únicamente esas cosas, y seguir conservando la etiqueta. La visión pura es una parte muy importante de las prácticas Vajrayana. Quienes hacen el yoga de la deidad, practican esta visión a diario. Cuando meditamos en la deidad, nos volvemos la deidad. Transformamos nuestros cuerpos y todo lo que nos rodea. Las prácticas nos muestran cómo crear una visión pura. Nos enseñan que no hay nada en los fenómenos que exista de manera sólida, y que la manera en que los fenómenos se manifiestan depende por completo de nuestra mente. Cuando el Buda llegó a la Iluminación, sus experiencias se volvieron totalmente distintas de las de la gente ordinaria.

Los seres iluminados pueden alterar la visión de otras personas también, y transformarla en visión pura. Ese es el motivo por el cual tantas personas alcanzaron la Iluminación en presencia del Buda. Los seres iluminados tienen ciertas cualidades de cuerpo, palabra y mente. Se dice que el cuerpo físico de un buda tiene una serie inagotable de cualidades. El cuerpo de Buda mostraba ciento doce características específicas que están más allá de la biología humana. Este es el *Nirmanakaya supremo*, o "cuerpo de emanación" del Buda. Habiendo adoptado la forma humana, cuando era todavía un niño pequeño, los adivinos pudieron decir a partir de los numerosos signos de su cuerpo que era un ser iluminado.

Cuentan que en el momento de su nacimiento, el mundo entero se iluminó mucho más que lo que la luz unida de cientos y miles de soles podría haber logrado. Muchas personas recordaron aquella luz. Se dice que los enfermos se curaron y los ancianos rejuvenecieron. Se descubrieron quinientos tesoros. Hay muchas historias de milagros que coincidieron con el nacimiento del Buda. Muchos otros acontecimientos se descubrieron después, como que su mujer, Yashodhara, había nacido el mismo día. Su ayudante, Chandaka, también lo había hecho ese mismo día, así como su caballo, Kanthaka. También se dice que el árbol bodhi, bajo el cual había de llegar a la Iluminación treinta y siete años después, germinó aquel día. Se dice que se pacificaron muchos conflictos en el momento de su nacimiento. Debido a la alegría que sintió su padre por haber engendrado un hijo así, le dio el nombre de Siddharta, que significa "el que ha logrado todos los deseos".

Conjunto inagotable de adornos de las cualidades del cuerpo del Buda.

La mayoría de las personas importantes que mueren son conmemoradas durante unas cuantas generaciones. Pero los inconmensurables beneficios de las enseñanzas del Buda han continuado durante más de dos mil años hasta hoy en día. Basta con una gota del Dharma que entre en nuestras vidas para que obtengamos un beneficio y nuestros sufrimientos disminuyan. Esto es una indicación de las cualidades puras e infinitas del nacimiento del Buda y de todas sus actividades subsiguientes. No tenemos en la actualidad el privilegio de ver el cuerpo vivo del Iluminado. Pero los que lo hicieron contaron que obtuvieron una satisfacción que sobrepasa la imaginación humana, simplemente por el hecho de mirarle. Bastó para alterar toda su visión de la vida, y eso le ocurrió a personas de todo tipo. Hubo mercaderes sin aspiraciones espirituales que al ver al Buda cambiaron sus vidas por aquella experiencia. Esto se conoce como el "conjunto inagotable de adornos de las cualidades del cuerpo del Buda". Aquellos actos no requerían ninguna intención particular por su parte. Su mera presencia producía bendiciones infinitas para todos.

Algunas personas pensaban que podían tomar sus medidas. Una de sus cualidades era la protuberancia, o "pináculo de oro", en la coronilla de su cabeza. Un seguidor quería ver el pináculo desde todos los ángulos posibles. Contaba con algunos poderes mágicos, así que viajó a distintos reinos y, por lejos que se fuera, la manifestación de las cualidades del Buda permanecía invariable. Se vio al Iluminado en distintos lugares simultáneamente, manifestándose de formas distintas. Este fenómeno es una de las cualidades infinitas de un cuerpo de buda. Se dice que cuando una persona alcanza el primer *bhumi* de la Iluminación, se puede manifestar multiplicado por cien. Cuando una persona está totalmente iluminada, estos poderes son inimaginables. Se puede manifestar tantas veces como átomos hay en el mundo, para beneficiar a los seres conscientes en quienes ha madurado la fe. Puede crear la visión pura en las mentes de las personas.

La noción de que tenemos que mirar la imagen del Buda para recibir el beneficio del conjunto inagotable de las cualidades ornamentales de su cuerpo es una equivocación. Algunas personas no necesitan imágenes. Ven todas las formas físicas como una manifestación del Buda. Una de las prácticas principales del Vajrayana implica sentarse en un lugar que se manifiesta como un reino puro. Uno se imagina a sí mismo como un ser iluminado, recita el mantra como expresión de la voz del Buda, y ve la propia mente como el Dharmakaya. Al acabar la sesión, la instrucción es oír todos lo sonidos como el mantra y ver todas las formas como el Buda. Si integramos la práctica Vajrayana en nuestras vidas, no hay espacio para que entren impurezas en nuestros corazones.

Es muy radical y poderoso verlo todo, y no sólo las imágenes de Buda, como el Buda. Un estercolero podría ser un buda. Por otra parte, alguien que no sea puro podría poseer una valiosa estatua del Buda, pero no llegar nunca a verlo como nada más que como un objeto de riqueza personal, o como una "obra de arte". No es tanto la forma, el contorno o la etiqueta lo que importa, sino cómo llega la gente a integrar su práctica en la vida diaria. Si intentamos sentirnos compasivos durante una hora al día y lo olvidamos el resto del tiempo, posiblemente no avanzaremos mucho. Tenemos que seguir siendo realmente budas que ven a otros budas durante todo el tiempo restante. Tenemos que intentar emular a los seres iluminados siempre que actuemos, hablemos o pensemos. Una vez que empecemos a vivir así, es muy difícil que nadie o nada nos pueda dañar o herir. Y ¿de qué otra manera lograríamos los cambios radicales de nuestra percepción necesarios para cambiar de la visión kármica impura a una visión de experiencias iluminadas?

Hay una broma sobre el quinto Dalai Lama. Se sabía que era un gran admirador de Padmasambhava. Por supuesto, los Dalai Lamas siempre han sido Guelugpas. Algunos dialécticos fieles a la tradición Guelugpa no siempre alaban a Padmasambhava: dicen que era un mago. Para ellos, el auténtico maestro es Tsong Khapa. Según la historia, un día un amigo visitó al Dalai Lama. Llamó a la puerta, y el Dalai Lama preguntó quién había allí. El amigo contestó: "Todo el mundo dice que eres omnisciente. ¿No sabes quién soy? Si no sabes ni siquiera quién está detrás de la puerta, ¿qué sabes?" El Dalai Lama contestó: "Entra, la puerta está abierta". Pero el amigo repuso: "No". Ahora bien, en el Tíbet existe el dicho de que Padmasambhava duerme en el umbral de las personas con fe. Así que el amigo contestó: "Padmasambhava está durmiendo en el umbral. No quiero pisarle. Entraré por la ventana." Estaba bromeando, por supuesto.

Lo que la gente piensa se convierte en su experiencia y su realidad. La sugerencia de transformar la visión impura en visión pura se debe considerar en serio. ¿Cómo puede la gente llegar a iluminarse? ¿Cuáles son las técnicas? ¿Pasar años en una cueva, tal vez? En realidad, hay muchas técnicas disponibles. Pero la esencia de la Iluminación se reduce a transformar la percepción diaria en percepción iluminada. Una persona bendecida con las enseñanzas Vajrayana, que lleva a cabo el yoga de la deidad, visualizándose como un ser iluminado en un reino puro, que recita el mantra y hace las prácticas de meditación, producirá un estado de consciencia muy alterado durante cada sesión. No hay ningún crimen relacionado con alterar nuestro estado de consciencia ordinario. Es realmente un gran beneficio, aunque la idea pueda asustar a algunas personas. Hace poco me pidieron que diera unas clases en la universidad nacional australiana como parte de una lección sobre misticismo que ofrecían. Los estudiantes estaban un poco preocupados por lo que la gente hace cuando se ilumina. Así que expliqué que la Iluminación es la locura máxima. Las personas ordinarias no se pueden relacionar con alguien que esté iluminado. Hoy en día, las personas parecen querer ser distintas, arriesgarse a ir donde nadie ha estado antes, buscar nuevas experiencias, así que ¿por qué no tener la consciencia alterada? Nunca sabéis, les dije. ¡Podríais incluso batir un nuevo récord!

El sendero de transformar la visión impura en visión pura es muy solitario. Muy pocas personas te entenderán. Mientras te mantienes en la visión impura, la gente parece estar en tu misma longitud de onda. Mantener la visión pura requiere mucho trabajo. No importa el número de horas de meditación formal que hagamos: a menos que lo integremos con el adiestramiento de nuestro cuerpo, palabra y mente, será muy difícil tener una visión pura. Se dice que la visión pura del cuerpo de Buda se manifestaba de modo distinto a los individuos según su nivel de consciencia. Cuando la gente alcanza el nivel de "todo la forma de Buda", todas las cosas se manifiestan con características iluminadas. No es necesaria una forma física que tenga la forma de un buda. En la iconografía Vajrayana, hay budas representados con miles de formas distintas, lo cual indica que no hay una única forma física que esté iluminada. Son las características que existen en la mente del Buda las que son importantes.

Se dice que rendir homenaje a una imagen consagrada del Buda y meditar ante ella puede tener un efecto muy poderoso sobre las personas. Esto ocurre siempre que recuerden las cualidades infinitas de la forma física del Buda, y la estatua se haya hecho de acuerdo con las medidas que los textos prescriben. Algunos de vosotros tal vez sepáis que Winston Churchill siempre llevaba una pequeña imagen de Buda dondequiera que fuera. Se la dieron durante la guerra, y le dijeron que siempre que se sintiera preocupado o incapaz de mantener la calma, tenía que poner aquella imagen sobre la mesa que tuviese delante y mirarla. Y eso hacía. Jawarhal Nehru, el gran líder indio, pasó muchos años en la cárcel, escribiendo a su hija Indira Gandhi acerca de la difícil situación del pueblo indio y de cómo podrían ser liberados. Siempre llevaba un pequeño Buda de madera de sándalo dondequiera que fuera, y eso que no era budista. Era un hinduista convencido, y sin lugar a dudas pensaba en el Buda como parte del hinduismo. Pero curiosamente, nunca llevaba deidades hindúes consigo, sino sólo la imagen del Buda. La empleaba para concentrar su mente y recibir bendiciones. Aquel hombre logró grandes cosas. Se dice que si la gente que tiene el poder no usa técnicas esenciales para adiestrar su mente, es inevitable que hagan mal uso de éste.

Los budistas no tienen misioneros, pero las imágenes de Buda cumplen con esa función. Primero, viajan éstas. Después la gente empieza a investigar en torno a ellas. Parecen tener una cualidad espiritual que todo tipo de gente reconoce instintivamente. Cuando esas imágenes empiezan a ejercer su influencia sobre una persona, se dice que ésta experimenta una forma de visión pura "aislada". Una vez que se llega a cierto nivel de progreso, las imágenes ya no son necesarias, por supuesto.

Cualidades ornamentales inagotables de la palabra del Buda.

El tema siguiente son las cualidades ornamentales inago- tables de la palabra del Buda. Uno debe intentar oír todos los sonidos como si fuesen el Dharma. Cuando las personas pueden integrar su práctica a este nivel, están empezando a tener una visión pura. Los insultos no les pueden hacen daño. Normalmente, los sonidos más hirientes son enseñanzas. Por supuesto, lo que oímos depende mucho de la manera en que lo hagamos. Hay ciertos sonidos que no oímos en absoluto, ya sea por oír de manera selectiva, o porque no prestamos atención. La palabra puede ser una herramienta muy destructiva en nuestras vidas. Por eso en el Vajrayana se pone tanto énfasis en la recitación del mantra, que es un medio poderoso para purificarla.

Se habla mucho actualmente sobre las armas nucleares y lo peligrosas que son, pero éstas no nos afectan a la mayoría de nosotros en nuestras vidas diarias. En cambio, sufrimos mucho cada día por el mal uso de la palabra, y para purificarlo tenemos que pensar en las cualidades infinitas de la palabra del Buda. Es posible que no consigamos todavía oír todos los sonidos como el Dharma. Después de todo, tenemos que oír o leer el Dharma en primer lugar. No hay ninguna parte de las enseñanzas que no podamos usar. Cuando se exponen las enseñanzas puras, se dice que las personas oyen exactamente aquello que sea relevante para ellas, como si el Buda estuviera leyendo nuestras mentes y hablando a cada uno de nosotros de manera directa. Esta es una forma de visión pura. Es muy poderosa: realmente aclara nuestros corazones. El discurso del Buda no lo ha escrito un orador o lo han inventado unos psicólogos, sino que es la manifestación espontánea de un ser iluminado. Un ser iluminado conoce no sólo la predisposición de sus oyentes, sino también las necesidades fundamentales de cada persona. Es capaz de decirnos exactamente aquello que no queremos oír, con la poderosa motivación de beneficiarnos.

Cuando el Buda llegó a la Iluminación, se entusiasmó tanto que quería enseñar lo que había descubierto. Sin embargo, nadie se le acercó, porque se sabía que había estado solo durante seis años. Todo el mundo se había alejado de él, incluso los cinco mendigos. Pero su intención era muy fuerte. Entonces, le pareció que aunque había alcanzado el néctar que era la panacea universal, las enseñanzas verdaderas que ayudarían a cada ser, nadie estaba preparado para oírlas. Así que decidió abandonar aquel lugar e irse al campo. Por lo tanto, se ausentó durante lo que denominamos las "siete semanas de observación del Buda".

Si vais a Bodhgaya ahora, veréis señales que indican los distintos lugares donde pasó esas siete semanas. Una semana estuvo con los nagas, simplemente dando tiempo a la gente para que se le acercara. Nunca se acercó él a nadie para pedirle que escuchase sus enseñanzas. Se dice que Brahma, un dios mortal muy adorado en las tradiciones hinduista y budista, leyó la mente del Buda, y sintió lástima por los otros seres, así que decidió que le correspondía a él representarlos. De forma que bajó y se presentó ante el Buda. Le pidió en nombre de los seres conscientes que hiciera girar la rueda del Dharma, ofreciéndole una rueda dorada de mil radios y una caracola.

El Buda accedió. Sin embargo, se preguntaba a quién debería enseñar en primer lugar. Pensó en sus dos maestros de meditación, pero descubrió gracias a su clarividencia que se habían muerto los dos. Entonces decidió dar sus primeras enseñanzas a los cinco mendigos que le habían abandonado. Viajó a Benarés, donde los encontró. Por supuesto, los cinco se encontraban confusos por lo que consideraban como la contradicción de Siddharta. No habían entendido por qué a veces ayunaba y otras veces volvía a comer normalmente. Habían rechazado su conducta por considerarla poco de fiar, y por eso le habían abandonado. Cuando vieron al Buda acercándose, su visión inicial de él fue extremadamente impura. Se dijeron: "Aquí viene Gautama. Ignorémoslo." O sea, que pensaban prescindir de la cortesía habitual de la época, que consistía en levantarse, ofrecerle un asiento y traerle agua. Pero a medida que el Buda se iba acercando, empezaron a notar algo especial en él que no habían visto nunca antes. Su impacto sobre ellos fue tan fuerte que empezaron a demostrarle respeto de muchas maneras, como nunca lo habían hecho antes con nadie más. Le hicieron sitio rápidamente. El llamado Kaudaniya, que era el más mayor, se dirigió al Buda diciendo "Ayusma" ("quien tiene vida"), que equivale en la India antigua a decir "Señor".

El Buda contestó que no se tenían que dirigir a él más de ese modo. Era el Buda, y por lo tanto, a partir de entonces debían dirigirse a él como "El Iluminado". Después les enseñó las Cuatro Nobles Verdades. Su visión se alteró inmediatamente, y Kaudaniya alcanzó el estado de Arhat durante ese mismo primer sermón.

Recordaréis cómo el Buda se llegó a asociar con esos cinco hombres. Después de haberse ido Siddharta del palacio, su familia supo de su paradero. Enviaron quinientos hombres con comida, caballos y ropa para asegurar su bienestar. Por supuesto, el príncipe no quería ninguna de estas cosas, pero tampoco quería herir los sentimientos de su familia. Así que les dio a los hombres las instrucciones de volver, pero ellos alegaron que si volvían a palacio, serían castigados. Entonces el príncipe les dijo que tomasen todas las provisiones y se fueran a donde quisieran. Accedió a que cinco de ellos se quedasen como guardianes. Aquellos hombres se convirtieron en los cinco mendigos, que le abandonaron posteriormente.

Cuando estos cinco hombres que se habían mostrado tan contrarios a él hubieron visto el efecto de la Iluminación del Buda, su percepción cambió inmediata y dramáticamente. Todos ellos lograron el estado de Arhat al cabo de unos cuantos días de reunirse con el Buda, debido a las cualidades inagotables de su palabra. Se dice que la palabra del Buda es pacífica, porque habla de cómo ser pacífico, tolerante y compasivo. No hay nadie que no necesite estas cualidades. Se dice que a los seres próximos al Buda nunca les pareció que su voz fuese demasiado fuerte, mientras que a quienes estaban lejos nunca les pareció demasiado débil: su voz siempre llegaba a sus oyentes de manera perfecta. También se dice que el idioma no era una barrera. Todos los seres oían las enseñanzas en su propia lengua. Antes de empezar sus sermones, el Buda siempre pronunciaba un verso de homenaje en un lenguaje que podía ser entendido por los devas, yakshas, rakshas, gnomos y duendes, y de hecho por todos los seres visibles e invisibles. Hablaba con tal seguridad y tan claramente que nunca necesitó traductores. El mundo recibía una lluvia de bendiciones.

En aquellos días, existía un enfrentamiento considerable entre el reino de Shakya y otros vecinos. Además, la familia del Buda se había enfadado por lo que consideraban como el abandono por parte de su hijo. Pero en cuanto el Buda volvió a casa y dio enseñanzas a los miembros de su familia, toda su hostilidad desapareció. Les pidió que nunca más hicieran la guerra. Sus enseñanzas eran tan poderosas que todo el clan de los Shakyas preferiría más tarde la aniquilación a desobedecerle. Así que toda su línea familiar se extinguió no mucho después de su muerte. A excepción de Nanda, todos habían de ser destruidos por sus enemigos. Todo se redujo al polvo. Si vais a Kapilavastu ahora, veréis que no hay nada allí, a excepción de unas cuantas vacas. El Buda dio muchas enseñanzas acerca de por qué había de suceder aquello. Si alguien podía reclamar la sucesión de un buda, el gobernante de todo el mundo, usaría esa conexión para prosperar materialmente. Esa es una de las razones principales por las cuales los Shakyas no podían continuar como un clan.

El Buda no hablaba a partir de un texto que había memorizado, ni repetía cosas que había oído de otros. Sus enseñanzas surgían de sus realizaciones. Todo aquel que las escuchase se beneficiaba profundamente, porque sus palabras surgían directamente del corazón. La gente no puede ser realmente poderosa, incluso en la esfera mundana, sin un discurso poderoso. Consideremos las barreras de idioma y cultura que existían en aquel tiempo. La gente vivía en un mundo minúsculo. Se hablaban muchas lenguas, y todas ellas diferían mucho entre sí. Muy pocas personas podían leer y escribir. Y sin embargo, ¡la gente estudiaba el idioma de las enseñanzas con tanta seriedad, y las traducía con tanto cuidado y sutileza! A partir de los idiomas más complicados, como el sánscrito, las tradujeron al chino y al tibetano. ¿Por qué lo hicieron? Aquellas enseñanzas no se vendían como la ciencia ficción moderna. Entonces no había quien lo financiase. ¿Por qué se traducían e imprimían aquellos textos de Dharma con tanta voluntad y entusiasmo? Se debía a las cualidades infinitas de la palabra de Buda. Sus enseñanzas contenían verdades eternas. ¡Son incluso más relevantes hoy en día de lo que lo eran entonces!

He presentado sólo una relación superficial de las cualidades del Buda. ¿Por qué pensáis que los lóbulos de sus orejas eran tan largos? Representan la perfección de escuchar: había escuchado y estudiado a sus maestros con obediencia durante tres incontables eones. No muchos de nosotros escuchamos tan bien: somos oyentes selectivos. En las tradiciones culturales antiguas, mucha gente alargaba artificialmente los lóbulos de sus orejas, porque los lóbulos largos se cotizaban. Los elefantes también tienen las orejas largas. Pueden ser unas criaturas muy peligrosas, pero son completamente distintos una vez que aprenden a escuchar a su *mahout* y a obedecer sus órdenes.

Cuando creamos un vínculo con la palabra de Buda, empezamos a oír sus ecos en nuestro interior. Cuanto más resuenan las enseñanzas, más puras se vuelven nuestras mentes. Nuestros corazones se aclaran. Por supuesto, contaremos con más inspiración para leer más y cantar más. Pero incluso en otros momentos, nuestras mentes se vuelven tan puras que podemos integrar todos los sonidos como el eco del Dharma. Hay una historia de unas monjas tibetanas encarceladas en una prisión china. Sufrían palizas regularmente, y entretanto podían oír los gritos de agonía de sus amigas cuando las torturaban a su vez. Muchas de ellas tenían que usar esta práctica, o de otro modo sus vidas se habrían vuelto totalmente insoportables. Se concentraban en el sonido del Dharma, el predominio del sufrimiento, y la impermanencia de todos los fenómenos compuestos. Cuando nos encontramos sumidos en grandes dificultades, tendemos a olvidarnos de todo lo demás. A menudo perdemos de vista el hecho de que a otros seres les ocurren en ese mismo instante cosas similares.

Cuando nos referimos a los sonidos del Dharma, no estamos hablando del murmullo. Lo que significa es que cuando oímos un llanto, por ejemplo, lo oímos en nuestro interior. A lo mejor no hemos sido capaces de derramar lágrimas porque hemos reprimido nuestros sentimientos. A lo mejor no podemos llorar con otras personas delante, ¡pero hemos mojado muchos almohadones! La visión pura no es sólo acerca de lo que podemos ver y oír, sino sobre cómo un tipo concreto de pensamiento puede cambiar nuestras percepciones. Si la gente lee el Dharma una y otra vez, y repite sus actuaciones, por decirlo de alguna manera, éste estará cada vez más vivo. A menudo parece que no tenemos la oportunidad de estas repeticiones. Parece que estamos limitados por las circunstancias y los acontecimientos que nos controlan. Pero podemos cambiar nuestra actitud si aplicamos estas ideas de manera consecuente en nuestras vidas diarias.

Las cualidades infinitas e inagotables del Dharmakaya omnisciente del Buda.

Al final de la lista, pero con gran importancia, están las cualidades infinitas e inagotables del Dharmakaya omnisciente del Buda. Parece fútil intentar describirlas empleando un lenguaje ordinario. Muchos poetas y devotos han escrito poemas alabando las cualidades del Buda. Pero nunca lo han hecho sintiéndose seguros: todos sabían que su lenguaje era inadecuado. Exactamente con la misma claridad con la que vemos las líneas de las palmas de nuestras manos, la mente omnisciente del Buda puede ver los sufrimientos individuales de todos y cada uno de los seres humanos, y predecir su rumbo futuro. Conoce la "vacuidad" o naturaleza última de todas las cosas, así como la naturaleza específica de cada cosa individual. Puede ver las circunstancias particulares producidas por los condicionamientos kármicos de cada ser.

El Buda relató varias historias acerca de la actuación de influencias kármicas concretas en las vidas de la gente. Hay una acerca de un monje mayor, que tenía una gran marca de nacimiento negra en la mejilla izquierda. Algunos de los monjes más jóvenes le preguntaron al Buda por qué le había ocurrido aquel afeamiento. El Buda explicó que muchas vidas antes el monje, que también había sido monje en aquellos días, no había llevado su propio colchón a la zona de asamblea para la celebración de un rito, y había usado en su lugar el colchón de la comunidad. Eso era romper uno de los estrictos votos del vinaya de que los monjes debían llevar consigo sus propios colchones a las celebraciones. No creo que este voto se siga de manera muy estricta en la actualidad, ¡así que tal vez abunden los monjes con las mejillas negras en el futuro! Muchas personas no pueden ver la conexión kármica entre no llevar un colchón y la marca de nacimiento. Sólo un ser iluminado puede entender la ley del karma tan bien, y tener la confianza como para contar una historia así a seres ordinarios, sin miedo a provocar su incredulidad.

Actividades iluminadas del Buda.

Todo lo que aprendemos del Dharma figura bajo el título "actividades iluminadas del Buda". Sin embargo, para ser efectivas, estas actividades tienen que unirse a la madurez y fe del discípulo. El budismo está muy desorganizado, de muchas maneras. No hay un papa budista, por ejemplo. La gente pregunta por nuestra Biblia, y no tenemos ninguna. Las enseñanzas del Buda están desperdigadas en cientos de libritos, que han permanecido básicamente inalterados a lo largo de los siglos. Las únicas adiciones son las palabras: "Así lo he oído. El Señor permanecía en tal y cual lugar, en compañía de tal y cual persona y dijo…" Eso es todo lo que añadió la estructura organizativa, o concilio budista (hubo tres concilios budistas tras la muerte del Buda.) También añadieron al final: "que todos los que asistían alabaron, y fueron felices". No cambiaron el lenguaje, tono o presentación. No se intentó ni abreviar la enseñanza, ni volverla más comprensible, ni nada parecido. A nadie le preocupa no tener un libro central. De hecho, alguien creó una "Biblia" budista una vez, pero que no cuenta con ninguna autoridad. No importa realmente, mientras el mensaje llegue. Nos preocupa el contenido, no la forma.

Esta ausencia de reglamentación estricta es una de las actividades del Buda. Las enseñanzas son naturales, como el agua. Fluyen a su modo. Una enseñanza debe ser natural. No debe restringir las vidas de las personas. Si éstas desean tomar preceptos, que lo hagan. Que abran sus alas. Que se aten o que se sientan libres: ellos deciden. No hay reglas acerca de lo que las personas deben hacer cada día. Cuando alguien se vuelve budista, hay una tradición de acuerdo con la cual solicita ser admitido, y no se le dice que debería serlo. No se trata de dar el nombre y de unirse a un grupo. La necesidad la debe sentir la misma persona. Cuando alguien desarrolla el deseo de volverse budista, es a causa de las actividades iluminadas del Buda, unidas a la madurez de su karma individual. No importa a dónde vaya después –si se mantiene en un grupo concreto o no–. A partir de entonces, llevará el mensaje en su interior dondequiera que esté.

Es bueno que veamos nuestro propio acercamiento al Dharma como parte de las actividades iluminadas del Buda, en lugar de como sólo algunas enseñanzas que nos han ido bien durante unos años. Tenemos que comprender que donde actúa el Dharma es en nuestra mente. Hay que tener una sensación así de fuerte para tomar refugio. No se debe forzar. Hasta que un practicante haya oído hablar sobre las cualidades del Buda y de la Triple Joya, tendrá dificultades para desarrollar la visión pura, aunque pueda tener una visión de la experiencia. La visión pura nos da una sensación de paz y felicidad, un conocimiento de que no necesitamos nada. La visión pura nos muestra que tenemos todo lo que necesitamos. Empezamos a sentirnos cómodos con nosotros mismos. Estamos enteros y completos. Esta sensación aparece cuando empezamos a apreciar las cualidades iluminadas. Nuestras percepciones cambian por completo. La calidad de nuestra meditación progresará también de manera dramática.

Tenemos que familiarizarnos con las cualidades del Buda. Llegaremos a comprender que estas cualidades no son únicamente las del Buda histórico. Las comparte cualquiera que haya despertado. Las encontraremos también en desarrollo en nuestro interior. Las personas que experimentan la visión pura generan un aura particular. Cuando alcanzan este grado de desarrollo, son capaces de alterar las percepciones de otros.

El tema de las tres visiones –visión impura, visión de la experiencia y visión pura– es ciertamente extenso. En capítulos posteriores trataremos de prácticas que nos ayudan a desarrollar la visión pura, pero nuestra intención ahora es animar a la gente: inspirarles la fe en el Buda y en sus cualidades infinitas. El desarrollo auténtico de la visión pura, sin embargo, depende de llevar a cabo varias prácticas. Por ejemplo, visualizar este lugar como una tierra pura por completo. No sólo esta habitación, sino todo. Incluso los seguidores del "New Age" han aprendido algo sobre cómo hacer esto. ¡Nos están alcanzando!

Tantra causal

⌘8⌘

EL TEMA DE HOY se ocupa de algunos de los aspectos más esotéricos del Lamdre. Su fundamento es el resumen introductorio contenido en las enseñanzas sobre las *Tres Visiones*. Recordemos que la *visión impura* consiste en las percepciones habituales de los fenómenos, que reflejan nuestra mente. La mente impura está contaminada por el odio, la codicia y la ignorancia, y manifestará estos tres venenos en todas las situaciones. Además de nuestra percepción colectiva, creamos esta visión individualmente. Todos vemos las cosas de manera distinta en dependencia de nuestra constitución mental individual. Los seres experimentan lo que tengan en sus mentes.

La *segunda visión*, la *visión de la experiencia*, introduce la posibilidad de alterar la mente de forma que pueda hacer las cosas de modo distinto, y cambiar sus percepciones. Hay prácticas específicas para corregir nuestras actitudes o patrones de pensamiento. Recurrimos a estrategias ideadas por maestros realizados y budas iluminados. Vemos que cuando aplicamos esta metodología, tal y como la expusieron el Buda y sus seguidores, la mente empieza a funcionar mejor. Empezamos a proyectar una imagen de la realidad totalmente diferente, mucho más allá del alcance de nuestro yo ordinario y habitual. Estas experiencias pueden surgir como resultado del estudio, la meditación o el intercambio verbal. La probabilidad de desarrollarlas mejora si aplicamos lo que sabemos a la vida diaria. Una persona de mal carácter, por ejemplo, tiene una *visión impura* en la vida cotidiana. Siempre que el odio surge en nuestras mentes, todo lo que nos rodea parece hostil. Pero desde el momento en que adoptamos las enseñanzas sobre la tolerancia y la empatía, y damos más importancia a las necesidades de los demás que a las nuestras, las experiencias se manifiestan de manera distinta. La persona a la que odiábamos parece ahora necesitar el tipo de atención que nosotros quisimos en una ocasión de los demás. Nuestra percepción de la otra persona cambia, ahora que somos capaces de pensar de modo distinto. La percepción con odio cede su puesto a la empatía y al perdón: ya no queda sitio para el odio. En su lugar, empezamos a sentir compasión por nosotros mismos y también por la otra persona. Las relaciones se transforman. Empezamos a recordar las cosas buenas y felices. Nos damos cuenta de lo tontos que hemos sido por haber seguido insistiendo en unos cuantos recuerdos negativos, en lugar de habernos enfocado en los positivos, que eran muchos. Sentimos vergüenza por la manera en que hemos actuado en el pasado.

Un cambio así nos proporciona una comprensión más profunda de todas las percepciones. Ya no parece que merezca la pena aferrarse a las emociones negativas que hemos alimentado durante tanto tiempo. Necesitamos librarnos de ellas como sea. Podemos decidir estudiar más, practicar más intensamente, o profundizar en nuestra devoción. Todo este esfuerzo es una inversión directa en nuestra pujante visión de la experiencia. Es muy importante captar la idea de que cualquier cosa que pensemos se vuelve realidad. Hay millones de elecciones a nuestra disposición en cualquier momento. Pero mientras nuestras tendencias de siempre nos ciñan a una o dos respuestas habituales únicamente, no seremos libres. Estoy hablando de libertad real. La palabra en sánscrito para esto es *moksha*. Sin Iluminación, no hay libertad real. No alcanzaremos la Iluminación hasta que la mente se vuelva lo suficientemente sabia como para cortar todos los hilos que nos atan a nuestras adicciones mentales. Cada vez que la mente ejerce su libertad, corta alguno de estos hilos.

La *visión de la experiencia* genera humildad. Infunde una fe tremenda. Nos sentimos tan agradecidos de que nuestros insignificantes intentos de progresar hayan dado algún fruto...

Nos atemoriza el pensamiento de aquello que podríamos tal vez conseguir con más esfuerzo. Esto nos inspira para redoblar nuestros esfuerzos. Aunque lo he mencionado ya, quiero reiterar el hecho de que no hay realmente tres visiones separadas. Son *tres en una*. La misma realidad puede inducir cualquiera de estos tres niveles de percepción, dependiendo del estado de mente de quien percibe. La primera visión proporciona la materia prima principal, por decirlo de algún modo. Las visiones segunda y tercera sólo han sido esbozadas. A partir de aquí, nos concentraremos en cómo tener acceso a la visión de la experiencia y a la visión pura más eficientemente. Aprenderemos más cosas sobre cómo transformar nuestra visión impura. Pero es muy importante que valoremos siempre cualquier visión que estemos experimentando en un momento concreto. No deberíamos ignorarla o despreciarla. De lo que se trata en realidad es de darle un significado.

El almacén de la consciencia.

La palabra *tantra* está en sánscrito. *Tan* significa "telar", y esto simboliza la continuidad. Es el hilo que define la estructura. Fijamos en él los diseños que queremos crear. Una vez que el tejido está acabado, tendemos a olvidarnos de la trama. Los textos hablan acerca de una consciencia básica similar a esta trama, que también se conoce como *alaya vijñana* o "consciencia almacén". Esta es nuestra naturaleza dormida, también denominada "continuidad causal", y nos hace concebirnos como una entidad aislada que va de un día a otro. Cuando describimos los *malas*, normalmente mencionamos el número de cuentas: si tienen ciento ocho, dieciséis o veinte. Nadie habla del hilo que mantiene las cuentas unidas, y ese es el problema. Las personas se encuentran aprisionadas en exceso por sus personalidades y emociones. En lugar de mirar el entramado de hilos, tienden a enfocarse en el diseño que tejen sobre él.

El tantra de la causa se ocupa de esta consciencia almacén, nuestra naturaleza fundamental básica, que no tiene nada que ver con la personalidad, la raza o el sexo. Si nos libráramos de nuestros nombres y de todo el conjunto de nuestras identidades, tales como madre, hermana, maestra, y de todas las otras etiquetas que se nos puedan ocurrir, ¿qué quedaría? Si quisiéramos deshacer el diseño de una alfombra, nos quedaría el entramado de hilos básico. Pero dado que el ojo capta los diseños tejidos en la superficie, nadie se preocupa de pensar en esta trama, que sin embargo se encarga de mantener unido todo el tejido. Esta estructura de hilos a la que me estoy refiriendo es la naturaleza de buda, que está dormida y escondida en nuestro interior. Tiene dos aspectos: la naturaleza de buda que reside naturalmente y la naturaleza de buda cultivada.

La naturaleza de buda.

Todos los seres conscientes tienen la naturaleza de buda. En lo que respecta a la causa, ningún ser es superior a ningún otro, desde la hormiga más diminuta hasta el rey más encumbrado. Por lo tanto, todos los seres conscientes son igualmente merecedores de la Iluminación. Algunas vidas no poseen en el presente la naturaleza cultivable de buda, a causa de los impedimentos inherentes a su nacimiento actual. Pero el germen de la naturaleza de buda está presente en todos los seres vivos.

¿Cómo sabemos que tenemos la naturaleza de buda? En definitiva, ¡somos tan toscos que no lo sentimos! Se dice que cuando escuchamos las enseñanzas del Dharma, o las cualidades del Buda y las desventajas del mundo ordinario, generamos un vivo deseo de cambiar y hacer las cosas de otro modo. Empezamos a sentir los sufrimientos de otras personas con tanta fuerza como sentimos los nuestros. A eso se le denomina una "inferencia" de la naturaleza de buda. A veces estamos totalmente sumidos en asuntos mundanos, y parece que no tenemos tiempo para pensar en estas cosas. Pero cuando hacemos el esfuerzo de parar y pensar en los demás, nuestras propias preocupaciones parecen tan insignificantes… Vemos nuestra participación en el origen de los problemas, y comprendemos que podíamos haber resuelto muchas de nuestras dificultades hace mucho tiempo si hubiésemos entendido nuestro papel. Desarrollamos el tipo de empatía que una madre siente con respecto a su hijo. Una madre es clarividente con respecto a sus necesidades.

Cuando pensamos en los demás, ¡nos volvemos más ingeniosos y despreocupados! Crecemos en sabiduría. Resolvemos muchos problemas. Cuando empezamos a poner en práctica esta nueva orientación, nos parecemos cada vez más a los seres sagrados. Empiezan a aparecer todo tipo de cualidades positivas, que son señales de la naturaleza de buda. Si no la cultivamos, permanecerá como una semilla guardada en un bote. Mientras permanezca en él, no crecerá. Para germinar, la semilla debe entrar en contacto con las condiciones propicias, como son el suelo adecuado, y el nivel de humedad y la temperatura correctos. Los individuos que intentan estudiar, practicar y ver el significado espiritual de la vida, ven las suyas totalmente transformadas. Están cultivando este ser sagrado, que está creciendo en ellos. Escuchar, meditar y practicar el Dharma, y aplicarlo a la vida diaria, acerca la semilla al suelo fértil.

Todo el mundo es compasivo. En cuanto pensamos en otras personas con necesidades, aumenta nuestra inspiración. Parece que incluso los paralíticos son capaces de moverse con rapidez para salvar la vida de otro. No necesitamos riqueza material o un gran talento para dar a otros que lo necesitan. Esa es la actuación del ser causal. Y después está el ser lineal, que tiene ciertas características asociadas con una de las cinco familias de budas. ¿Cómo sabemos a qué familia de budas pertenecemos? Se dice que todos tenemos la mente básica de buda, pero la ocultan oscurecimientos adventicios. Para volver a la analogía del telar, no seremos capaces de ver la trama claramente hasta que hayamos deshecho todos los diseños tejidos. ¡La modesta trama! Nuestros oscurecimientos son como nubes. Las nubes son inseparables del mismo cielo. Aunque la naturaleza del cielo sea contener nubes, el cielo no se ve afectado por su presencia. Unicamente aquellos que están bajo las nubes las consideran un impedimento. Por eso es importante que no pertenezcamos a nuestra personalidad, ni a nuestras emociones negativas. Las tenemos, por supuesto, pero van y vienen. Mientras pensemos que somos personas permanentemente llenas de odio, codicia o ignorancia, siempre nos manifestaremos así. No lo podremos elegir.

Cuando renunciamos a la propiedad de estas emociones negativas, podemos transmutarlas. No tenemos que rechazarlas por indeseables. El odio, por ejemplo, es materia prima, y no una basura completa. Es un objeto transmutable, que podemos transformar en su forma equivalente de sabiduría. Es exactamente como una materia prima que se podría usar para hacer tanto una estatua como un orinal. El mismo material contiene el potencial para convertirse en cualquiera de las dos cosas. Cuando vemos cobre en la forma de un orinal, no deberíamos pensar en él como en un objeto sucio. Si tenemos suficiente valor, lo podemos transformar en una estatua. El material sigue siendo valioso. Las características "lineales", o externas, son lo que nosotros hacemos. Pero, ¿cómo logramos que un tazón pierda aquello concreto que lo define, o cómo podemos alterar lo que determina que un orinal lo sea? Tenemos que deconstruir todo el concepto. Hasta que no lo hayamos hecho, el objeto seguirá manifestándose como un orinal o un tazón.

Nuestra personalidad es nuestra propia construcción. No tenemos que pensar en ella como en algo rígido, producido por causas externas, como nuestros padres, las experiencias de nuestra infancia, o la sociedad en la que crecimos. Esas sólo son excusas ridículas para no cambiar. Tampoco nos damos cuenta siempre de lo flexible que es el mundo material. Hoy en día, incluso los científicos manipulan la materia. Experimentemos con el ejemplo del tazón. ¿Hay algún problema relacionado con que sea un tazón? Si no nos gusta la idea, podemos examinar otras posibilidades. ¿Se puede convertir en otra cosa? ¿Por qué no? "Tazón" es algo meramente etiquetado, al igual que nosotros, y nos seguimos aferrando a la etiqueta. Si intentamos arrancar la etiqueta y dejamos de aferrarnos a ella, podemos empezar a cultivar la semilla dormida de la que hablábamos. Con el tiempo, la semilla empezará a brotar y a crecer.

Es muy importante que valoremos lo que somos, en lugar de rechazar lo que no somos e intentar convertirnos en algo que no entendemos. En primer lugar, tenemos que entender nuestra *naturaleza causal*. Considera el momento en el que nos pusieron un nombre. ¿Qué éramos antes de aquello? La época anterior a volvernos maestros de escuela, artistas, o doctores: ¿qué éramos entonces? Antes de convertirnos en una madre, un tío, un amigo o un extranjero, ¿qué éramos?

Las cinco familias de budas.

Si regresamos al la época anterior a cada una de nuestras etiquetas, nos daremos cuenta de que antes de adquirirla, estábamos libres de las características etiquetadas. Estábamos mejor cuando teníamos menos etiquetas pegadas. Las circunstancias de nuestro crecimiento han condicionado nuestra manera de ser, nuestra manera de pensar, y la manera en que cultivamos nuestras experiencias. En términos de nuestra familia o linaje, hice referencia al hecho de que todo el mundo pertenece a una familia concreta. Esto es bastante genérico. Hay cinco familias de budas. Se dice que el color de una persona, su altura, los dibujos en las palmas de sus manos, los lunares, e incluso su preferencia por un color concreto son indicadores de la familia de buda a la que pertenece. A algunas personas les gusta siempre ir vestidas de negro; a otras ni se les ocurriría. Pero no tenemos manera de confirmarlo nosotros mismos. La única manera en que lo podemos hacer es durante una iniciación. Durante la iniciación de Hevajra tiene lugar esta confirmación. Cuando se admite a los discípulos en el mandala, se les pide que tiren sus flores en el mismo centro, con el deseo de que caigan en la familia concreta de budas a la que pertenecen. Al caer cada flor, el Maestro Vajra normalmente dice en voz alta la familia de cada discípulo. Puede que todos los estudiantes reciban la misma práctica para hacer, pero sus experiencias variarán dependiendo de su familia y de otros factores.

El último maestro indio del Lamdre fue Gayadhara, que practicaba Hevajra, que es una deidad de color azul, así que nadie la visualizaba con ningún otro matiz. Pero cuando Gayadhara entraba en meditación profunda, por más que intentara manifestar a Hevajra de color azul, la deidad siempre se manifestaba de color amarillo. Esto no sólo confirmó su familia de buda, sino que le hizo recordar que la flor que dejó caer durante su iniciación lo hizo en el lado sur del mandala, que indica la pertenencia a la familia del Buda Ratnasambhava. Aquella era una prueba muy convincente, sobre todo porque su visualización era por lo demás tan precisa. Se dice que Gayadhara destacaba por su avaricia. Siempre quería oro. No daba enseñanzas o admitía discípulos a sus clases hasta que no le hubieran llevado oro. Eso tiene mucho que ver con el Buda amarillo, cuyo color es el de la prosperidad o el de la ambición no satisfecha. Tal vez emulemos esas experiencias en nuestra propia práctica.

Factores a abandonar.

Causalmente, la familia la puede confirmar la ceremonia de iniciación, y después nuestra práctica. Otra manera que tenemos de confirmar el yo causal es mediante la identificación de los factores de nuestra personalidad que hemos de abandonar. Estos son los aspectos negativos que deseamos descartar. La gente puede odiar su odio, y sin embargo sentir que *son* odio. No sólo experimentan odio, sino que odian ser así, pero no mejoran mucho. A éste se le denomina un "factor a abandonar". Los factores a abandonar no se deben poseer. La razón por la cual son difíciles de abandonar es porque nos identificamos tanto con ellos. Sentimos que los motivos de nuestra ira son tan fuertes, las circunstancias tan imperdonables, que justificamos el estar enfadados. Pero tenemos que aprender a no escuchar estas justificaciones. Son irrelevantes. Van desencaminadas y nos obstaculizan. Algunas personas están tan apegadas a su ira que se convierten en espíritus enfadados tras la muerte. Hay muchos de ellos en el Tíbet. Persiguen a la gente que les hizo enfadar. Incluso después de la muerte, ¡todavía tienen sed de venganza!

Debemos identificar nuestros "factores a abandonar" sin poseerlos. Tenemos que comprender lo dañinos que son y lo fútil que es aferrarse a ellos. Si no nos desprendemos de ellos, se convertirán en una enfermedad crónica. Las prácticas que hacemos deben ir encaminadas a purificar estos factores a abandonar, lo cual nos ayuda a recordar que estas cualidades son prescindibles. No son nuestras características intrínsecas, sino que han sido adquiridas, y lo puedes comprobar tú mismo. Verás que cuando estés inmerso en un sentimiento de enfado, y hagas un esfuerzo para desarrollar compasión hacia el objeto de tu hostilidad, el enfado sencillamente desaparecerá. Tenemos que verificar nuestros estados de ánimo regularmente. Los sentimientos de enfado se deben reconocer e identificar inmediatamente, mientras la sensación esté todavía presente. Incluso aunque no podamos hacer nada para detener el enfado cuando surja, el mismo hecho de reconocerlo e identificarlo le hará perder fuerza. A medida que repitamos esta manera de actuar, nuestro dominio de nosotros mismos se fortalecerá. Podremos empezar a ser testigos del flujo y reflujo de los sentimientos como fenómenos distintos de nosotros.

A medida que progresemos, tal vez contemos todavía con los estados latentes o las predisposiciones que provocan el enfado, pero éste no surgirá más. Es parecido a dejar hábitos como fumar y beber. Al principio parece tan difícil, pero a medida que pasa el tiempo el impulso va desapareciendo lentamente. ¡Ya no buscamos un cigarrillo! El esquema ya no funciona. Pero sin embargo, pueden quedar algunos estados latentes. Aún podemos sentir el impulso de fumar cuando estamos nerviosos o deprimidos. Pero ya no es más fuerte que nosotros, y ya no tenemos los cigarrillos o las bebidas a mano. Hemos quitado capas y capas de los esquemas de conducta más burdos, y ahora sólo queda lo más nimio. Si hiciésemos eso con cada uno de los hábitos con los que no estamos contentos, experimentaríamos un crecimiento maravilloso a nivel espiritual.

Los cinco engaños.

Los factores a abandonar que se reconocen más fácilmente son los *cinco engaños:* avaricia, odio, ignorancia, envidia y arrogancia. Estas son las cinco características más importantes que tenemos que identificar en nosotros mismos. Tenemos que investigar cómo dictan y dominan nuestras vidas. Construyen todas las experiencias que denominamos *visión impura.* Curiosamente, una vez que empezamos a trabajar con cualquiera de ellos, parecen influir en el resto también. Por lo tanto, podemos sentirnos contentos trabajando con el hábito que nos resulte más fácil dominar de entre estos cinco. Se dice que la *ignorancia* está en el nivel más sutil. No es posible trabajar directamente con ella. La *avaricia y el apego* son los más burdos. Nos invaden por completo. El *odio* es realmente una crítica o una queja registrada por la *avaricia no satisfecha.* Nos parece justificado porque es una protesta contra la frustración de nuestros deseos. El *deseo no satisfecho* se convierte en *violencia.*

No es fácil tampoco tratar directamente con el odio. En primer lugar, tenemos que tratar con nuestra avaricia. Necesitamos simplificar y reducir nuestras necesidades. Cada uno de nuestros deseos está asociado con el odio. De ahí que cuantos menos deseos tengamos, menos odio generaremos. Si estamos empeñados en conseguir hacer ciertas cosas, generaremos odio en torno a ellas. El odio llevará al enfado, la envidia y la arrogancia. Pero cuando tenemos pocas exigencias y éstas no son específicas, no nos molesta el odio. No tenemos la materia prima para alimentar nuestro enfado. Para resumir: alguien con mucho deseo genera mucho odio, y todos los otros engaños vienen a continuación.

El primer paso es reducir el número de objetos de deseo. Ese es el motivo por el cual una gran parte del adiestramiento implica ir a lugares solitarios donde no haya muchas cosas que nos distraigan. No vamos a centros comerciales, así que nuestros ojos no son atraídos por los relucientes objetos, ¡empaquetados para parecer mucho más brillantes de lo que son en realidad! Cuando nos retiramos a lugares tranquilos, lejos de los objetos de distracción, tenemos menos necesidades, nuestras exigencias disminuyen, y nuestros sentidos están menos distraídos. Relajamos los sentidos, y nuestro nivel de odio decrece. Nos distanciamos de las condiciones que provocan los deseos insatisfechos.

En la tradición budista, los retiros son muy importantes para ayudarnos a manejar las características a abandonar, que no sólo se pueden abandonar, sino que son innecesarias y ciertamente no beneficiosas. El odio, la envidia y la arrogancia surgen todos del deseo frustrado. La ignorancia es más sutil, así que no hablaremos mucho de ella aquí, pero es un factor muy dominante, que opera a todos los niveles, todo el tiempo. Se dice que quienquiera que identifique el funcionamiento de estos cinco engaños en sí mismo y decida que estaría mejor sin ellos, muestra una gran inferencia de la naturaleza de buda. Una persona así ha comprendido que estas cosas se pueden abandonar, al igual que el cielo se puede librar de las nubes.

En cuanto empezamos a intentar trascender cualquiera de nuestros engaños, estamos visiblemente más contentos, de forma que nuestra mente despierta. El árbol al que me refería anteriormente empieza a crecer. La pequeña semilla se ha desarrollado hasta llegar a ser un fuerte tronco, con ramas y hojas que dan energía a los demás. La analogía del árbol no se debe ignorar. Los árboles son extremadamente importantes en la vida del Buda. Desde el primer acontecimiento de su vida, que fue el nacimiento, hasta su muerte, todos los sucesos más importantes ocurrieron bajo árboles. Abandonó grandes palacios para sentarse bajo un árbol. Los árboles tienen una influencia refrescante. Son también una expresión muy reveladora de la impermanencia.

Cuando vivimos en el interior de un edificio, hay gente que viene a pintar y a renovar cada pocos años, de forma que es posible que éste siempre siga teniendo buen aspecto. Tal vez no note uno nunca la impermanencia de las paredes o de la pintura. Pero cuando estamos en el exterior, no podemos ignorar fácilmente la acción de la naturaleza. Es mucho más fácil aceptar la edad, la decrepitud y la muerte cuando observamos la belleza y fortaleza del mundo natural. Una vez que reconozcamos las cinco características a abandonar, las manejaremos lo mejor que podamos. Desde ese momento, las enseñanzas parecerán tener una relevancia específica para nuestro odio, ambición, envidia y arrogancia. Nuestra conexión con el Dharma estará verdaderamente sellada. Esto es muy importante, porque si no desarrollamos este vínculo con el Dharma, es más probable que desarrollemos apego a maestros concretos, a la jerarquía o al puesto. El vínculo ocurre sólo cuando vemos las enseñanzas como un remedio para nuestros cinco engaños. Este vínculo es como el cordel atado al telar.

La iniciación.

La manera en que abandonamos estos factores depende de las circunstancias, o del *poder de la situación*. Cambiamos de acuerdo con el cambio de las circunstancias. Tal vez podamos recordar acontecimientos concretos que nos hayan afectado dramáticamente. Estos pueden haber sido los que provocaron los cambios. Pero hay poderes de la situación deliberados, lo que denominamos ceremonias de iniciación, durante las cuales esos factores a abandonar se ven transformados. Se les denomina la "iniciación de la causa". Implica que el gurú o Maestro Vajra que dirige la iniciación haya entrado primero en una meditación en la que haya adoptado la forma del buda que la va a conceder. Imbuido de este orgullo y confianza, da la iniciación a los discípulos, a quienes ve como materia prima, como budas causales. Después, por el poder de la iniciación, el poder del ritual, el poder del mantra, el poder de la fe de los discípulos, el poder de la concentración del maestro y el poder de las bendiciones del linaje, les inicia para que se sientan como él. Esto crea el poder de la situación, que hace madurar la semilla que dormía en el bote. Durante este proceso, la sabiduría trascendental cae como una lluvia. Esto tiene lugar a nivel intuitivo, pero lo facilita el beber agua, que llega hasta la semilla, que de otro modo habría permanecido seca. El agua de la iniciación es a lo que me refería en una charla anterior cuando mencionaba la *corriente no seca de la iniciación*. El iniciado mantiene el proceso llevando a cabo la práctica a partir de entonces.

Antes de las grandes iniciaciones, está la ceremonia de la caída de la lluvia de la sabiduría trascendental, durante la cual suenan instrumentos musicales y flota en el aire una mezcla especial de incienso. Los participantes visualizan cómo caen las bendiciones. El gurú toca varias partes del cuerpo del discípulo con el *vajra* para bendecir el corazón, la frente y la garganta. Esto es para asegurar la protección de los mismos discípulos. Es una ceremonia bastante compleja. La preparación del lado de los discípulos debe incluir la apreciación de la oportunidad venidera de ser bendecidos por un maestro realizado. Deben desarrollar fe y devoción. No he dicho mucho sobre el primer día. Se lleva a cabo un importante examen preparatorio durante la primera noche. A los discípulos se les envía a casa a dormir, y se les pide que se fijen en los sueños que puedan tener. Se reparten cordones protectores que se han de atar en torno a sus brazos. Esto se explicará con más detalle en el transcurso de la iniciación.

Durante la ceremonia, cada uno de los *cinco agregados*, o sea, la forma, la sensación, la percepción, la voluntad y la consciencia, es iniciado y purificado como uno de los *Cinco Budas*. Cada uno de los *cinco engaños*, o sea, la avaricia, el odio, la ignorancia, la envidia y la arrogancia es iniciado como una de las *cinco sabidurías potenciales*. Se transforman simbólicamente en *cinco símbolos*, que incluyen el vajra, la campana, la corona y varios otros objetos, que se entregan a los discípulos, quienes los sostienen para asegurar que la iniciación tenga lugar. Como resultado, el gurú reconstruye totalmente los *cinco agregados* de cada discípulo. Se purifica cada uno de ellos durante la ceremonia.

De acuerdo con el nivel individual y la fe de los participantes, éstos pueden tener experiencias conscientes durante la transmisión. Una vez completada la iniciación, toda la identidad del discípulo cambia. Recibe un nombre secreto, que es el nombre que deberíamos haber tenido. Es el nombre que nos tendrían que haber puesto desde el principio. Es el nombre del buda que vamos a ser. En la tradición Sakya, este nombre se mantiene en secreto. No se debe comunicar a nadie. Lo recordamos cada vez que hacemos la práctica, y nos identificamos con él, en lugar de con la vieja identidad. Cuanto más nos identifiquemos con este nombre, menos seguiremos siendo la persona que solíamos ser. Los cambios que queremos hacer se convierten entonces en automáticos, porque nuestra identidad se ha transformado a nivel intuitivo. La gente seguirá llamándonos Pedro, o lo que sea, pero se trata ahora únicamente de una etiqueta que usan, para distinguirnos de Juan, por ejemplo. Ya no estamos personalmente apegados a ella.

Durante la ceremonia de iniciación, el maestro nombra simbólicamente la familia de buda de la persona. El gurú lo percibirá por medio de su meditación. Estará muy relacionado con el lugar del mandala en el que cae la flor del discípulo. La ceremonia hace que el discípulo se someta completamente al ritual. En la vida ordinaria, no somos muy sumisos. Siempre estamos dudando, reservándonos, como si tuviésemos algo que perder. Durante la iniciación hay un ritual que mata el viejo yo, seguido de un renacimiento ritual del yo verdadero. Que podamos o no ver cómo sucede esto dependerá de nuestra fe y devoción. Durante esta parte de la iniciación, se destruyen mediante el ritual nuestros engaños advanticios. Imagina sencillamente una situación en la que quieres cortar completamente tus vínculos con el pasado y empezar una nueva vida. Imagina que estás destruyendo tus fichas y librándote de todas tus viejas relaciones. Te sientes realmente libre y fresco. La gente hace eso a veces, pero normalmente permanecen atados al pasado por sus apegos emocionales. Los vínculos emocionales no se cortan fácilmente sin el poder de la situación que proporciona la iniciación.

Una iniciación es una experiencia espiritualmente hipnótica a un nivel profundo. Tiene mucho que ver con la sumisión total. Las bendiciones que recibimos una vez que nos dejamos llevar no se restringen a la ceremonia misma. Recibimos una transmisión profunda que permanece con nosotros dondequiera que vayamos. En la tradición Sakyapa somos muy meticulosos en cuanto a quién puede dar iniciaciones así, que no es cualquier lama, Rimpoché, o cualquier maestro con muchos seguidores o una gran organización. No sólo hay unas directrices estrictas sobre quién puede dar iniciaciones, sino que incluso el maestro más reconocido debe restringir la transmisión a veinticinco discípulos. Se dice que es imposible que un maestro transmita las bendiciones por completo a un número mayor. Después de todo, hay mucho en juego aquí. Estamos hablando del renacimiento del individuo.

La naturaleza de la mente.

Una vez que se ha completado la iniciación (el tantra de la causa), los discípulos escuchan enseñanzas sobre la *naturaleza de la mente*. Este es el tema principal del *Triple Tantra*. En primer lugar están las instrucciones medulares sobre la no diferenciación de todas las dualidades, basadas en nuestra consciencia primaria. Se dan enseñanzas específicas, empleando analogías para presentar la naturaleza de la mente. Esto diferencia en gran medida al linaje Sakya de los demás.

Algunas tradiciones presentan enseñanzas sobre la naturaleza de la mente a los no iniciados, denominándolas enseñanzas últimas sobre el *Mahamudra* y el *Dzogchen*. Incluso en el remoto siglo trece, en la época de Sakya Pandita, se consideraba tabú entre los Sakyapas enseñar acerca de la naturaleza última de la mente a los estudiantes sin conocimientos de fe, moralidad, devoción, renuncia, la vida de Buda y la historia de las enseñanzas. Si se presentan las enseñanzas sobre la vacuidad, que es la naturaleza de la mente, a los no iniciados, éstos pueden caer en la trampa del nihilismo. Pueden no preocuparse de seguir el vinaya o de observar los preceptos. Les interesará sólo la parte intelectual de la filosofía Madhyamika. Harán demasiado hincapié en el aspecto de la vacuidad, lo cual lleva a la actitud de: "Bien, todo está vacío, así que ¿a quién le importa?".

Esta aproximación es totalmente contraria a las enseñanzas básicas. Los discípulos tan inmaduros a menudo llevan vidas que ofrecen un ejemplo pobre de comunidad budista. Pueden actuar como yoguis locos sin contar con tan siquiera una pizca de sabiduría. En lugar de desarrollar un sentido de comunidad, perseguirán el individualismo y la falta de responsabilidad. Todo esto no es más que una aproximación de tipo hippy que va contra los linajes principales y sus instrucciones. En comparación con otros linajes, el Sakya es muy convencional y conservador cuando se trata de admitir a los discípulos en el sendero Vajrayana. Los Sakyapas insisten escrupulosamente en mantener las enseñanzas Vajrayana, Mahayana y Theravada como partes de un todo armónico. Se dice que la conducta exterior de una persona debe ser acorde con el Theravada, su intención con el Mahayana y sus prácticas secretas con el Vajrayana.

Queremos mejorar la conducta de las personas, y no promocionar el libertinaje. Hay un mérito convencional en actuar conforme a reglamentaciones sociales. Los preceptos religiosos y los votos se deben respetar y mantener. Por supuesto, hay individuos que están más allá de ciertos preceptos convencionales. Pero contarán con los medios hábiles para inspirar y beneficiar a otros. No tendrán la necesidad de romper los preceptos básicos para atraer seguidores. Esta es otra razón para restringir el número de discípulos en el linaje Sakya. Se dice que los mismos maestros pueden llegar a estar excesivamente orgullosos de la cantidad de alumnos que son capaces de atraer. Concentrándose en la cantidad de seguidores, pueden olvidar el énfasis en la calidad del adiestramiento que proporcionan. No fue sino el mismo Nagarjuna quien admitió que su filosofía de la vacuidad no era adecuada para los principiantes, o para las personas de poca inteligencia. Las personas así no deberían recibir instrucciones sobre lo absoluto y la verdad última, porque están expuestas a caer en el error del nihilismo y en le negación de la ley de causa y efecto. Fue para corregir este error para lo que se enseñó en un principio el Madhyamika.

Tantra del sendero.

Cuando un maestro poderoso dé la transmisión a discípulos con fe y devoción, éstos habrán sido iniciados realmente. Sentirán la *transmisión causal* en su continuo mental. Una vez que ese continuo ha sido transformado por la *iniciación causal*, seguirá la iniciación del sendero, el *tantra del sendero*. El *tantra del sendero* trata del cuerpo, las venas, los canales, las gotas y los aires que fluyen por nuestro sistema nervioso. Trata de los elementos o líquidos que fluyen por esas venas y de la energía con la cual circulan. Estos fenómenos se convierten en objetos gracias a los cuales el practicante puede venerar introspectivamente toda la estructura que es su cuerpo. Respetar el cuerpo se relaciona con *el mandala del cuerpo y las venas*. El cuerpo es una estructura de venas. Las venas de algunas personas están torcidas, las de otras están obstruidas. Esto depende del carácter y de las características a las que se han habituado. Las mismas venas están en forma de letras, o formas y símbolos arquetípicos. Esas formas y símbolos se ven afectados por la manera en que pensamos. Todas las enfermedades de los distintos órganos, tales como el corazón, los pulmones o los riñones están asociadas con engaños concretos. A los cirujanos les interesaría mucho conocer la conexión entre los órganos y los engaños. Todas las enfermedades las causan nuestros pensamientos. Si nos preocupamos todo el tiempo, ciertos patrones de pensamiento fluyen por partes concretas del cuerpo. En el instante en que empezamos a preocuparnos, se ve afectada la manera en que respiramos. La vena por la cual circula el pensamiento de preocupación hace que la química cambie. En el momento en que dejamos de preocuparnos, la química cambia de nuevo. Es como la persona que percibe en un primer momento una cuerda enrollada como si fuera una serpiente, y ésta le sigue alarmando hasta que descubre su auténtica identidad. Cada pensamiento extremado que desarrollamos no sólo perturba nuestra mente, sino que cambia también las energías que fluyen a distintas partes del cuerpo. Esto afecta a su vez a las venas y a la circulación de la energía. Nuestros esquemas de pensamiento determinan en gran medida si nuestras venas están atascadas o limpias.

Las formas y diseños de nuestras venas cambian. Mi maestro, S.E. Chogye Trichen Rimpoché es considerado un experto en este tema. Nunca usa ninguna medicina ordinaria para curar sus enfermedades. Siempre emplea la meditación. Ha hecho esto para curar las enfermedades de otras personas también. El elemento que fluye, el contenido real de las venas, se conoce como el "mandala del elemento néctar". El elemento puede ser sangre u otros componentes variados que llenan las venas. Aunque no se distinguirá por medio de una análisis clínico moderno, la calidad del líquido variará considerablemente de un individuo a otro. La misma esencia de todo nuestro elemento líquido fluye continuamente de una manera muy discreta. Nuestra salud la controlan estos canales. La energía de la naturaleza intrínseca de todos estos componentes es la *bodhichita*. Cuando activamos el altruismo, los contenidos de las venas cambian. Como resultado, nuestras sensaciones y experiencias cambian también. Pero lo que causa la circulación no es el cuerpo, ni las letras, ni los contenidos. Es el aire sutil. Es bueno concebirlo todo como aire. Nada es tangible. Se podría decir que un buen meditador se convierte en aire. Entonces trasciende la materia ordinaria y los elementos. Por lo tanto, no está sujeto a la muerte y la decrepitud, ni necesita comida constantemente.

Hay cuatro de estos mandalas, que se comentan detalladamente durante las enseñanzas. Están asociados con el cuerpo, las venas, los constituyentes y el aire. Un buen meditador no se queda en los fenómenos externos. Enfoca su atención hacia el interior para alterar esos constituyentes. Cuando medita a este nivel esotérico, no sólo convierte sus emociones cotidianas en sabiduría, sino que podría incluso transformar objetos físicos ordinarios. Cuando los grandes maestros mueren, muchas partes de sus cuerpos presentan el aspecto de sílabas, o incluso de deidades. Ha habido casos en los que todas las vértebras de un maestro se han convertido en *estupas* después de morir. Normalmente, sus cuerpos se encogen hasta hacerse muy pequeños. No queda apenas nada para quemar o enterrar. Lo que queda es una reliquia.

El culto a las reliquias que se desarrolló no surgió del apego a objetos concretos. El valor de estas reliquias deriva de los elementos sagrados que irradian. Los cuerpos de los grandes maestros son conjuntos de deidades, así que sus cuerpos son grandes templos. Imagina simplemente las sensaciones bendecidas que genera un gran maestro cuando medita constantemente. Para recibir bendiciones de un maestro así, basta con un contacto con su piel o sus ojos, que son puros, al igual que sus venas. Por supuesto, algunos maestros no tienen el poder de bendecir. Podrías escucharlos cada día, y sin embargo no recibir bendiciones.

Mirar a los demás con amabilidad o con preocupación determina el tipo de mirada que tenemos. Los ojos cuentan la historia. La comunicación entre el cuerpo y el nivel psíquico es muy poderosa. No sabemos cómo opera, pero en el momento en que nos sentimos enfadados, nuestro aspecto lo dice. De igual modo, cuando nos sentimos contentos, nuestro aspecto lo revela. Los cambios sutiles de la química tienen lugar de forma simultánea. A esto se le denomina el *sendero de co-emergencia*. Todo ocurre de manera simultánea. Las cosas no ocurren una tras otra.

Cuando todo el cuerpo, las venas, todos los constituyentes y el aire cuentan con bendiciones, todos los fenómenos se reflejan. Por ejemplo, los ojos los bendice la diosa Rupavajra. Es más probable que lo veamos todo puro. Durante cada meditación tiene lugar una operación espiritual que corrige las venas y los nadis. *Nadi* significa "río", pero en este contexto se refiere a las arterias. Si sentimos dolor en el cuerpo, nos podemos concentrar en el amor y la compasión y enviar esos sentimientos a la zona que duele. El dolor se cura por medio del "río de venas". El proceso de purificación es una meditación. La meditación que crea la correspondencia entre la base que purifica, el purificador y el proceso de purificación es la *co-emergencia*. Digamos que el *odio* es la *base que purifica* la *compasión*. La meditación en la *compasión* purifica el *odio*. El resultado de la meditación es la *transformación del mismo odio* en *compasión*. No hay una *erradicación* del odio como componente, sino que es *transmutado*. Esta noción de *transmutación* es muy importante en las enseñanzas del Triple Tantra, que describen cómo el *tantra de la causa* se convierte en el *sendero*, y el sendero se convierte en el *resultado*. Al principio mismo de estas enseñanzas hablé de que la causa estaba en el sendero y el sendero en el resultado.

Hay una analogía que ayuda a explicar esto. Pongamos que te diriges a un lugar particular, y que tienes que estar allí en un momento concreto. Cualquier cosa que ocurra allí será un resultado de la causa. Pero si vas con la idea de que cada paso que des y cada hora que conduzcas son parte del proceso que culminará en el acontecimiento, podrás disfrutar de todo el viaje, desde el principio. Esto es mejor que ir a toda prisa y después esperar a que algo importante suceda. De ese modo no funciona. Si contamos con sensatez causal, no intentaremos conseguir aquello que no seamos. En realidad, estamos intentando ver qué somos. *Seguir el sendero se relaciona con intentar ver lo que somos, en lugar de intentar convertirnos en lo que no somos.*

Las enseñanzas sobre el *tantra de la causa* exponen la *no diferenciación de todas las dualidades*, basándose en una comprensión de la naturaleza de la mente. Esta sección del Lamdre presenta la *visión última*. El *tantra del sendero* se ocupa sobre todo de los cuatro mandalas a los que me refería anteriormente. El *tantra del resultado* se ocupa del logro de la realización de esos cuatro *mandalas* y de los *cinco engaños* o agregados en la forma de los *Cinco Budas*.

La Iniciación de Hevajra

❧ 9 ❧

E N LA ÚLTIMA CHARLA hablamos del *tantra causal*. Vimos que ninguno de nosotros es ni Juan ni María, ni ninguna de las etiquetas que nos ponen. Hay una causa fundamental en nuestro interior, aunque dormida, que es la *naturaleza de buda*. Aquellos factores de nuestro interior que están despiertos ahora mismo son lo que constituye nuestro *yo habitual*. Mencioné que el modo de despertar esa naturaleza dormida de buda es por medio de la *iniciación*. En esta charla voy a comentar el proceso de la iniciación, porque durante la ceremonia misma no se llegan a oír todos los detalles.

En la tradición Vajrayana o tántrica, la transmisión se da con la finalidad de aceptar a los discípulos. La relación entre gurú y discípulo comienza sólo cuando hay una gran iniciación y el maestro admite a los discípulos en el Vajrayana. La iniciación es de suma importancia. Sin ella, hay muchas prácticas que a uno no se le permiten hacer. Como requerimiento mínimo para recibirla, los discípulos deben hacer una solicitud formal. Nunca se debería dar ninguna iniciación que no haya sido solicitada. La solicitud se debería hacer arrodillándose los discípulos a los pies del maestro y pidiendo: "Por favor, inícianos".

¿Qué tipo de maestro puede dar la iniciación? En primer lugar, el maestro debe haber sido iniciado él mismo, y debe haber hecho el retiro adecuado. Hay tres tipos de retiro. El primero se completa recitando un cierto número de mantras, pongamos que cuatrocientos mil. El segundo lo determina el tiempo, por ejemplo, un retiro de seis meses. Este es un nivel que se considera mediocre. En el nivel superior está el retiro con signos, en el cual el practicante continúa hasta que muestra ciertos signos de logro.

Cuando se va a llevar a término una iniciación en un lugar concreto por primera vez, se lleva a cabo con anterioridad un ritual de apaciguamiento de la tierra. La ceremonia de iniciación misma requiere dos días completos. El primer día tiene lugar la iniciación preparatoria, y el segundo la gran iniciación. Durante el período de preparación, el maestro deja listos todos los objetos y las sustancias de la iniciación. Se bendice cada una de las cosas. Mientras que la iniciación en sí lleva unas tres horas, completar la preparación requiere unas seis. En primer lugar se bendice el jarrón, después los vajras, la campana y los otros objetos. El maestro también bendecirá el lugar en el que se ha de dibujar el mandala, y el agua sagrada.

Una vez completados el ritual de apaciguar la tierra y la bendición de los objetos sagrados, se dibujan sobre el suelo las líneas principales del mandala. La secuencia con la que éste se dibuja es importante. Se debe comenzar en el centro, y después pasar a la circunferencia. Se colocan sobre el mandala gotas de color, que serán adornadas con posterioridad. Los monjes ayudantes meditan mientras realizan el trabajo manual. Hay básicamente tres tipos de mandala: el pintado sobre tela, el pintado con arena y el mandala del cuerpo (en el que el gurú crea su cuerpo como un mandala). Este último es normalmente para un nivel más avanzado. El mandala es un diseño de dimensiones iluminadas, una morada para los seres iluminados. Una invitación al mandala es una invitación a la Iluminación. Se debe estar iluminado para entrar en una residencia de seres iluminados. El primer día, se prepara a los discípulos para la admisión en el mandala. La admisión misma no tiene lugar hasta el día siguiente. El mandala no estará listo hasta la mañana del segundo día. Cuatro o cinco monjes pasan toda la noche dibujándolo. Debe haberse acabado hacia las cuatro o las cinco de la mañana. En la tradición

Sakyapa no consideramos que la construcción de los mandalas requiera más de una noche. Cuando empiezan a dibujar, las cabezas de los monjes se tocan. Después, se van moviendo lentamente hacia el exterior desde el centro. A la mañana siguiente los monjes están agotados, pero el mandala está terminado. Su significado se explica durante la iniciación. Después, se permite a todos los discípulos que lo vean, y esa misma noche se borra; a los no iniciados no se les permite verlo. Por la mañana, el maestro bendice el mandala. Bendice cada color, cada diseño y cada símbolo para completar la creación del mandala como la auténtica mansión celestial con sus deidades residentes. En torno a él se coloca una cortina para impedir que nadie lo vea durante esa mañana. La preparación implica que el gurú medite como si fuera la deidad, y después por medio de su visualización cree la mansión celestial. Hasta que el gurú no haya creado el mandala por medio de su visualización, no se trata todavía de un mandala. Una vez que ha sido bendecido, se crean las deidades residentes en su interior y se les pide que permanezcan durante la iniciación. Después se consagran todos los jarrones y los demás objetos de la iniciación, y se sitúan en torno al mandala todos los ofrecimientos, tales como lámparas de mantequilla, flores e incienso, para los seres divinos que habitan en su interior. El gurú también visualiza un mandala en miniatura en el interior de cada uno de los jarrones. El agua del jarrón se crea como deidades residentes. Más adelante, cuando se dé el agua durante la iniciación, será para que lo bebamos como si fuera las deidades. Al acabar el período preparatorio, el maestro ha bendecido todos los objetos, incluyendo el agua, la corona, el vajra, la campana y el nombre para el cual no hay símbolo. Estos son los cinco objetos principales que se han de consagrar y bendecir para su uso en la iniciación principal.

La iniciación misma tiene cuatro partes. *La primera iniciación es la iniciación del jarrón,* durante la cual recibimos la de los *Cinco Budas*. Hay varias partes en la iniciación del jarrón.

En primer lugar se da la iniciación del agua, que se corresponde con los Cinco Budas, así como con los cinco engaños, o sea, con la avaricia, el odio, la ignorancia, la envidia y la arrogancia. Durante cada una de estas iniciaciones, se purifica cada engaño y cada agregado. Se purifican nuestros cinco órganos sensoriales, juntamente con nuestro apego a los objetos de los sentidos. La *iniciación del jarrón* en conjunción con el *agua* es la primera porque el agua compone la mayor parte de nuestro cuerpo físico. Así que en primer lugar se debe lavar esa gran parte. Sigue la iniciación de la *corona*, porque la cabeza es el constituyente del cuerpo que sigue en importancia. Hay cinco puntas en la corona, cada una de las cuales representa uno de los cinco agregados, los cinco engaños, los cinco tipos de enfermedad, los cinco espíritus dañinos: cualquier conjunto de cinco que tengamos será purificado. Hay trece categorías de cinco así, de las cuales sólo he mencionado unas cuantas. Siguen las iniciaciones del vajra primero, de la campana después, y más adelante la del nombre. Los artículos simbólicos son las herramientas por medio de las cuales se lleva a cabo la purificación.

Cada persona recibe un nombre secreto, tras lo cual el maestro hace sonar la campana. Ese nombre no se ha de dar a conocer a otras personas, pero hay una práctica que hacer cada día durante la cual lo recordamos. Se dice que siempre que estemos asustados tenemos que recordar al gurú y llamarle por su nombre. Y debemos recordarlo usando ese nombre nuevo para nosotros mismos, pero sin pronunciarlo. Si mantenemos el nombre en secreto a lo largo de nuestra vida, y lo recordamos durante la práctica, ese nombre será anunciado en el bardo, cuando muramos. El gurú nos llamará usándolo. Si lo recordamos a lo largo de nuestra vida no tendremos problemas, porque todos los problemas están relacionados con nuestro nombre ordinario, en lugar de estarlo con el nombre secreto.

Los Sakyapas dan mucha importancia a mantener el nombre en secreto. Lo miran, y después se tragan el trozo de papel, como si se tratara de un código secreto. Algunas personas olvidan el nombre al cabo de unos cuantos años, lo cual demuestra que no practicaban cada día. Sólo se puede renovar entonces tomando otra iniciación.

Muchos de nuestros problemas se deben a nuestro apego a nombres y etiquetas. El nuevo nombre nos ayuda a separarnos del viejo yo. Una vez que recibimos la iniciación secreta y la iniciación de la meditación, se dan una serie de iniciaciones subsidiarias, como la de enseñar y beneficiar a los otros. Se emplean varios objetos. Se coloca un texto del *Tantra de Hevajra* bajo nuestro brazo izquierdo, sostenemos una campana con la mano izquierda, y se colocan una rueda bajo nuestro pie derecho y una caracola en nuestra mano derecha. Estos objetos simbolizan que deberíamos enseñar el Dharma como soplaríamos por la caracola, y girar la rueda del Dharma de acuerdo con las escrituras. Estas son las iniciaciones de permiso. Nos inician para ayudar a otros una vez que hayamos cumplido con los requisitos de hacer los retiros, no inmediatamente.

La *iniciación del jarrón* se da sobre el *mandala de venas del cuerpo*. Nuestros cuerpos contienen una red intrincada de venas, que son la base de purificación. Es necesario purificar las venas, o de lo contrario no haremos más que seguir produciendo la vieja química habitual. Se purifican simbólicamente con la iniciación del jarrón, y por lo tanto se purifica el cuerpo burdo. Como resultado de ello, se implantará la semilla del Nirmanakaya, que es el cuerpo de la forma del Buda. Podemos ver que podremos algún día llegar a la Iluminación y tener un cuerpo como el del Buda, con ciento doce características iluminadas. Esta iniciación confiere el permiso para estudiar el Dharma y las escrituras del Lamdre.

La segunda iniciación es la iniciación secreta. Se da sobre la base del *mandala de la letra de las venas*. El néctar empleado durante esta iniciación está normalmente en una copa de cráneo, que lo es de verdad. Las copas de cráneo representan la experiencia de la ausencia de ego, o ausencia de yo. El cráneo es el ego. Tenemos que apartarnos del ego ordinario para tener una experiencia de la vacuidad o ausencia de existencia inherente. El gurú le da el néctar a los discípulos para que lo prueben. Cada uno de ellos lo sostiene en su mano, y después lo bebe mientras recita un mantra. Mientras beben, se les pide a los discípulos que hagan circular este néctar por sus venas. Emplearán para ello el nuevo conjunto de venas obtenido en la iniciación precedente. Hacen circular el néctar por todas las partes de su cuerpo, imaginando que va al chakra de la garganta, al del corazón, al del ombligo y al secreto. Toda la red de venas se llena con este néctar. Es como una cirugía espiritual. Ahora cuentan con un cuerpo nuevo, un nuevo conjunto de venas, y un nuevo conjunto de constituyentes.

Muchas personas quieren una nueva vida. De este modo, con la ayuda de un ritual poderoso, el maestro espiritual y su propia fe, pueden tenerla. El néctar se considera como la disolución de las sílabas YA, RA, LA y VA. Estas son las sílabas que se corresponden con los elementos. Los constituyentes circulan porque los elementos están en armonía. Cuando un cuerpo sufre un colapso, nada fluye. Uno visualiza las sílabas disolviéndose en la copa de cráneo con leche y azúcar y aquello que componga el líquido. Después se les da a los discípulos para que lo prueben. Se llena en cuatro tiempos, que se asocian con las cuatro alegrías. (Normalmente estamos sujetos a cuatro sufrimientos en lugar de a cuatro alegrías.) La iniciación manipula las venas, causando el ascenso del líquido, que produce gran alegría. Los discípulos que practican esto pueden ser capaces de controlar sus elementos blanco y rojo. Los buenos practicantes tántricos pueden usar sus venas y la energía que fluye por ellas muy efectivamente, porque están viviendo a ese nivel, en lugar de al nivel emocional y físico burdo.

Las venas tienen forma de distintas letras, que no son necesariamente A, B, C y D. Hay distintas letras arquetípicas en nuestro cuerpo, que no se pueden localizar con el microscopio. Son letras sagradas, que adornan todas nuestras venas. Los sonidos que producimos son los ecos burdos de ellas. Tras la iniciación del néctar, esas letras renuevan su forma, que de otro modo está doblada, retorcida u obstruida, y así toda la energía que contienen es canalizada de nuevo, lo cual corrige todos los canales psíquicos del interior del cuerpo. Imagina que tienes una tubería curvada, y de repente la llenas con agua, y se endereza. Ahora mismo, todas las venas están deshinchadas, pero se llenan de nuevo al probar el néctar. Todos los sonidos que hacemos surgen del sonido inicial AH que pronunciamos cuando éramos bebés. Tenemos que hacer que nuestro sonido produzca energía en AH. Cuando nos llenamos con el néctar pronunciamos distintos sonidos. La base de la purificación es la palabra, que es uno de los trece conjuntos de cosas que son purificadas. El néctar asciende y desciende, llenando el cuerpo desde la garganta hasta el corazón, del corazón al ombligo, del ombligo al chakra secreto, y después asciende hasta el ombligo, el corazón, la garganta y el chakra de la coronilla.

A medida que el néctar desciende y asciende por los canales, experimentamos distintas cosas. Algunos de nosotros somos gente del ombligo, otros somos gente del corazón, otros somos genitales. Una gran parte de nuestra energía la controlan nuestras emociones. Las emociones se relacionan con cada uno de los cinco chakras del cuerpo. La circulación del néctar hacia varias partes de éste nos equilibra, de forma que ya no somos gente de la cabeza o del ombligo de manera extremada. Una persona del ombligo es muy creativa y activa. No se puede sentar quieta. Siempre siente que tiene que hacer algo para sentirse valiosa. Una persona del corazón se siente fácilmente herida, es emotiva y normalmente muy amable. Una persona de la garganta es muy habladora. Siempre está cotilleando. Puede no tener energía para otras cosas, pero cuando se trata de contar chismes puede dirigir e inspirar a otras. Una persona del chakra de la coronilla siempre está intelectualizando. Le resulta muy difícil aceptar cosas a un nivel espiritual. Todo se tiene que racionalizar. Siempre verá problemas de razonamiento. Siempre encontrará maneras de escapar a las presentaciones más lógicas. Una persona genital, por otro lado, se ve dominada por sus imperiosas necesidades sexuales.

La tercera iniciación es la iniciación de la sabiduría y el conocimiento espirituales. El gurú le da a probar al discípulo el mismo néctar de la copa de cráneo, pero le dice que proviene del gozo obtenido por la unión de las deidades masculina y femenina durante el clímax espiritual de la Iluminación. Ese es el néctar de la bodhichita. El discípulo lo prueba e intenta experimentar el gozo. Intentará mantener el gozo todo el tiempo posible, y puede tener el poder de moverlo por el cuerpo. Esto hace trascender el apego ordinario al sexo y a otros placeres mundanos. Lo que lo hace surgir es la experiencia de la bodhichita última. Aquí se da simbólicamente en forma de líquido, pero en realidad es el altruismo. La persona que es verdaderamente altruista, que siempre está pensando en beneficiar a otros, no sufre nunca. Siempre está gozosa, alegre, energética y dispuesta a dar. Nunca está apesadumbrada. Siempre dará valor y apoyo a los demás.

Esta tercera iniciación de la sabiduría trascendental se da en el *mandala del elemento néctar.* Se purifican los néctares que fluyen por nuestras venas. Cuando tenemos una relación sexual, producimos una forma de elixir, que cuando es emitido entraña gozo temporal, y eso es todo. En este caso ese néctar se prueba sin recurrir a la actividad sexual física, empleando la meditación para producir gozo. A la gente se le enseña que la mayor experiencia de la religión es el gozo. Pero, ¿cómo lo conseguimos? Las técnicas del Vajrayana dicen que por medio de la *tercera iniciación.* El néctar procede de la unión del padre y la madre, y su experiencia del clímax se nos da para que lo probemos. Aquí es donde la mayoría de la gente se confunde con el Vajrayana. Piensan que el tantra tiene algo que ver con el sexo. Pero esto no es sobre llevar a cabo el acto sexual físico en absoluto. Esta tercera iniciación purifica la mente.

Ahora tenemos permiso para visualizar a la deidad en la forma masculina y femenina, que se denomina *yab-yum*. Aunque seamos mujeres, nos visualizamos a nosotros mismos como una deidad masculina que abraza a una mujer. Esto hace que nuestro sentido de ser hombre o mujer se vea desplazado, lo cual es muy importante, porque tendemos a quedarnos inmovilizados en esta dualidad. Esta iniciación purifica la masculinidad y la feminidad, juntamente con cualquier conflicto asociado, y todas las dualidades relacionadas.

La cuarta y última iniciación se denomina simplemente cuarta iniciación. No hay otro término para describirla. El gozo no se puede expresar en ningún idioma. Es inconcebible, no tiene principio y no cesa nunca. Es como el espacio. No hay ni un centro ni una circunferencia. Es el conocimiento de uno mismo. Es simplemente una esfera de sabiduría. No es un gozo al que nos aferremos. Es un gozo vacío de existencia inherente. El maestro dirige una breve meditación sobre esto, y la iniciación se da en el transcurso de ésta. La cuarta iniciación se da en el mandala de la esencia del aire. Purifica el aliento. El aliento propaga y hace adquirir enfermedades. La bendición del aliento protegerá el nuestro del daño de otros, y nos dará un aliento que bendecirá el de los demás. Los grandes maestros, como S. E. Chogye Trichen, pasan muchas horas cada mañana practicando. Su asistente coloca una jarra de agua en la habitación y la deja allí durante toda la mañana hasta que ha acabado su sesión. Después Rimpoché respira sobre el agua. Tras esto, se toma el agua y se distribuye. Se emplea para hacer píldoras de bendiciones. Una persona que respira compasión, sabiduría y perdón deja tras de sí al morir restos bendecidos, mientras que una persona que respira odio y enfado emite energía negativa. La manera en que respiramos revela mucho acerca de nuestras emociones, nuestra salud y nuestro estado mental. Los médicos tibetanos no necesitan muchos instrumentos para diagnosticar las enfermedades. Simplemente, escuchan a la persona de cerca y le toman el pulso. La lectura del pulso está muy relacionada con la lectura de la respiración. Mediante estos métodos, pueden diagnosticar enfermedades que escapan a las técnicas de diagnóstico occidentales modernas.

Nuestra respiración es muy significativa. Ese es el motivo por el cual dedicamos un tiempo en nuestras sesiones de meditación a calmarla. Nos volvemos conscientes de la inhalación y exhalación. Empleamos la inhalación para hacer entrar todas las cosas positivas, y la exhalación para hacer salir todas las negatividades. Trabajamos en la transformación de todo el esquema respiratorio, cuyos cambios alteran nuestros esquemas de pensamiento. Todos los demás esquemas asociados también cambian en el proceso. La base de purificación aquí es el residuo de tendencias latentes del karma negativo de cuerpo, palabra y mente.

Cuando se haya completado esta iniciación, el gurú pedirá a los discípulos que realicen determinados *mudras*, o gestos, explicando que esos son los Cinco Budas. Por ejemplo, el mudra de Ratnasambhava, el mudra de Vairocana, el mudra de Amithaba, el mudra de Amogasiddhi, y el mudra de Akshobya. Los gestos simbolizan el hecho de que los discípulos han sido iniciados en cada una de esas formas. Después se les pide que vean sus cuerpos como un templo de deidades. A partir de entonces, deben respetar sus cuerpos y no hacerlos sufrir. Pero al mismo tiempo, tienen que usarlos para el progreso espiritual, y no como un impedimento o una excusa para evitar la práctica. De esa forma, el cuerpo se convierte en un objeto de nuestra adoración. A partir de entonces, cuando comamos, la comida se convierte en un ofrecimiento a las deidades residentes. Cualquier cosa que digamos u oigamos se convierte en el mantra. Cuando tengamos pensamientos perturbadores, los transformamos en el gozo indescriptible de la cuarta iniciación.

La principal responsabilidad del discípulo es hacer la práctica cada día. Una vez que todas las iniciaciones han concluido, los discípulos hacen una ofrenda especial al gurú para darle las gracias por haber concedido la iniciación. Prometen hacer la sadhana de Hevajra, o recitar un número de mantras cada día, según lo estricto que el maestro decida ser. Una vez que han recibido la iniciación, que es una transmisión de poder, los discípulos se tienen que asegurar de que siguen conservándolo. Así serán capaces de beneficiar a otros seres conscientes. Hay iniciaciones subsidiarias a cada una de las cuatro, pero no hablaremos de ellas ahora.

La parte que cierra la iniciación conlleva hacer ofrendas al gurú. Se les pide a todas las deidades que se vayan en los siguientes términos: "Seres santos, deidades, por favor partid antes de que deshagamos este mandala". Una vez que han partido, el mandala se barre. El barrido del mandala es tan importante como su creación. Se le pide a cada una de las deidades, en el orden debido, que se vaya, tras haber beneficiado a los seres conscientes. Se hacen ofrecimientos, y se pide perdón al mandala de parte de los discípulos y del maestro, por si parte del ritual no se ha llevado a cabo de manera correcta debido a distracciones o a cualquier otra causa. Después se puede hacer un ofrecimiento del *tshog*, y los discípulos pueden disfrutar con la fiesta. Se pueden cantar algunos *dohas* tántricos, si el tiempo lo permite. Después se les da a los discípulos la transmisión de la práctica y el texto. Se les aconseja que busquen enseñanzas de continuación. Seguidamente, el mismo gurú, que estaba en la forma de Hevajra, hace la visualización de la disolución y vuelve a él mismo.

Una persona que haya recibido la iniciación de la causa de Hevajra está cualificado para recibir enseñanzas sobre la naturaleza última de la mente, enseñanzas detalladas sobre los aspectos de la mente de claridad y vacío, y la indivisibilidad de la claridad y el vacío. Estas enseñanzas se darán juntamente con las del *Triple Tantra*.

La naturaleza de la mente

❧ 10 ❧

En la última charla hablamos de la iniciación de Hevajra. Recordaréis que la finalidad de la iniciación es hacer germinar la semilla de la naturaleza de buda, que existe en el interior de todos nosotros, y que de otro modo permanecería dormida. El germinar lo produce la lluvia de bendiciones a cargo de un maestro realizado. Ocurre gracias a su compasión, unida a la fe de los discípulos y al poder del linaje y de las transmisiones. A la iniciación de Hevajra le siguen unos ocho días de enseñanzas sobre los *Tres Tantras. El primer tantra es el tantra de la causa,* lo cual quiere decir *continuo causal.* Esta es la continuidad básica de nuestra experiencia mental día tras día. La mayor parte del tiempo funcionamos sobre la base de nuestra naturaleza habitual, de las emociones y de la personalidad que hemos construido desde que nacimos. No estamos realmente utilizando la verdadera continuidad causal, o naturaleza de buda. Es fundamental para la filosofía budista el principio de que todo ser puede convertirse en buda. No hay un Buda. Hay futuros budas en todas partes, y unos cuantos budas pasados. Un buda es un ser completamente iluminado, que ha agotado todas las locuras y errores, ha logrado todas las cualidades, y lleva una vida de compasión y sabiduría. Las enseñanzas que siguen a la iniciación se enfocan en cómo tener la experiencia de esa naturaleza básica de la mente. Algunas tradiciones lo denominan *Mahamudra* o *Dzogchen.* También se emplean otros términos, como verdad última, verdad absoluta, o mente del Dharmakaya. En el sistema del Lamdre hay *cuatro factores* que se emplean para describir este estado.

El primer factor afirma que todas las percepciones son reflejo de la mente. Una vez que comprendamos que nuestras experiencias no surgen de fuera de nosotros, sino que son meramente reflejos de nuestra propia mente, nos empezaremos a preguntar si podemos cambiar el reflector. Si podemos hacer esto, podremos tal vez elegir realmente lo que experimentemos. Entendemos entonces que hemos sido malos reflectores en el pasado, con poco control sobre lo que reflejábamos. Para comprender auténticamente la verdad de esta afirmación, en contraste con la mera aceptación de una aserción doctrinal, tenemos que practicar la meditación.

Mediante la meditación podemos observar cómo la mente es la causa de nuestra percepción diaria. Nos familiarizamos con su comportamiento, y observamos lo que proyecta y cómo sus proyecciones alteran las experiencias del día. Una vez que hayamos practicado la meditación lo suficiente, nosotros mismos podremos verificar la verdad del primer factor. Llegaremos a comprender que la mente es el substrato de todas las experiencias, y que no hay ni un solo estado mental que sea "nosotros". A veces estamos enfadados, a veces felices, a veces nos sentimos generosos, a veces estamos arrepentidos. La mente está cambiando constantemente de un estado a otro. Las enseñanzas dicen que hay *ochenta y cuatro mil* estados mentales distintos. No deberíamos despreciar el estar enfadados o de mal humor, porque estos estados duran poco. Sin embargo, no sirve de nada prolongarlos o revivirlos más tarde. Si revivimos el enfado, proyectaremos experiencias de enfado y hostilidad, lo cual nos impedirá disfrutar de placeres sencillos, como saborear la comida, y de todos los demás factores circunstanciales que nos aportan una cierta felicidad.

Cuando la mente esté afligida por un engaño concreto, todas nuestras experiencias reflejarán ese engaño. Podríamos preguntar con razón cuál es el motivo por el cual la mente produce tanta negatividad, sobre todo ya que se nos dice que tenemos la naturaleza de buda. Pero la mente simplemente continúa reflejando emociones y negatividades. En realidad, cuando investigamos más, descubrimos que son esas mismas negatividades y emociones las que indican la presencia de la naturaleza de buda. De hecho, son inferencias de la existencia de la naturaleza de buda. Los engaños son los aspectos disfrazados, o la cara opuesta, de las diversas personificaciones del Buda. Imaginemos que estamos extremadamente enfadados y queremos cambiar. En esa situación, lo único con lo que necesitamos trabajar es con el enfado. En lugar de rechazarlo, lo deberíamos aceptar. Podemos traer a la memoria que el enfado es el amor fallido. Nuestra intención inicial no era el enfado. En lo más profundo de nosotros mismos, lo que todos nosotros realmente queremos es expresar amor. Así que podríamos decir que causalmente teníamos razón, pero metodológicamente estábamos equivocados. Sencillamente, hemos sido incapaces de aplicar nuestra intención correctamente.

La continuidad causal de la mente es la naturaleza de buda. Todo el mundo la tiene. Todo el mundo tiene una motivación sincera. Juzgar las intenciones de la gente es muy dañino. La intención es buena, pero la habilidad para llevarlo a cabo está ausente. El enfado tiene su propia antítesis en un tipo concreto de sabiduría. No sirve de nada hacer a un lado nuestro enfado, viendo que nuestras proyecciones están equivocadas, y buscar un sentimiento mejor en algún otro sitio. Deberíamos recordar que al igual que el sendero y el resultado son indivisibles, también lo son el samsara y el nirvana, y del mismo modo, también lo son el enfado y su sabiduría. El enfado no surge de la nada: es producido causalmente durante un período de tiempo. La causa inicial de nuestro enfado y lo que lo desencadena en el presente son dos cosas totalmente distintas. Es semejante a un queso, que no ha sido siempre como lo vemos ahora frente a nosotros. En un tiempo fue hierba, después fue una vaca, después fue una crema, y finalmente sufrió un proceso que lo convirtió en queso. Es importante ver las cosas al completo, y no sólo la última etiqueta que llevan. El enfado es simplemente compasión sin resolver.

Puede ser abrumador el insistir mucho en la idea de que todas nuestras experiencias son los reflejos de nuestras propias mentes. Existe el peligro de que nos pasemos lo que nos queda de vida culpándonos por todo lo que ocurre a nuestro alrededor. Incluso cuando nuestros recuerdos de experiencias parecen imperfectos, es una buena idea recordar que la sabiduría está oculta. De hecho, es nuestra tolerancia hacia nuestro propio enfado la que hará que nuestra percepción cambie. Un acercamiento común es huir de las circunstancias y de la gente que nos provoca. Esto nos aliviará un poco, y podemos incluso decirnos que hemos superado el problema, pero es nuestra falta de paciencia lo que produce nuestro enfado.

Nuestra naturaleza de buda fue en un tiempo blanca. Ahora la hemos coloreado y ya no podemos ver el blanco. Pero si quitásemos el color, el blanco aparecería de nuevo. Si no tuviésemos enfado, tendríamos otra cosa con la que preocuparnos, de eso podemos estar seguros. Somos muy hábiles a la hora de encontrar motivos de preocupación. La vida no es un navegar tranquilo, sino que está llena de experiencias difíciles que nos ponen a prueba. Hay un dicho en tibetano de que cuando las personas caminan por campos abiertos en los que no hay bandidos, van despreocupadas y cantando. Pero cuando pasan por desfiladeros estrechos, donde existe el riesgo de una emboscada, invocan a Padmasambhava. Normalmente buscamos sabiduría y ayuda sólo cuando tenemos problemas, pero si nuestra mente parece reflejar sólo emociones negativas, tenemos que pedirnos ayuda a nosotros mismos. Me refiero, por supuesto, a nuestra naturaleza de buda. El humo nos ayuda a localizar el fuego. En otras palabras, es una inferencia del fuego. Si intentamos evitar el humo por completo, nunca encontraremos el fuego y no podremos apagarlo. Del mismo modo, las inferencias de emociones negativas nos ayudan a localizarlas y a encontrar maneras de superarlas.

Una vez que entendemos la naturaleza del enfado y por qué lo cultivamos en un principio, el reflejo cambia. Cuando entendemos lo confusos e intrincados que han sido los procesos, los podemos perdonar y empezar a resolver. El enfado que nos muestran los demás también se resuelve fácilmente gracias a nuestra propia comprensión de su naturaleza. No es una cuestión de superar nuestro propio enfado y de dejar a otras personas que resuelvan el suyo, porque el enfado de los demás no es más que nuestro propio reflejo. La comprensión de que todas las percepciones no son más que el reflejo de nuestra propia mente ya no nos intimida. Se vuelve la base para acercarnos a la vida de un modo muy responsable y poderoso.

El segundo factor o afirmación es que los patrones mentales responsables de los reflejos son ellos mismos ilusorios. No podemos llegar a una experiencia de la segunda afirmación hasta que no tengamos una muy profunda de la primera. Hay un conjunto de ocho analogías que exponen la naturaleza de la mente. Los reflejos de la mente son ilusorios. Se nos da la analogía de las actuaciones de un mago. Imagina que un mago representa un espectáculo. Ha traído consigo unos cuantos artículos que le servirán de apoyo. Toca un instrumento musical, y pronuncia unos mantras. Empieza a confundir nuestra mente haciendo que unas cosas se conviertan en otras. Mientras miramos la ilusión, tenemos la impresión de que es real. Generamos emociones exactamente como si fuera la vida real. Durante un rato, estamos totalmente cautivados por el espectáculo. Pero el mago no ve lo que la audiencia. Cuando tengamos una experiencia de la segunda afirmación, empezaremos a comportarnos como el mago. Aprenderemos a transformar el odio en perdón, etc. Todo estará en nuestras manos entonces, y no es realmente muy difícil.

Este nivel de percepción no se enseña fácilmente, ni tampoco se entiende fácilmente. Todo el mundo tiene oscurecimientos kármicos y engaños. Ese es el motivo por el cual en la tradición tibetana se aconseja a todos que completen las prácticas preliminares, o *Ngondro*. Normalmente se hace tan pronto como es posible para quitar las mayores impurezas del karma y de los engaños que hayamos acumulado. Una vez que han sido purificadas, este nivel de meditación es más profundo y más accesible. Hasta que no hayan concluido esos preliminares, aunque entendamos las enseñanzas, será a un nivel puramente intelectual. Y en lo que respecta a nuestra vida diaria, el odio seguirá allí, y no parecerá una ilusión, sino real. Cuando surja, no lo soltaremos. Con independencia de nuestro nivel de conocimiento teórico, careceremos sencillamente de la capacidad para desmantelarlo.

La vida moderna está llena de ilusión. Tenemos muchas más ilusiones en nuestra vida de las que ningún mago podría siquiera esperar producir. La televisión es un buen ejemplo. Para empezar, las imágenes no son reales. Además la gente que no está allí, o sea los actores, sólo están fingiendo. Pero nos embauca. Las imágenes nos excitan. Podemos apoyar a clubs o grupos que no tienen nada en absoluto que ver con nosotros, simplemente porque los vemos en nuestras pantallas. Hay una historia de un niño tibetano y de su amigo indio en Dharamsala, que estaban viendo por televisión un partido de criquet entre la India y Pakistán. Eran muy buenos amigos. Sólo para divertirse, el tibetano decidió apoyar a Pakistán. Se inició una pelea durante la cual el tibetano mató al indio, lo cual ocasionó una gran crisis. Esta historia es un buen ejemplo de cómo la ilusión puede dirigir las vidas de la gente. Pero podemos usar nuestro conocimiento acerca de las ilusiones para ayudarnos en situaciones difíciles. Pongamos que estamos en medio de una discusión. Si paramos un rato, y recordamos que es una ilusión, es mucho más fácil de controlar. Dejamos que la otra persona continúe. Se puede agotar, pero por lo menos nosotros no hemos contribuido.

Aunque no podamos todavía comprender que nuestros reflejos mentales son sólo la naturaleza de buda desviada, aunque el enfado subsista, el conocimiento de que es impermanente hace que nos resulte mucho más fácil ponerle fin. Cada momento es fresco y nuevo. Todos los momentos están impolutos. Si nuestra mente puede avanzar día a día, se aproximará cada vez más a la Iluminación. Si no, seguirá simplemente dando vueltas una y otra vez en el mismo círculo vicioso. Mientras sigamos fracasando al entender la mente, continuaremos echando la culpa de todos nuestros problemas a la gente y a los acontecimientos exteriores. Seguiremos viviendo en el mismo año una y otra vez, aunque su número pueda haber cambiado. No nos moveremos. La noción de "la creación" puede ser bastante dañina, porque implica que todo se nos da hecho desde el exterior. Esta es la razón por la cual el Buda afirmó la noción de "no hay creación" con tanto vigor. Creación, sí la hay, pero por parte nuestra. Y sí que es nuestra, pero depende de más cosas. No se debe a nosotros de manera inherente o independiente.

La tercera afirmación es que las percepciones ilusorias son interdependientes. Incluso cuando entendemos que todas las percepciones son ilusorias, aún quedan algunas que podemos disfrutar. No queremos necesariamente disolverlas todas. Podríamos incluso querer prolongar algunas de ellas. Pero tenemos que ser capaces de disolver también las buenas, antes de que se acaben. Del mismo modo, tenemos que considerar la muerte antes de que venga. Así nos resultará más fácil morir con dignidad. Para volver a la analogía del mago, ¿cómo disolvemos realmente la ilusión? Los magos normalmente quieren asegurarse de que mantenemos nuestra atención fija en un punto, de que no nos movemos por la habitación. Incluso cuando estemos sumidos en una agradable ilusión mágica, deberíamos intentar disolverla. Intenta recordar que eres el espectador. Puedes desmantelar la experiencia. Te puedes sentir realmente como un individuo, sabiendo que ves de manera distinta a como ven todos los demás. Por supuesto, podría no gustarnos ser unos raros. Tal vez queramos ver lo que ven los demás. Depende de nosotros. Pero a la persona con el valor de conseguir alguna realización espiritual normalmente se la considera extraña. La sabiduría es loca. La verdadera sabiduría no lo es de ninguna manera desde la perspectiva del mundo convencional. Volviendo a la analogía del espectáculo de magia, es obvio que si no fuéramos parte de la audiencia, si el mago no estuviera haciendo los trucos, si no recurriese a objetos, no habría tenido lugar ninguna de las manifestaciones. Esto demuestra que toda nuestra experiencia es interdependiente. Nadie merece todo el aplauso, ni todo el abucheo. Este conocimiento nos ayuda a evitar caer en la trampa de la inseguridad y el odio a nosotros mismos.

La cuarta afirmación es que está más allá de las palabras. Somos grandes comentaristas. Normalmente nuestros comentarios superan con creces los acontecimientos reales que comentamos. Nuestra verbosidad desperdicia mucha energía y crea karma, que hace que los engaños entren en juego, y así el ciclo vicioso continúa. Este cuarto nivel coloca un sello sobre nuestras bocas. Amaremos el silencio. Ganamos mucho poder restringiendo nuestro hablar. Algunas personas están muy ocupadas señalando problemas en otras. Tenemos un dicho en tibetano: "Cuando estés solo, vigila tu mente; cuando estés con otros, vigila tu boca". Antes de decir nada, nos deberíamos preguntar si lo que estamos a punto de decir beneficiará a otros, o si estamos a punto de articular nuestras propias ilusiones a modo de conversación. Esta noción de imposibilidad de expresión es como el cielo. No hay ni centro ni circunferencia, ni bueno ni malo. Dado que estas dualidades ya no surgen en nuestras mentes, no las expresamos, y así evitamos crear más karma negativo, lo cual conserva mucho tiempo y energía. Se purifican tanto la mente como la palabra. Aumenta la energía de la sabiduría. Como resultado, nos acercamos al punto de comprender la naturaleza de la mente y de llevar a cabo acciones compasivas.

Deberíamos intentar siempre recordar estas cuatro afirmaciones. Son la clave para resolver todos los problemas de la vida. Su uso nos ayudará a desarrollar cualidades positivas, a adquirir una experiencia meditativa elevada y al logro de las diez etapas y los cinco senderos de la Iluminación, que se desarrollan después tranquilamente. No dudaremos al visualizarnos como la deidad durante la práctica de la sadhana, y seremos realmente capaces de llevar a cabo las actividades del Buda. La sadhana cubre todos los niveles de nuestro desarrollo, desde el momento de la concepción, hasta el nacimiento, la infancia y la vida adulta. Todos estos niveles y acontecimientos se representan como actividades iluminadas. Se invierten todos los fenómenos samsáricos, desde nuestra concepción e infancia hasta el presente. Ya no pueden imponer un patrón sobre nuestra mente. Imagina el efecto de hacer estas prácticas día a día a la luz de estos principios, y lo profundamente que pueden alterar nuestra percepción. Podemos ver cómo la Iluminación es posible.

Las prácticas meditativas de la sadhana se dan sólo a los iniciados. Se entiende por sendero el hacer la práctica cada día. Como resultado de ello, se dice que se llegará a la experiencia de los cuatro niveles, o las cuatro afirmaciones de la visión de las que hemos estado hablando. Así que tenemos el sendero, que es el estado de generación de nosotros mismos en la forma de la deidad, y después la visión. Tal vez nos quedemos en el primer nivel durante unos cuantos años, pero no importa. Llegaremos pronto al cuarto nivel, mediante el hábil uso de la totalidad de los treinta y dos ejemplos que se nos darán (ocho ejemplos para cada nivel), lo que quiere decir cada uno de los treinta y dos, uno a uno. Por ejemplo, no deberíamos usar sólo el ejemplo doce, únicamente porque nos guste. Tenemos que empezar con el primero, y cambiar al segundo sólo tras una experiencia de éste, y así a continuación. Finalmente lograremos la visión, o sea, la visión de la no diferenciación de samsara y nirvana, de uno mismo y los demás, y de bueno y malo. Se neutralizan entonces todas las dualidades.

Se dice que las personas de gran inteligencia y fe que adopten esta práctica llegarán a la Iluminación en el espacio de una vida. Si una persona de inteligencia media no puede llegar a la Iluminación en una vida, debería sin embargo seguir haciéndola cada día hasta la muerte. No debería desanimarse y dejarlo al cabo de unos cuantos años. Para evitar esto hay una práctica denominada *gyu-lu*, que significa "cuerpo ilusorio". Esta práctica es bastante larga, pero es importante hacerla cada día. Es la práctica de *maya*, que significa "ilusión". No es necesario que esperemos hasta tener problemas para usar las enseñanzas sobre la ilusión. Las deberíamos emplear en todas partes, especialmente en lugares donde no sentimos realmente la necesidad de hacerlo, para equilibrar la mente. Cuando una persona llega al punto de verlo todo como una ilusión, se le dan las enseñanzas sobre el yoga de los sueños. Una persona que trate todo lo que ocurre durante sus horas de vigilia como una ilusión, cuando reciba el yoga de los sueños reconocerá con seguridad los sueños como tales. La práctica implica reconocer el sueño, transformando sus contenidos, sus características, los personajes, y después multiplicar a estos últimos y a uno mismo como soñador.

Todo lo que hacemos se convierte en una práctica. No hay necesidad de que pasemos todo el tiempo sobre un cojín, meditando. Tenemos once yogas para practicar día y noche. Por si no tenemos éxito durante nuestras horas de vigilia, se nos da el yoga de los sueños. Por si una persona se muere en el camino, se dan las enseñanzas sobre *phowa*, que es la transferencia de nuestra consciencia a la luz clara. Esto es para asegurar que cuando muramos sepamos que estamos muertos, y podamos mantener un estado de pureza incluso cuando los elementos burdos del cuerpo se disuelvan. Cuando la misma consciencia está a punto de dejar el cuerpo, nuestra mente alcanza su estado más puro. La luz clara a la que nos referimos es la misma luz clara que menciona la gente después de experiencias próximas a la muerte. Antes de que la consciencia salga, algunas personas se las arreglan para llegar a la Iluminación. Por si esto falla, están las enseñanzas sobre el *bardo*, que es el estado intermedio de consciencia tras dejar este cuerpo para vagar en el limbo. Cuando esto ocurre, no hay nadie que nos restrinja, ni familia que nos retenga.

El papel del maestro

ॐ11ॐ

EL TÉRMINO *GURÚ* NO se entiende bien hoy en día. La noción deriva del término del sánscrito antiguo *kalyanamitra*. *Kalyana* significa "virtuoso", y *mitra* significa "amigo". En conjunto, el término denotaba una persona que era un "amigo virtuoso". Al asociarse con alguien así, uno desarrollaba cualidades espirituales positivas que no podían adquirirse por ningún otro medio. Este término no se aplicaba simplemente a cualquier amistad forjada al recorrer el sendero espiritual. Deberíamos tener cuidado de no abusar del término *gurú*.

Tenemos que entender en qué momento un maestro se convierte realmente en nuestro gurú, y qué se requiere para que se le conozca como tal. Me he fijado, y tal vez algunos de vosotros lo hayáis hecho también, en que hoy en día, cuando la gente va a ver y a escuchar a varios maestros, comentan sus cualidades y deciden a cuál de ellos les gustaría elegir como su gurú. Pero no se trata de esto. No podemos andar seleccionando y eligiendo, sólo porque nos sintamos atraídos por la personalidad o el carisma de alguien, o por su reputación o fama. Esos criterios son puramente emocionales. Son demasiado superficiales como para ser las bases de una relación duradera. Por supuesto, es natural que los recién llegados que carecen del conocimiento o de las instrucciones empiecen a buscar un gurú fijándose en esas cualidades superficiales. Pero para establecer las cualidades esenciales de un gurú tenemos que basarnos en las escrituras. Para empezar, es importante señalar que el término gurú no es un término budista general.

Se emplea frecuentemente en el hinduismo, pero en el budismo su uso se restringe al tantra. Se aplica sólo en el contexto de las doctrinas y las enseñanzas esotéricas. La persona que te da el refugio no se convierte en tu gurú, ni tampoco lo hace quien te ordena. Igualmente, quien te da los votos del bodhisatva no es un gurú. Ninguno de estos votos implica las doctrinas Vajrayana o esotéricas. Una persona que te haya enseñado durante numerosos cursos prácticos y sesiones de meditación no es un gurú. Es un maestro, y tal vez también un amigo espiritual. Hablando etimológicamente, el término gurú deriva directamente de la palabra sánscrita *guhyarucita*. *Guhya* significa "secreto", y *rucita* es "sustentante". Así que la palabra entera se podría traducir como "sustentante de conocimiento secreto". Nadie puede ser nuestro gurú hasta que no nos haya trasmitido un conocimiento secreto de la manera prescrita.

En este punto me gustaría comentar las razones por las cuales necesitamos un gurú. Incluso en la vida cotidiana hay muchas cosas que tenemos que aprender de otros. Cuando nos embarcamos en la búsqueda de la Iluminación buscamos un conocimiento secreto para beneficiarnos no sólo a nosotros, sino también a los demás. De ahí que debamos buscar a una persona acreditada al máximo para enseñarnos. Incluso para asuntos mundanos, como la reparación de las tuberías de la cocina, querremos asegurarnos de que la persona que se encargue de ello sea un fontanero oficial. Pero muchas personas no parecen preocuparse de las credenciales cuando eligen un gurú. A menudo deciden simplemente basándose en la reputación de una persona, o en su capacidad para atraer a las multitudes. Con esto no se pretende decir que no se deba asistir a enseñanzas de maestros populares; a lo que nos referimos aquí de manera específica es al papel del gurú. Es sobre la base de la orientación que dé el gurú como se adquirirá práctica, conocimiento y realizaciones espirituales. Cuando intentamos adquirir conocimiento o prácticas a partir de libros, no estamos preparados para las experiencias posteriores que puedan surgir.

Muchos estudiantes se sienten confusos porque tienen un gurú en la otra punta del mundo a quien ven en contadas ocasiones. No pueden desarrollar una relación cercana. Tienen un mero vínculo emocional, o lo que podríamos denominar un pacto. No tienen la proximidad necesaria para adquirir un conocimiento detallado sobre prácticas y experiencias meditativas.

Si tienes ciertas experiencias pero no puedes hablar con un maestro al que consideras tu gurú, no se dan las circunstancias para una relación entre gurú y discípulo. Un gran peligro de la búsqueda de un gurú es la tentación de buscar a alguien importante y famoso. Los seguidores de un gurú así tal vez se sientan como si formaran parte de algo importante, pero no extraerán mucho de ello porque el acceso a esa persona es difícil. Uno no tiene la proximidad necesaria para aprender lo básico. Se dice que nuestro maestro debe ser alguien accesible, con quien se pueda hacer todo, y no sólo cosas espirituales. Tiene que haber una amistad fraguada por muchos años. Estamos hablando de un maestro que nos asistirá, animará y guiará, y no hará lo contrario. Quien no ayude al estudiante no es un gurú. Quien deje de inspirar no es un gurú. Quien no esté disponible no es un gurú. No debe ser sólo un objeto, un mero ídolo. Tiene que ser un maestro cualificado. Tiene que haber sido él mismo un discípulo seriamente dedicado en algún momento. Tiene que tener un historial demostrado como discípulo de un maestro vivo. Tiene que continuar viendo a ese maestro como nosotros vemos a nuestro gurú, y seguir emulando su ejemplo.

Existe un peligro cuando la gente confía únicamente en una guía no humana. Algunas personas hablan a veces de recibir transmisiones directamente de algún ser místico. Pero mientras su relación permanezca únicamente en ese plano, con alguien con quien no se han relacionado nunca a un nivel humano, no desarrollarán el respeto y la obediencia que tiene que mostrar un discípulo. Esas personas no tienen experiencia como discípulos de un maestro humano. Se deben experimentar tanto los puntos débiles del gurú como sus cualidades espirituales. Tenemos que ser capaces de encontrar el anillo de oro en el montón de estiércol. De lo que se trata es de ser capaces de apreciar el oro junto con el estiércol que lo acompaña, y no sólo el oro. Aquellos que se relacionen sólo con el oro no desarrollarán una relación ni profunda ni perdurable. Esta tenderá a permanecer a nivel del gurú exterior, cuando lo que necesitamos realmente es desarrollar nuestro gurú interior, que es lo que ocurre cuando crecemos. Pero no podemos hacer esto sin la ayuda de una persona especial que actúe como modelo y guía. Necesitamos esta ayuda especial para desarrollar nuestro yo espiritual interno en ciernes, al cual percibimos ahora como mucho más sano que el yo ordinario. Cuando hayamos desarrollado una relación real entre gurú y discípulo, el gurú nos inspirará para desarrollar nuestro gurú interior. Veremos que la voz de este gurú interior no difiere de la del gurú exterior.

A menudo, a algún nivel, sabemos lo que deberíamos hacer, pero no escuchamos lo que esa gentil voz interior nos dice. Esto significa que todavía no se ha recibido por completo la influencia del gurú exterior. Hasta que no tengamos la capacidad de escuchar nuestros corazones y de actuar con verdadera madurez, seguiremos requiriendo la presencia del gurú exterior. Este juega un papel muy importante, pero no es un liberador. No nos rescata. Tenemos que aprender a rescatarnos a nosotros mismos. De otro modo podríamos esperar que el gurú lo hiciera todo por nosotros: nosotros rezamos y él actúa, lo cual se parece mucho a creer en un dios todopoderoso. Las cualidades del gurú se relacionan en las escrituras. La lista es muy larga, y alguna de las cualidades incluidas podría no tener sentido para nosotros por ser éstas muy técnicas.

El primer paso es estar convencidos de que necesitamos un maestro espiritual, del mismo modo que sabemos que necesitamos un maestro para aprender a tocar el piano, por ejemplo. Cuando sintamos una necesidad espiritual lo suficientemente fuerte, se dice que el maestro se manifestará. Si nuestra necesidad no es tan fuerte, entonces aunque estemos con un gran maestro, no creeremos que le necesitamos. Cuando esta necesidad es fuerte, lamentamos la manera en que hemos malgastado nuestras vidas en el pasado. Nos gustaría haber recibido las enseñanzas mucho antes. Sentimos un vacío en nuestro interior. Descubrimos que necesitamos que nos enseñen a caminar de nuevo, tras años de hacerlo en la dirección equivocada. Hasta que no sintamos realmente esta urgencia, el maestro no se manifestará como tal. Algunas personas van de un gurú a otro, pero nunca tienen este sentido de urgencia, así que no desarrollan la relación correcta.

El maestro es él mismo un devoto de algún gurú, y es importante tener esto en mente. No es alguien que vaya a liberarnos. Hay personas que dicen que lamentan no haber estado presentes en la época del Buda. Pero tenemos que recordar que hubo mucha gente que vivió en la época del Buda, y sólo unos pocos contaban con las condiciones kármicas para ser liberados ¡o tan siquiera para convertirse en discípulos suyos! El Buda estaba mal considerado por mucha gente, incluso por los miembros de su propia familia. Se le criticaba mucho por haberla abandonado. No le podían ver como al liberador del mundo. Menciono esto para subrayar el hecho de que el gurú no se manifiesta nunca con cualidades infinitas que complacen a todo el mundo. A menos que recordemos esto, desarrollaremos tal vez unas expectativas absurdas, y si nos sentimos decepcionados ¡caeremos desde una gran altura y nos daremos con fuerza contra el suelo!

Mientras que algunas tradiciones religiosas insisten mucho en la importancia de un dios, el budismo Vajrayana lo hace en la importancia del gurú. Se dice que los rayos del sol se podrían comparar con las enseñanzas del Buda. Nosotros nos podríamos comparar con yesca húmeda –no lista para encenderse aún, pero con el potencial de arder–. La relación entre la yesca húmeda y el sol es muy distante. El sol podría secar la yesca húmeda, pero únicamente si las condiciones fueran favorables; por ejemplo, si el sol estuviese libre de nubes y no lloviese. Pero hay pocas probabilidades o ninguna de que la yesca realmente se encienda con los rayos del sol. El gurú juega el papel de una lupa de aumento en esta relación. Nuestro propio karma y varios otros factores deben madurar hasta cierto punto para que el cielo se despeje. Por fuerte que sea el sol, si está oculto tras las nubes, incluso la lupa de aumento más potente no funcionará. Para eliminar las nubes tenemos que haber resuelto muchos de los obstáculos que operan en nuestras vidas bloqueando nuestro deseo de arder. Sólo entonces funcionará la lupa de aumento.

Los practicantes de los niveles Theravada y Mahayana pueden seguir practicando a pesar de la presencia de nubes. Saben que aun así existe un sol. Puede que no se rindan. Pero tal vez no sepan que pueden arder, y es posible que por eso mismo no estén dispuestos a hacerlo. Aquellos que comprenden que pueden arder poseen un conocimiento de tipo secreto de que son candidatos al despertar. Han llegado a conocer la potencia de lo que caracteriza al sol, que es el fuego. Para llegar a la experiencia de la naturaleza de buda, tenemos que ser conscientes de esta relación entre el sol, el cielo sin nubes, la yesca y la lupa de aumento, lo cual ocurre durante la iniciación. Cuando se ha dado y recibido la iniciación, esa relación se ha cultivado. Uno comienza gradualmente a comprender el papel del gurú en la práctica que ha recibido. Finalmente descubrimos que no somos realmente la persona que siempre habíamos creído ser. El ser con el que nos identificábamos previamente, su nombre y sus características, se revelan ilusorios. Estábamos meramente etiquetados. En cuanto dejamos de aferrarnos a esta identidad meramente etiquetada e ilusoria, desprovista de existencia inherente, dejamos de serla.

La función del proceso de la iniciación es disolver el yo ordinario y llevar al discípulo a su yo verdadero en la forma de las características divinas e iluminadas que representa. Se le da al discípulo un nuevo renacimiento. Después tiene que aprender a identificarse con esta nueva "etiqueta", que no le parece tan real como la antigua. Todos nos aferramos a meras etiquetas e ideas. Si lo hacemos a las ideas mundanas y emocionales, será la causa de un sufrimiento cada vez mayor. Si por el contrario aprendemos a identificarnos con la entidad divina e iluminada de nuestro interior, empezamos a liberarnos del sufrimiento. Podríamos decir que una importante función del gurú es darle la vuelta al yo, poniendo boca abajo el aspecto ordinario y dejando en la superficie el divino. El gurú hace esto dando la transmisión, a la que siguen la instrucción y la guía.

El proceso no funcionará a menos que estemos preparados para ello. Tenemos que sentir realmente que somos yesca seca lista para arder. Por supuesto, la lupa de aumento no son los rayos del sol. Pero es por medio de la lupa como los rayos del sol nos alcanzarán y harán que ardamos. Una vez que hayamos entendido eso, podremos ver lo que nos diferencia del gurú. No intentaremos simplemente copiar todo lo que el gurú hace. Hay una historia tibetana sobre un perro que siempre quería ir con su dueño. A veces el dueño no consideraba adecuado llevarle consigo, pero el perro lo deseaba tanto que el dueño a menudo transigía y lo llevaba consigo en viajes largos. Ahora bien, viajando por el Tíbet, normalmente se tiene bastante frío. Así que al acabar el trayecto del día, el dueño soltaba a sus animales y encendía un fuego para calentar a todos. La gente se situaba de pie delante del fuego, y giraba para calentarse por todas partes. Se situaban de espaldas al fuego para calentarse por detrás. El perro copió esto, olvidando que tenía una cola, y sólo lo recordó, con dolor, cuando la metió en el fuego. La moraleja de esta historia es que no deberíamos intentar hacerlo todo exactamente como el gurú, porque éste puede tener una cola como la nuestra o no tenerla. Es muy importante reconocer nuestra propia individualidad y adaptar las enseñanzas de acuerdo con ella, en lugar de intentar tomarlo todo de manera literal.

Por desgracia, muchas personas toman las enseñanzas demasiado al pie de la letra, y por lo tanto encuentran contradicciones entre los distintos maestros y se sienten confusas. Tenemos que prestar atención al contenido. Tenemos que fijarnos en los significados, y no en las meras palabras y etiquetas. Si no somos hábiles al manejar nuestra relación con el gurú, éste se podría convertir en algo similar a un objeto que tenemos, una mera propiedad nuestra. Podríamos aferrarnos a él e intentar retenerlo. Ese es el motivo por el cual es importante tener cuidado de no estropear la relación intentando usarla para propósitos mundanos. Tenemos que recordar siempre que es una relación espiritual. Por supuesto, puede haber momentos en los cuales nos relacionemos con nuestro gurú de un modo no espiritual, cuando nos impliquemos con él a un nivel mundano, lo cual puede ser una buena experiencia.

Es importante ser capaces de relacionarnos a todos los niveles. En las circunstancias más mundanas, nos es realmente beneficioso relacionarnos con él como un ser humano ordinario, y sin embargo intentar recordar en todas las ocasiones que es nuestro maestro. Es importante ver cómo podemos modificar nuestras reacciones. Este no es tanto el poder del gurú como el de nuestra devoción. Es por medio de este poder como podemos transformar nuestras diversas percepciones impuras. Ningún gurú posee una influencia así de manera inherente. El poder del gurú aumenta a medida que lo hace nuestra devoción. No hay ningún poder concreto en el gurú que todo el mundo pueda percibir, porque no está inherentemente allí. Surge en dependencia de la calidad de la relación entre éste y su discípulo. Es como el vínculo entre una madre y su hijo. Por más que una madre ame a su hijo, si éste no ama a su madre, no se desarrollará una relación íntima mutua. La percepción resulta alterada por la devoción intensa, y ésta se ve fortalecida por la continuidad de la práctica.

Hay ciertas cualidades que el gurú tiene que tener. Tiene que dominar los temas que se supone que ha de enseñar. Debe ser disciplinado y vivir como se requiere que un gurú lo haga. No debe acceder a muchos acomodos y modificaciones poniendo el tiempo y el lugar como excusas. Por supuesto que tendrá la sabiduría de hacer las adaptaciones necesarias para ajustarse a las circunstancias del momento, pero no hasta el punto de perder de vista el objetivo. No descuidará su propia moralidad y disciplina. Mantendrá su categoría como maestro respetado. Se dice que si un gurú no lleva una vida moral cambia totalmente cuando va a diferentes partes del mundo. No debe tener simplemente el papel de guía de un pequeño grupo, sino que debe influir también en una comunidad mayor, aunque a un nivel distinto. Debería implicarse profundamente en el adiestramiento de monjes y monjas, que son el futuro del Dharma. Los auténticos sustentantes del linaje de la tradición tibetana no viven en Occidente, sino en los monasterios de la India y Nepal. Hacen el trabajo duro. Normalmente trabajan con un mínimo de cincuenta monjes, a quienes tratan como a sus propios hijos, criándolos y adiestrándolos a menudo desde la infancia. Son aquellos que cuentan con todas las cualidades de un maestro. Un maestro Vajrayana debe haber recibido todas las iniciaciones que da, y haber completado todos los retiros que las prácticas requieren. Es fácil recibir iniciaciones, pero es difícil mantener las prácticas. Hay varios listados de las cualidades de un maestro, pero no tengo tiempo de mencionarlos todos aquí.

Se dice que un discípulo que ve a su gurú con devoción aumentará su fe y desarrollará un vínculo estrecho con él. Como resultado de esto, cuanto más se asocie con el maestro, más cualidades aprenderá de él. Nunca sentirá que éste consume su tiempo y su energía en exceso. Comprenderá que encontrar a su maestro ha requerido muchas vidas de virtud que está madurando ahora. Comprenderá lo difícil que le resultará encontrar otra vida tan preciosa como ésta. Incluso si lo lograra, podría no volver a ser capaz nunca de encontrar un maestro así. Esta comprensión lleva a una gran devoción. Recordad que la devoción no es en beneficio del gurú. Una relación así se puede desarrollar sólo tras una iniciación. Un gran maestro puede influenciar a mucha gente, pero sólo unos pocos recibirán la iniciación, desarrollarán devoción auténtica y contarán con inspiración en sus prácticas. Un maestro cuya influencia inspire a sus estudiantes y haga que consoliden su práctica es ciertamente un gran maestro.

El gurú es aquel que nos introduce en un mandala secreto. Puede ser un mandala de arena o de tela pintada. Nos hace entrar en el mandala, y nos explica los significados. Las cualidades del gurú consisten sobre todo en un conocimiento técnico de lo relacionado con la realización de rituales, prácticas, iniciaciones, mandalas, rituales de pacificación de la tierra, etc. El gurú debe estar versado en las escrituras y en las enseñanzas asociadas. Debe ser capaz de explicar los profundos significados internos y secretos de esas escrituras. No basta simplemente con ser capaz de llevar a cabo los rituales externos de manera perfecta.

No sólo debe haber estudiado extensamente, sino que debe haber logrado un elevado nivel de realización espiritual. Debe ser extremadamente compasivo y generoso. No le debe preocupar el enriquecimiento material. Debe ser audaz cuando expresa sus emociones. Debe ser paciente, y no entristecerse o deprimirse fácilmente. Siempre será capaz de encontrar modos de satisfacer los deseos de los seres conscientes. No será parcial, rígido o estrecho. Contará con recursos sin límite para clarificar las dudas de los discípulos, lo cual requiere el dominio de un amplio espectro de textos, y no solamente el buen conocimiento de unos pocos. Un maestro así será hábil no sólo al impartir el conocimiento y las enseñanzas, sino también al mantener sus propios votos y preceptos, dándoles más importancia que a su propia vida.

Las cualidades que he mencionado hasta ahora son cualidades generales, que se aplicarían tanto a maestros Sutrayana y Mahayana como a los Tantrayana. En el nivel Sutrayana, quien ordene a monjes debe haber sido un monje totalmente ordenado durante un mínimo de veinte años. El Bodhisatvayana tiene unos requerimientos similares. Los votos del bodhisatva sólo los pueden dar quienes los hayan mantenido durante un número específico de años, y hayan practicado las enseñanzas durante un período de tiempo considerable. Tienen que tener una familiaridad con el linaje, las enseñanzas y los textos asociados a la tradición Bodhisatvayana.

En la tradición Vajrayana, que es el centro de nuestro interés, se dice que las cualidades mencionadas ya deben estar presentes. Además, una persona así tiene que ser sumisa, humilde, pacífica, y poseer virtudes y conocimiento profundos. Debe exceder en todas las buenas cualidades y ser capaz de exponer las enseñanzas de manera elocuente y compasiva, sin buscar a cambio recompensas tales como respeto o adquisición de bienes. Debe ser incansable al beneficiar a otros. No debe discriminar a sus estudiantes basándose en su riqueza o poder, ni en ninguna otra razón, como la duración de su relación. Intentará atender a todo el mundo tan imparcialmente como una madre lo hace con sus hijos. No debe nunca reivindicar su capacidad para llevar las enseñanzas a la práctica. Es lo suficientemente humilde como para admitir sus propias limitaciones, errores y desatinos. Les dirá a sus estudiantes que no acepten necesariamente todo lo que diga como correcto. Esta actitud también estaba presente en el Buda, que dijo a sus estudiantes que no aceptasen sus enseñanzas sin comprobarlas. Debe estar enriquecido con el conocimiento de las escrituras y sus citas, pero a pesar de ello, no aburre a sus discípulos. Puede variar sus enseñanzas de acuerdo con la audiencia. Puede hacer llegar las enseñanzas a un nivel en el que todos los presentes sientan que han recibido instrucciones adaptadas con exactitud a sus propias necesidades. Nunca sentirá que ha aprendido nada.

Aún busca conocimiento. Es extremadamente inteligente y generoso, no sólo con lo material, sino también con las enseñanzas. Rezuma amabilidad amorosa y compasión, y puede soportar cualquier dificultad en beneficio del Dharma. Nunca se queja. Puede señalar siempre una connotación positiva en cualquier expresión negativa de la gente. Tiene conocimiento de los linajes y tradiciones de otros, y no sólo del suyo propio. Tiene muchas cosas positivas que decir sobre los otros linajes.

Estas cualidades están aún al nivel del bodhisatva. Me cuesta un poco hablar demasiado sobre las cualidades específicamente Vajrayana, porque son extremadamente técnicas. El maestro se denomina Maestro Vajra. Es estable y sumiso. Es inteligente y paciente. No es falso. Tiene un conocimiento máximo de los significados del mantra y del tantra, y de los mudras. Es compasivo. Posee las "diez cualidades". Cuenta con un conocimiento máximo acerca de la creación de un mandala. No necesita que vengan los monjes de otros monasterios para construirlo. Llegado el caso, podría hacerlo físicamente él mismo. Por supuesto, es imposible que un solo maestro pueda hacer un mandala en una noche. Tradicionalmente, por supuesto, un mandala se debe construir en una noche y estar listo a la mañana siguiente para la iniciación. Conoce los significados explícitos de todos y cada uno de los símbolos del mandala. Puede dirigir la ceremonia con la mayor eficiencia.

Hay diez cualidades específicas, que se conocen como las "diez cualidades comunes de un maestro Vajrayana". El cuerpo, la palabra y la mente de un maestro así no están nerviosos cuando dirige ceremonias. Su mente es tan sumisa que la construcción del mandala se desarrolla como su juego. Puede fácilmente borrarlo si es necesario, y volverlo a empezar de nuevo. No genera apego a sus creaciones. Dirige el ritual con compasión e interés para lograr el máximo beneficio para sus estudiantes. Es un experto en las cuatro actividades de los maestros Vajrayana, que son las de pacificar, aumentar, controlar e iracundas. Esto quiere decir que puede llevar a cabo retiros de deidades pacíficas para pacificar enfermedades y negatividades, retiros para la prosperidad y retiros iracundos para castigar a los espíritus malignos que podrían estar dañando a algunos practicantes. Sabe cómo alterar el mantra de acuerdo con requerimientos específicos. Será hábil a la hora de resolver los problemas mundanos, además de ayudar a los seres hacia la Iluminación. Será capaz de escuchar cualquier problema o sufrimiento mundano, del tipo que sea. Esas capacidades no se desarrollan fácilmente. No se pueden aprender de libros. Requieren transmisiones específicas seguidas de muchos años de práctica devota. Es capaz de valorar los distintos niveles de inteligencia y las predisposiciones de los discípulos. Da enseñanzas adecuadas a su nivel. No dará enseñanzas elevadas a aquellos que no puedan entenderlas. Dará enseñanzas de nivel profundo cuando sea el momento de que los discípulos avancen. Será un experto no sólo en el mandala, sino también en el mantra y en el mudra. Y también sabrá bailar, recitar, cantar, hacer rituales de fuego, construir tormas, y todas las actividades asociadas. Su visualización será tan clara en la creación como en la disolución.

No elegimos a nuestro maestro de entre aquellos que podamos haber encontrado en nuestras vidas. Algunas personas tienen muchas dificultades al decidir quien es su maestro. No es realmente una cuestión de elección. Si piensas que puedes elegir a tu maestro, eso significa que todavía no le has encontrado. No has entendido el significado de la relación entre gurú y discípulo. En el contexto del Vajrayana, el gurú es alguien de quien hemos recibido una gran iniciación, que normalmente dura dos días e implica la admisión en el mandala. A partir de entonces, tenemos que mantener la práctica que se nos ha asignado. Como parte del ritual de admisión en el mandala, uno ha prometido aceptar al gurú como la deidad.

El gurú da instrucciones a los discípulos de no verle en adelante en su forma ordinaria, sino como al Buda, en la forma resultante. Esa persona es nuestro gurú, nos guste o no.

Probablemente no nos guste. De todos modos, ahora juega el papel de gurú en nuestras vidas. No sólo es nuestro gurú, sino que es nuestro gurú raíz, porque es la raíz de la transmisión que hemos recibido. Es la raíz de nuestro conocimiento de la práctica, y la raíz de nuestra realización espiritual . El término "gurú raíz" no significa primer gurú, o el que más nos guste. Cuando tomamos una gran iniciación tántrica, recibimos los votos pratimoksha, como los votos budistas laicos mínimos, y los votos del bodhisatva, además de los Vajrayana. Así que desde el punto de vista de la moralidad, todos nuestros preceptos los hemos recibido de él. Es la raíz. Otras personas que dan enseñanzas pero no grandes iniciaciones no son nuestros gurús raíz. Se pueden describir de modo más correcto como maestros o amigos espirituales.

Cuando practicamos nuestras sadhanas, meditamos en nuestro gurú en la forma de la deidad. Durante la oración del refugio, por ejemplo, visualizamos todo el campo de mérito como al gurú que se manifiesta así, y después hacemos postraciones. Si purificamos negatividades o llegamos a cualquier realización espiritual, estará todo enraizado en el gurú. El gurú raíz está íntimamente ligado a nuestra práctica diaria. Cualquier deidad que visualicemos es siempre el gurú que adopta distintos aspectos. Tal vez pasemos cuarenta horas cada semana trabajando sólo para ganar dinero. Tal vez no disfrutemos haciéndolo. Pero las dos horas de práctica que hacemos cada día nos producen tanta satisfacción, nos hacen sentir tan bien. Por supuesto, esta experiencia se la debemos al gurú externo.

A medida que madura nuestra práctica, desarrollamos el gurú interior, cuyo desarrollo es un regalo del gurú raíz. Cuando llegamos al nivel de comprender la naturaleza de la mente, ese es el gurú secreto. Con el tiempo, empezaremos a verlo todo como una manifestación de la mente. Todo aparece no sólo como nuestro propio reflejo, sino como el juego de la mente iluminada. Nuestra percepción se vuelve pura. Si nos volvemos demasiado dependientes del gurú externo, nos volvemos débiles y vulnerables cuando estamos separados de él. Nos afecta fácilmente si el gurú nos mira o no. Nuestra práctica se derrumba cuando él está lejos de nosotros. Esto ocurre cuando fallamos al desarrollar el gurú interno. Una vez que hemos desarrollado el gurú interno, nuestra práctica se vuelve más fuerte cuando estamos separados del gurú exterior. Después de todo, cuando se quita la lupa de aumento, los rayos del sol no desaparecen. Los discípulos que han alcanzado este nivel son ellos mismos capaces de interpretar el papel de gurú en el futuro.

En la tradición tibetana, un gurú a menudo hará que un discípulo que él sienta que se está aproximando demasiado se vaya. Empezará a evitarlo. Siguiendo el mismo principio, nos resulta beneficioso a veces hacer un retiro solitario durante un tiempo, lejos de la muchedumbre, y lejos del gurú. Es interesante ver cómo reaccionamos. Otra traducción de la palabra gurú es "de peso", lo cual quiere decir que la influencia del gurú es muy profunda. No es una relación superficial. Esta influencia profundamente arraigada no se aplica solamente a la relación entre nosotros y el maestro, sino que afectará a todas nuestras relaciones. Otros empiezan a notar cambios en nuestra conducta y en la manera en que nos relacionamos con la vida. Ya no somos superficiales ni nos afectan las cosas fácilmente. Nos volvemos más estables. Ya no somos tan volátiles emocionalmente. Ahora podemos refrenar e incluso transformar nuestras emociones. Hemos adquirido el peso espiritual necesario para controlar nuestras propias negatividades, y por lo tanto podemos controlar también nuestras acciones, nuestro hablar y nuestros pensamientos, lo cual nos da el poder para alterar nuestra percepción del mundo. Sin estas capacidades éramos meras víctimas de nuestras propias proyecciones mentales. Ahora hemos transformado nuestro entorno en un lugar más pacífico, en el que prevalecen el perdón, la tolerancia y la compasión.

Si mantenemos y cuidamos nuestra práctica con más amor que nuestras propias vidas, nos la llevaremos al morir. Gracias al regalo de las enseñanzas y de las prácticas, la muerte no nos reservará horrores. No estamos hablando de una felicidad mundana de continuidad diaria. Las enseñanzas y las prácticas lo abarcan todo. Son una forma de medicina preventiva que arreglará completamente cada aspecto de nuestras vidas presentes y futuras.

El papel del discípulo en el budismo

ᴿ12ᴿ

En la charla anterior hablamos con cierto detalle del papel del gurú. Uno debería tener presente que las cualidades del *gurú* sólo se podrán ejercer en presencia de *discípulos*. Un estudiante que no entienda y practique el papel de discípulo no tendrá un gurú, por más cualificado que esté el maestro. El papel de discípulo es muy importante para todos aquellos que buscan un sendero espiritual. Un discípulo es aquél que se somete totalmente a la disciplina y la guía de un maestro o profesor. Es alguien que dedica su vida a adiestrarse en el sendero que sigue el maestro.

Comentaremos ahora el papel del discípulo desde el punto de vista del budismo, y más específicamente del budismo Mahayana. Trataremos de manera aún más específica del papel del discípulo en el Vajrayana. Para empezar, se debe mencionar que nadie puede cumplir con los requerimientos de un discípulo Mahayana o Vajrayana a menos que reúna las condiciones para ser un discípulo budista. Se debe empezar por aceptar la fe budista, y complementar eso entrando en el Mahayana, y en último término en el Vajrayana. Se dice que quien entra en el sendero budista se siente afín a las enseñanzas y principios del budismo. Se identifica con las ideas y deseos budistas de vivir de acuerdo con las enseñanzas. Esa persona se convierte en un recipiente, listo para recibir las enseñanzas. Se ve kármica o intuitivamente atraído por ellas. No verá las enseñanzas como una filosofía que analizar, sino como una parte de sí mismo que ha descuidado durante demasiado tiempo. A esto se le denomina *la identidad de un buen recipiente*.

Hay ciertas cualidades que los discípulos deben esforzarse por adquirir para llegar a ser dignos del gurú. Es fácil poner el énfasis en las extraordinarias cualidades que un maestro debe tener. Si somos extremadamente perspicaces, podemos incluso decidir que muy pocos maestros cuentan con ellas. Pero para nosotros es incluso más importante mirar a nuestro interior, para ver si seríamos merecedores de un maestro así si lo encontráramos. Probablemente descubriremos que hay muchas cosas que tenemos que hacer para prepararnos para el papel de discípulos. Al principio, tenemos que ser capaces de vernos como un recipiente que está libre de las tres impurezas.

La primera impureza es el recipiente vuelto del revés. Un recipiente vuelto del revés nunca contendrá las enseñanzas. Por más líquido que se vierta en él, éste no se mantendrá ahí. Esto representa al estudiante que no escucha. Olvida lo que el maestro ha dicho casi en el momento de oírlo. Esta impureza en concreto no es tan común en Occidente. Las audiencias occidentales prestan generalmente mucha atención, lo cual se debe probablemente a su nivel educativo muy alto. Están acostumbrados a estudiar y asistir a conferencias, y al acabar cada conferencia esperan marcharse con un cierto acopio de conocimiento. Se les da bastante bien tomar nota de los datos. Su fe se desarrollará con el tiempo.

La segunda impureza es el recipiente roto o con fisuras. Un recipiente roto tendrá fugas, por más líquido que el maestro vierta en él. Este es el estudiante distraído. Escucha, pero no se concentra y no entiende las enseñanzas de manera adecuada.

La tercera impureza es el recipiente sucio. Este recipiente está en la posición correcta y no está roto, pero está sucio. Esto representa a un estudiante con una motivación contaminada. Puede escuchar atentamente las enseñanzas, pero un orgullo excesivo impide su receptividad. No será capaz de confiar en su validez. Siempre tendrá reservas. Hay muchos "peros" rondando en su mente. Algunos estudiantes se ven obstaculizados por sentimientos de tristeza o de inadecuación. Pueden asistir a las enseñanzas y tener fe en ellas, pero carecen de la confianza necesaria para beneficiarse realmente de lo que aprenden e intentar ponerlo en práctica. Se mantienen al margen. Todos estos son los denominados obstáculos de los estudiantes que asisten a las enseñanzas.

Hoy en día estas impurezas tal vez no sean tan relevantes. Por ejemplo, la gente presta atención, o de lo contrario no tiene suficiente interés como para volver. Si están distraídos no importa tanto, porque probablemente tendrán todo a su disposición grabado en un cassette. ¡Tal vez estas impurezas hayan caducado! En Occidente somos tan críticos que tal vez necesitemos concentrarnos sobre todo en mantener un espíritu abierto. Si tenemos prejuicios, lo que oigamos estará muy teñido de nuestras ideas preconcebidas. Por ejemplo, tal vez escuchemos a un maestro, y después vayamos a ver a otro con la actitud de comparar lo que dicen y señalar lo que parecen ser anomalías. Esto puede producir sentimientos de conflicto y confusión en el estudiante, e impedirle asimilar la totalidad de la enseñanza. Podemos contrarrestar este peligro por medio de los cuatro apoyos que el Buda enseñó. De manera particular, no deberíamos apoyarnos en la persona o en las palabras. Tendemos a apegarnos mucho a las personas, las palabras y las etiquetas, lo cual puede causar mucha confusión. La terminología que se emplea en las distintas enseñanzas puede ser distinta. Las palabras tienen distintos niveles de significado. Lleva mucho tiempo llegar a entender realmente la jerga budista de una serie concreta de enseñanzas. Mencioné anteriormente que la transmisión de las enseñanzas no depende de que se entiendan las palabras del maestro. La transmisión ocurre a un nivel más profundo, intuitivo. Es posible que la transmisión no se sienta en absoluto a un nivel consciente. Puede no manifestarse hasta un momento posterior.

Quien aspire a convertirse en un discípulo tiene que tomar un voto. Tiene que tener una sensación de urgencia, el sentido de una misión. Está seguro de que las enseñanzas le beneficiarán. Su vigilancia no se verá obstruida por obstáculos mundanos. Una persona que carezca de este sentido de una misión se desanimará incluso a causa de obstáculos menores. Encontrará todo tipo de excusas para no buscar conocimiento y hacer las prácticas, y su progreso será por lo tanto limitado. Un discípulo que se enfrente a los obstáculos los superará. Un discípulo que se retira no es un discípulo. Es simplemente alguien que lo ha intentado, pero no lo ha conseguido.

Los cuatro obstáculos principales a los que se enfrentan los discípulos.

El primero es la ignorancia. El progreso de un discípulo se puede ver frenado porque no entiende las enseñanzas. Esta ignorancia es una barrera para adquirir más conocimiento, y de esta manera perpetúa la situación.

El segundo gran obstáculo es la falta de respeto. Esto ocurre cuando la persona no se respeta realmente a sí misma, y por lo tanto no puede desarrollar respeto por las enseñanzas o el maestro.

El tercer obstáculo es el descuido. Esto ocurre cuando alguien no es concienzudo. Su determinación es débil, y otros factores le hacen vacilar fácilmente. Esto lleva a falta de estabilidad en su práctica y estudio.

El cuarto se conoce como el exceso de engaños, o sea avaricia, odio, ignorancia, envidia y arrogancia. La persona en cuestión puede sentir que las enseñanzas son demasiado elevadas para ella, y que no está lista para incorporarlas a su vida. Tal vez intente usar otros medios para enfrentarse a sus negatividades, porque piensa que las enseñanzas son tan puras que no se pueden usar.

Si perseveramos, estos obstáculos desaparecerán gradualmente. Las enseñanzas clarificarán esta ignorancia y confusión. Como resultado, nuestra fe en ellas crecerá, lo cual a su vez hará que aumente nuestra autoestima y confianza, y nuestra determinación de aprender más. Cualquier persistente falta de respeto que hayamos sentido por el maestro o las enseñanzas desaparecerá. Nuestro respeto hacia aquellos que nos rodean en la comunidad del Dharma también aumentará, y empezaremos a valorar nuestra práctica y todas las otras actividades asociadas a la comunidad. Se superará el descuido. Las enseñanzas quedarán profundamente grabadas en nuestra mente. Empezarán a bendecir nuestra conducta a nivel del cuerpo, palabra y mente. Se superará el cuarto obstáculo, a medida que los engaños disminuyan. Anteriormente, muchas de nuestras acciones eran resultado de tendencias habituales que éramos incapaces de entender. Ahora estamos menos bajo el dominio de los engaños burdos, y nos hemos vuelto más conscientes de nuestros patrones de comportamiento sutiles. Empezamos también a manejar los engaños más sutiles. Desarrollamos fe en nuestra capacidad para superarlos, basada en nuestra propia experiencia.

Se dice que quien se comprometa a superar estos cuatro tipos de engaño sentirá que es un discípulo, lo cual se reflejará en su devoción, respeto y consideración hacia su maestro y los otros discípulos. Tendrá mucho respeto por los votos y preceptos que ha tomado. Estará más concentrado y más comprometido con sus prácticas y estudio diarios. Su conocimiento y fe aumentarán, y estará más atento a medida que su mente esté cada vez más subyugada. Observará constantemente sus acciones, palabras y pensamientos. Cuanto más adiestrado esté en el sendero, más vigilará sus propias características. Será capaz de controlar sus emociones y todos sus viejos patrones emocionales de manera mucho más efectiva que antes. Será más paciente y tolerante. Desarrollará la perseverancia en el estudio. Puede llegar al punto de ser casi una molestia para su maestro, al intentar adquirir tanta sabiduría como sea posible. Crecerá su amistad con éste según se desarrolle el respeto mutuo. Uno no se convierte en un discípulo simplemente por llevar a cabo una breve ceremonia con alguien a quien no se vuelve a ver nunca. Ser un discípulo implica mantener una relación a largo plazo con un maestro. Los cambios en el discípulo serán tan acusados que incluso los conocidos notarán una diferencia en su carácter y comportamiento. Será capaz de soportar las reprimendas de su maestro, por más que parezcan iracundas.

Estas son las condiciones básicas de un discípulo de las enseñanzas budistas. En el Mahayana, además de estas cualidades, una persona debe tener una afinidad especial con el concepto de compasión. Debe sentir que desarrollar compasión es de la mayor importancia, y que al aumentar su capacidad de compasión hará un progreso real. Ve la compasión como mucho más significativa para él que la renuncia. Lo que queremos dar a entender no es que la renuncia no tenga un papel en el Mahayana. Por supuesto que sí lo tiene. Pero si uno se concentra sobre todo en el no apego al mundo y a los seres que lo habitan, existe el peligro de aislarse y apartarse de los sufrimientos de los demás. Alguien que esté en el sendero Mahayana se puede retirar durante períodos de tiempo para refinar su práctica y fortalecer su capacidad de desapego de circunstancias concretas, pero no renunciará a los otros seres. Incluso cuando esté físicamente apartado de ellos, estarán en el centro de su práctica. El principio rector de todo su adiestramiento, incluso cuando esté aislado, será desarrollar compasión, y no renunciar a los otros seres. Una persona que esté en el sendero Mahayana transformará su relación con su madre. Esta es una gran señal de que uno se está convirtiendo en un discípulo Mahayana. Incluso si su relación se ha agriado con los años, desarrollará una nueva cercanía hacia ella. La madre se convierte en la persona más querida de su vida. Se siente más en deuda con ella que con ningún otro ser.

Además de desarrollar compasión, un discípulo Mahayana verá la necesidad de desarrollar sabiduría y de tener una experiencia de la vacuidad. No querrá aferrarse al objeto de compasión. Será consciente de que la misma compasión, el objeto de compasión y quien la siente no son objetos rígidos. Por ejemplo, se comprenderá que la creciente compasión que se siente por la propia madre se debe extender a todos los seres.

Después de todo, si nuestra compasión no se extiende más allá de nuestra propia madre, ¡nos hemos vuelto simplemente seguidores del "madreyana", en lugar de serlo del Mahayana! *Maha* significa "grande". La gran compasión se debe extender a todos los seres. Ni siquiera la madre es un objeto al que haya que aferrarse. Los objetos a los que queremos aferrarnos son precisamente aquellos que debemos soltar. Se debe alimentar la compasión, pero el apego debe ser purificado.

A lo que los discípulos Mahayana darán más importancia es a la primera perfección, la generosidad. Darán tiempo, energía, cosas, ideas, apoyo, y de hecho aquello que puedan, como parte de su voto de mostrar compasión. Incluso la moralidad que practiquen será para ayudar e inspirar a otros seres. Aunque ellos mismos estén más allá de los límites de algunos preceptos, los practicarán meticulosamente como ejemplo para los demás. Actuarán con alegría. Cuanto más tengan que hacer, más alegres se sentirán y más energía y sabiduría podrán generar. No se olvidarán nunca de dedicar las prácticas que hagan para el beneficio de todos los seres, ya se trate de prácticas formales o de actividades mundanas. Al comenzar, no se olvidarán de hacer la práctica para el beneficio a largo plazo de los seres conscientes. Un discípulo así no se ve fácilmente perturbado por no satisfacer sus propios deseos, porque su misión es beneficiar a otros seres conscientes. Se encuentra embarcado en un sendero mayor, con una misión también mayor. Se dice que aunque tenga que soportar grandes dificultades, el practicante Mahayana nunca pondrá mala cara. Empleará las dificultades como retos para estimular su desarrollo como discípulo Mahayana. Nunca se rendirá. Tendrá un gran valor. Hará las cosas que nadie más quiere hacer. Se dice que una persona que pueda mantener estas cualidades es ya alguien que ha despertado. Ha nacido ya como hijo del Buda. Tal vez no tenga todavía todas las cualidades que uno esperaría de un buda, pero en términos de su compasión y valor constantes podríamos decir que es un pequeño buda. Es mejor ser un buda pequeño que casi cualquier otra cosa grande.

Un discípulo en los senderos Mahayana o Theravada hará grandes esfuerzos para buscar conocimiento. Un discípulo maduro es siempre un estudiante. Nunca sentirá que ha aprendido lo suficiente. La experiencia que desarrolla al poner su conocimiento en práctica es más importante que el conocimiento o la información en bruto. Por lo tanto, un discípulo nunca deja de serlo. Siempre tiene un maestro.

Las cualidades de un discípulo Vajrayana son un poco más específicas. Tiene una devoción extremada por su gurú. Atesora las enseñanzas secretas sin divulgarlas. No pretendemos decir con esto que desee ocultar enseñanzas a los demás, sino que sabe la manera correcta de enseñarlas. Sabrá quién lo puede hacer, cuándo se puede hacer, y cómo se debe hacer. No disfrutará transmitiendo conocimiento simplemente para mostrar que él conoce cosas que otros ignoran.

Será de espíritu abierto. Mantendrá su samaya, su relación espiritual, como la relación más importante de su vida. Le otorgará la mayor importancia a la relación con su maestro y con los otros discípulos. Observará sus votos no sólo en beneficio personal, sino para evitar la mala fama de la comunidad a la que pertenece. Temerá el efecto que romper un voto pueda tener en otros discípulos y estudiantes que estén en el sendero. No tendrá dudas sobre las enseñanzas Vajrayana y su autenticidad. Siempre estará dispuesto a aprender. Conocerá tanto los significados resumidos (sinopsis) como los elaborados (comentarios) de las enseñanzas. No verá ninguna contradicción entre los dos niveles. Sabrá cómo resumir una enseñanza detallada en muy pocas palabras. También será capaz de ampliar una sinopsis. No estará limitado por palabras o ideas. Contará con la riqueza de un conocimiento total. Mantendrá una gran consideración y respeto por el maestro que le ha iniciado en el mandala, y que por ello le ha hecho madurar en el sendero Vajrayana. Alguien que haya madurado en este sendero será antes o después liberado gracias a las prácticas que ha recibido. Aunque algunas de ellas sean difíciles de entender, siempre considerará que contienen las claves de la Iluminación. No dejará su práctica aunque tenga que perder la vida para ello. Tendrá una fe y devoción firmes, y una visión pura de su maestro, el gurú, y de las actividades de éste. Tendrá tanta devoción por él como si se tratase del mismo Buda.

Anteriormente hablamos algo de la analogía del sol, la yesca seca y la lupa de aumento. Mencionamos que la yesca no podía arder si no estaba lista para ello. Señalamos que los rayos del sol no podían encender la yesca sin contar con la lupa de aumento. No estábamos presentes cuando el Buda estaba aquí. O incluso si lo estábamos, ¡todavía estamos aquí! Tenemos por lo tanto una enorme deuda con el gurú que está con nosotros hoy. Está en el lugar adecuado, en el momento oportuno para nosotros, para ajustar la lupa de aumento exactamente a nuestra situación, de forma que el sol pueda quemar nuestras negatividades. Una vez que un discípulo haya tenido esta experiencia con un gurú, desarrollará hacia él un respeto y una devoción sin límites, que continuará aumentando a medida que lo haga su práctica. Así que desde el punto de vista Vajrayana, la relación entre gurú y discípulo es un buen indicador de si un discípulo progresa o no. Si su fe y devoción aumentan, su práctica florecerá. Si su fe y devoción disminuyen, su práctica decaerá.

Se dice que en primer lugar deberíamos visualizar al gurú como al Buda. En realidad reemplazamos al gurú por el Buda, aunque no podamos todavía ver al gurú como a éste. Pero sabemos que la relación entre nosotros y el gurú es mucho más cercana que la que hay entre nosotros y el Buda. Empezamos ahora a pensar que el Buda y el gurú son similares. Ser capaces de ver al gurú como semejante al Buda nos permite avanzar hasta el tercer nivel: el de ver nuestra propia mente como similar al gurú. Cuanto más podamos ver al gurú en la forma del Buda, más podremos ver al gurú como al Buda. Cuanto más claramente veamos esto, más claramente empezaremos a ver que nuestras propias mentes no se pueden distinguir de la del gurú. El cuarto y último nivel, que sigue a la práctica del yoga del gurú, es cuando el discípulo llega a comprender que su propia mente es el Buda. Esto es lo que ocurre durante el yoga del gurú.

En primer lugar reflexionamos hacia el exterior, reemplazando las cosas que vemos. En segundo lugar comprendemos que la mente que hace todo esto debe tener esta cualidad intrínseca. Así que el papel del gurú es ver la cualidad del sol en el combustible quemado. Porque si la cualidad del sol es el fuego, existe en la yesca que va a arder. Cualquier percepción impura de nosotros mismos como yesca húmeda que sigamos teniendo es sólo adventicia. Si se nos pone la etiqueta de montón de estiércol, tenderemos a concebirnos así. De modo que tal vez deberíamos intentar concebirnos como fuego. De manera gradual, podremos crear el fuego en la misma yesca. Así que el papel del yoga del gurú es indispensable. Tenemos un dicho en tibetano de que sin el gurú, incluso la noción del Buda parece demasiado superficial. Todos los grandes enseñantes, incluyendo al mismo Buda, han tenido maestros.

La enseñanza la representa el gurú, porque es mediante su influencia como uno la recibe. El amor del discípulo por las enseñanzas está por lo tanto inextricablemente ligado a su devoción al gurú. Se dice que cuando un discípulo Vajrayana tiene una práctica del yoga del gurú, ve belleza incluso en las tonterías que éste pueda hacer. Su fe es tan poderosa que ve algo atractivo en todo lo que él hace. Mediante su fe, su percepción puede transformar la realidad. Un discípulo que haya alcanzado este nivel mostrará muchas de las cualidades del maestro. Se convertirá en alguien que empieza a ser depositario del conocimiento, las enseñanzas y la sabiduría de aquél. La palabra tibetana para discípulo es *lob ma. Lob* significa "aprendizaje", y *ma* significa "madre". En otras palabras, el discípulo es la madre de todo el aprendizaje. Es capaz de engendrar el conocimiento y puede adiestrar a otros. Un discípulo que no pueda transmitir su conocimiento a otros no ha funcionado bien como discípulo. Un buen discípulo de un buen maestro se siente en deuda, y hará todo lo que pueda para extender las enseñanzas. Sentirá que él mismo es una extensión del maestro. El cumplimiento del papel de discípulo está en ser capaz de satisfacer los deseos del maestro, de entre los cuales el mayor será normalmente que continúe las enseñanzas.

El budismo desapareció de la India en el siglo décimo. No obstante, el concepto de maestro y discípulo permaneció. El budismo se extendió a tierras extranjeras en el norte, este y sur, donde permanece arraigado hasta hoy en día, pero no gracias al poder del gobierno o de las instituciones. El budismo es la menos institucionalizada de todas las religiones. No hay un jefe de la fe budista. Las enseñanzas florecen por medio de relaciones individuales entre maestros y discípulos. No ha habido una actividad misionera organizada. El budismo se extendió cuando los discípulos viajaron y compartieron su conocimiento. En algunas partes del sudeste asiático hay algunas organizaciones budistas que llevan a cabo algún tipo de actividad misionera, que sin embargo no parece nunca funcionar realmente, porque no es así como se desarrolla el budismo. De lo que se trata es de que los discípulos aprendan y después vivan las enseñanzas. Tras ello estos discípulos las transmiten de forma natural a otros, que a su vez producirán más discípulos.

Nadie a título personal reivindica el conocimiento y la sabiduría. No hay un derecho de autor sobre las enseñanzas. Un discípulo que haya aprendido de lo dicho por su maestro tiene el derecho de practicar, de enseñar y de llevarlo a la práctica. Quien haga esto será capaz de beneficiar a los demás. Tal vez llegue a considerar todas las cosas que hizo previamente en la vida como bastante patéticas. Pero no se arrepentirá de ningún momento dedicado a desarrollar su propia práctica y a beneficiar a los demás. Ser discípulo no implica desear la mera adquisición de conocimientos sin más. Un discípulo es capaz de llevar a la práctica lo que ha aprendido para resolver los problemas prácticos de la vida. Emplea el conocimiento para engrasar las piezas oxidadas de su mente. Desarrolla la habilidad de vivir, en lugar de un talento o profesión concretos. No se trata de un hobby. Las enseñanzas son necesarias todo el tiempo, como el agua, que necesita fluir o se estanca. Aprender lo relacionado con las enseñanzas debe ser una cuestión de necesidad, y no simplemente de voluntad. Una persona así será capaz de transmitir el espíritu de las mismas.

Esto abarca las cualificaciones de los discípulos en términos budistas generales, Mahayana y Vajrayana. Hay votos y preceptos más específicos. Los votos budistas generales varían, desde un único precepto de laico hasta los votos de los monjes y monjas completamente ordenados. Es únicamente en el *pratimoksha* o votos de liberación individual donde hay una variedad tan amplia, ajustada a las necesidades de los individuos. En algunos países la gente toma los votos de monje y monja durante períodos cortos. *Prati* significa "uno a uno", y *moksha* significa "liberación".

En el Mahayana, todo el mundo toma el voto del bodhisatva, de forma que no hay distinción entre monjes y monjas por una parte y laicos por otra; entre una persona que tome los votos y cinco personas que lo hagan. El único requisito para tomar los votos del bodhisatva es haber tomado refugio. Quienes todavía no hayan tomado los votos del refugio los recibirán en primer lugar, como parte de la ceremonia de votos del bodhisatva. Para tomar los votos Vajrayana, uno debe primero haber tomado los votos del refugio y del bodhisatva.

Los tres votos y preceptos Vajrayana más universales implican nuestra percepción. Tratan de la manera en que vemos todas las formas, incluyendo nuestro cuerpo, de cómo oímos todos los sonidos, incluyendo nuestra propia voz, y de cómo percibimos todos los pensamientos. Nos comprometemos a ver todas las formas como la naturaleza de la deidad, la forma iluminada. Tenemos que quitar todas las etiquetas, y verlo todo como botellas vacías. Tenemos que ser capaces de ver el espacio del interior de cada botella como un único espacio. A esto se le denomina la deidad. El espíritu es la consciencia, que es el buda que despierta. Esto es bastante difícil. En comparación, las restricciones sobre comer y otras actividades que imponen los votos del pratimoksha son mucho más fáciles de mantener. A Atisha, el maestro indio del siglo once, le preguntaron qué tal lo había hecho al mantener estos tres tipos de votos. Contestó que no había fallado nunca al mantener sus votos pratimoksha, o los del bodhisatva. Sin embargo, en lo que respecta a estos votos Vajrayana, los transgredía cada día, sobre todo porque no siempre era capaz de ver a todo el mundo como una deidad. Para cumplir con los votos Vajrayana, uno debe oír todos los sonidos como el eco del mantra, en lugar de investirlos con cualquier otro significado. Esto incluye los sonidos de huracanes, olas, fuego, rocas que se desmoronan. No es una cuestión de aferrarse al mantra desesperadamente cuando alguien nos dice algo espantoso. Incluso los sonidos neutros de la naturaleza deben reflejarse como el eco del mantra.

Se deben percibir todos los pensamientos como vacíos de existencia inherente. Unicamente vienen y se van. Carecen de sustancia. No es necesario que uno se preocupe más por algunos de ellos, y que se deprima, se enfade o se ponga nervioso. Algunas personas se ven tan dominadas por sus pensamientos que creen que son hechos reales. Se vuelven paranoicos. Todo lo que piensan se vuelve real. Al mantener este voto no nos preocupa el contenido o naturaleza de los pensamientos que surgen. Dejamos simplemente que vengan y se vayan. El problema surge únicamente cuando los expresamos. Esa es la causa de que queden vestigios y de la implantación de las negatividades.

Estos votos no son poco prácticos. Aunque difíciles, son muy útiles. Ayudan a airear nuestras mentes. Los votos no nos deberían atar. Su función es liberarnos. En las prácticas formales, tenemos que visualizar ciertas cosas, aunque al principio tal vez nos parezcan bastante irreales. Tenemos esta imagen obvia del cuerpo, y de repente nos tenemos que manifestar con una forma divina. Nos sentimos restringidos en cuanto a lo que se nos permite pensar. En el período posterior a la meditación deberíamos sentirnos liberados. Esta es la polaridad entre meditación y no meditación. Tenemos que rematar la sesión. Tenemos que sentirnos atados durante la sesión y liberados cuando ésta concluye. Tenemos que sentir la liberación de la tensión aplicando las ideas a la vida diaria.

Los votos y preceptos son muchos al nivel pratimoksha, y menos en los niveles del Bodhisatva y Vajrayana. Aunque por supuesto, si tomamos iniciaciones Vajrayana específicas tal vez tengamos que comprometernos a hacer ciertas prácticas. A nivel Vajrayana, lo más importante es transformar las formas, los sonidos y los pensamientos. Es difícil mantener esto todo el tiempo, pero lo deberíamos intentar varias veces al día, lo cual tiene un impacto más poderoso que las sadhanas que hacemos, porque estamos aprendiendo de verdad a llevar las prácticas a la realidad de nuestras vidas cotidianas. Podemos aprender más haciendo esto que en la situación formal de la clase. Nuestra búsqueda culminará en la Iluminación. Llegaremos al punto en el que ya no haya nada que saber, el punto de la Iluminación total. En ese nivel, no hay distinción entre el yo, el objeto y el concepto. Ya no es necesario adquirir conocimiento. Lo que necesitamos entonces es la capacidad de interpretar el conocimiento que tenemos y de aplicarlo a nuestras vidas. A esto se le conoce como el proceso de desaceleración en el discípulo desarrollado. En términos de ejercicio intelectual, se dice que cuando los discípulos llegan a este punto, sienten que han aprendido suficiente teoría. Sienten la necesidad de llegar al nivel del corazón, donde ocurrirá la verdadera realización espiritual.

Los temas de este capítulo y del anterior no son específicos de las enseñanzas del Lamdre. Los papeles de gurú y discípulo son relevantes para cualquiera que siga el sendero Vajrayana. Son muy importantes para todos nosotros, porque nunca llega el momento en el que tengamos que dejar de sentir que somos estudiantes. Es fácil empezar como estudiante, pero no es fácil continuar siéndolo. Ese es el motivo por el cual es tan importante para la gente comprender los beneficios y alegrías reservados para quien comience y continúe como discípulo. Por supuesto, me estoy refiriendo a algo mucho más amplio que al concepto monástico de discípulo. También fuera del sistema monástico, la gente se embarca en una búsqueda espiritual. Sienten la presencia de ese recipiente o taza cuyo interior se puede llenar. ¿Ya está llena la taza?

Practicando el sendero

❧13❧

H OY VAMOS A TRATAR de lo que debería ocurrir tras recibir la iniciación el discípulo por un maestro cualificado. Tras la iniciación, el discípulo debe esforzarse por aprender las prácticas y las enseñanzas que ha recibido. Debe esforzarse por desarrollar una disciplina espiritual. La finalidad de convertirse en discípulo no es adquirir una nueva relación social, sino desarrollar en cambio una cualidad muy necesaria de la que uno carecía previamente. En la tradición Vajrayana, cuando un discípulo recibe una iniciación se le admite en un mandala. Un mandala es un diagrama cósmico que representa nuestra mente como el centro, y todo aquello que vemos como nada más que la circunferencia de la mente. El estado de nuestra mente determina la manera como vemos el mundo que nos rodea. Todo en nuestras vidas, incluyendo nuestra salud, relaciones, y de hecho todo lo que tiene lugar en torno a nosotros se manifiesta de acuerdo con la manera de funcionar del centro. Cuando se nos admite en un mandala durante la iniciación, se nos inicia en la idea de que es cada uno de nosotros quien hace que el mundo se manifieste como lo hace, en lugar de ser éste el que se manifiesta de manera independiente. Si somos capaces y receptivos, se nos iniciará en el mandala para programar de nuevo la manera como percibimos el mundo que nos rodea. Esta iniciación nos inyecta la capacidad de ver una imagen de nosotros mismos completamente distinta de la que estamos acostumbrados a ver.

El proceso de la iniciación conduce a la muerte ritual de nuestro viejo yo. El discípulo recibe un nombre nuevo, así como un conjunto de prácticas diarias. Cada vez que el discípulo hace la práctica, intenta identificarse de nuevo a sí mismo, deificarse a sí mismo. La cuestión que se plantea entonces es si es capaz de adoptar su nueva identidad o si continúa viendo el viejo yo. La sadhana reta al discípulo al poner a prueba si puede asumir su nueva identidad, viendo la divinidad que se ha instalado en su interior, o si continúa viéndose a sí mismo como el viejo yo. La tarea del discípulo se convierte sobre todo en una cuestión de cambiar la imagen que tiene de sí mismo.

El maestro ha seguido un largo adiestramiento para poder conceder iniciaciones. De forma que en lo que a él respecta, el proceso se ha llevado a cabo correctamente. En cuanto a los discípulos, los muy intuitivos pueden incluso sentir cómo tiene lugar la iniciación. Pueden sentir que han recibido algún tipo de bendición, algún vislumbre de la sabiduría trascendental. Algunos pueden sentir una sensación física, pero nada a nivel profundo. Independientemente de si experimentan o no algo entonces, se planta una semilla en su continuo mental. Esto lo logra el poder combinado del mudra, del mantra, de la fe del discípulo y el poder del maestro. Esta semilla empezará a crecer poco a poco, siempre que los discípulos continúen practicando la sadhana diaria. Quienes lo hacen experimentarán la revelación del yo verdadero, que se manifiesta con una forma despierta. Quienes no lo hagan, tal vez tarden mucho tiempo en adquirir esta imagen del yo.

Cuanto más mantengamos nuestra práctica diaria, menos cargaremos con problemas del pasado. Nos liberamos gradualmente de nuestro bagaje emocional. Seremos capaces de separarnos de nuestras negatividades. A medida que desarrollamos este nuevo sentido del yo, alteramos nuestra percepción de la realidad. Tenemos que ensayar nuestra práctica cada día. Lo podemos comparar con aprender el guión de una obra de teatro. En primer lugar, tenemos que leerlo. Podríamos incluso memorizarlo. Pero si no ensayamos muchísimas veces no nos metemos realmente en él. No sirve de nada recibir la iniciación únicamente. Sería como si alguien describiera brevemente los contenidos de una obra y parase ahí. No podemos interpretar nuestro papel a menos que lo consolidemos leyendo el guión y ensayando. Hacer la sadhana es el ensayo de la Iluminación. Al igual que un actor no llegará al estreno si no se aprende su papel, no llegaremos nunca a la Iluminación si no lo ensayamos. Del mismo modo, si pasamos el tiempo que nos queda como el yo ordinario, es poco probable que hagamos morir al viejo yo.

Tras cualquier gran iniciación, el estudiante recibirá una práctica o un conjunto de ellas para hacer, que pueden variar desde una página o dos hasta muchas, dependiendo de lo elaboradas que sean. Cuanto más larga, más difícil es, pero más posibilidades tiene de infundir el nuevo sentido de identidad. La identidad con la que estamos familiarizados es la identidad falsa. La que se nos presenta ahora es nuestra verdadera naturaleza. A veces hacemos la observación de que no conocemos a determinada persona muy bien. La verdad es que ni siquiera nos conocemos bien a nosotros mismos. Sólo conocemos el yo falso. El yo verdadero es demasiado humilde, demasiado tímido y esquivo como para dejarse conocer. Este profundo yo espiritual que está constantemente anhelando salir nunca llega ni tan siquiera a presentar sus quejas. Nunca llama la atención. Por otra parte, la falsa identidad cuenta con una clara etiqueta de Juan, María o lo que sea. Pero antes de ser etiquetados, ¿quiénes éramos? Nos agarramos sencillamente a conceptos, etiquetas e ideas que no tienen nada que ver con nuestra identidad verdadera. Nuestro yo verdadero es mucho más profundo. Es mucho más difícil que la gente le conozca. Sólo conocen la etiqueta provisional, convencional.

Pero cuando hacemos una sadhana cada día, volvemos a identificar todo nuestro ser. Nos creamos a nosotros mismos de nuevo, incluyendo la apariencia física, desde el color de nuestro pelo y nuestra ropa hasta los objetos que sostenemos en las manos. Representamos el yo ideal, lo cual es mucho más efectivo que someterse a algo como un programa de adelgazamiento, esforzándonos mucho sólo para perder unas cuantos kilos de peso corporal. De lo que estamos hablando es de una transformación completa de cada aspecto del yo. Cualquier programa que se ocupe del *yo ordinario* y de su problema de imagen tiene beneficios meramente transitorios. En cualquier caso, esos programas para alterar la imagen se dirigen más a *quien percibe* que a *nosotros*. Por ejemplo, puede ocurrir que la sociedad dé una gran importancia a que la gente esté delgada. Pero para cuando hayamos perdido peso, tal vez esté de moda estar gordito. De esta manera, estamos controlados sobre todo por las percepciones de otras personas, en lugar de por nuestra propia identidad, o nuestra propia imagen del yo.

Es bueno ser capaces de aceptarnos a nosotros mismos. Es de sabios recordar que no muchas personas nacidas con esta forma física están totalmente contentas con su aspecto. Si nos pusiésemos a escuchar las quejas detalladas de cada persona al respecto, veríamos que muchos tienen listas más largas que la nuestra. Imagina que vas a un país extranjero y te quedas un tiempo. A los habitantes del lugar tu nombre les podría parecer imposible de pronunciar. Te podrían dar un nombre nuevo. Con el tiempo, empezarías a convertirte en el nombre nuevo, y empezarías a olvidar el antiguo. Con la práctica sucede algo parecido. Intentas identificarte cada vez más con la persona de la deidad.

El simbolismo que describe nuestro nuevo color, forma, pelo, peinado y ropas es un recordatorio de las características iluminadas. No estamos simplemente intentando crear una nueva imagen personal porque sí. Nos estamos generando con la forma de un ser iluminado. Las formas y los gestos existen en el exterior. La importancia del mandala es que cuando el centro se ve a sí mismo en términos de esas características iluminadas, su percepción del mundo cambia. Intentad simplemente describiros a vosotros mismos físicamente en el sentido ordinario. ¿Sois atractivos? ¿Qué representa vuestra nariz? ¿Qué representa vuestro pelo? ¿Es largo, es gris? No encontraréis muchas cosas que puedan figurar como características iluminadas. Tal vez no estéis contentos con algunas de vuestras características. Algunas personas cambian de color de pelo, se operan la nariz, cambian la forma de sus mejillas, y lo mismo ocurre con todas las demás partes del cuerpo. Vivimos en un mundo muy efímero. Es ilusorio ya, e intentamos crear más ilusión añadiendo un remiendo aquí y quitando un trocito allá.

Practicar una sadhana diaria nos da la oportunidad de experimentar una imagen ideal de nosotros mismos mediante la meditación. Una persona que haga la práctica cada día recuerda constantemente que en realidad es la deidad. Empezamos a cumplir con el compromiso del discípulo de oír todos los sonidos como si fueran el mantra. No tenemos que purificar los insultos, por ejemplo, si oímos todos los sonidos como el eco de nuestras propias palabras no expresadas. Si sentimos que somos compasivos y pacientes, no oiremos las observaciones desagradables como una amenaza. Nuestra reacción demuestra que realmente somos el centro, y la otra persona y sus acciones son parte de la circunferencia. Alivia enormemente el ser capaces de oír las palabras de enfado como el eco de nuestras palabras no pronunciadas, como una indicación de que estábamos a punto de decir lo mismo. Hace que nos avergoncemos de nuestro impulso inicial de corregir a la otra persona. Comprendemos que es una pérdida de tiempo. En lugar de culparlo, llegamos a verlo como una ayuda.

Podemos ver que la sadhana no es únicamente algo que hagamos para un beneficio futuro lejano. Las habilidades que aprendemos y practicamos nos ayudan en todas las circunstancias. Una buena parte de nuestra práctica de la sadhana se dedica a la recitación –a pronunciar palabras sagradas, oraciones y recitaciones, lo cual purifica nuestra palabra–. También nos hace recordar el significado del mantra: que todos los sonidos son los ecos de nuestros propios pensamientos no expresados. Mantener una práctica diaria nos infunde confianza en nosotros mismos. Con esta nueva autoestima, incluso el yo ordinario empieza a sentirse mucho mejor que antes. Empezamos a desarrollar la percepción de que todo el tiempo nos pertenece. Dejamos de dividir nuestro día en las exigencias del trabajo, la vida social y la práctica. Cuando trabajamos, es nuestro trabajo. Todo lo que hacemos es el producto de nuestra propia disciplina voluntaria. No se trata de una disciplina impuesta por un jefe exterior a nosotros. Nuestro maestro no estará presente para vigilarnos. Tiene que atender a su propia práctica.

Al principio de todo, tal vez nos asuste algo la idea de que la práctica pueda llevarnos una hora al día. Pero a medida que adquirimos confianza, comprendemos su beneficio y que todo el tiempo nos pertenece. Percibimos gradualmente cambios en nosotros mismos. Nos volvemos un poco más sumisos. Parece que tenemos menos demandas sensoriales. Esto se debe a que la práctica altera la química de nuestros cuerpos, favorece una nueva actitud mental y bendice nuestra palabra. Pensemos un instante en lo que hacemos cuando no estamos practicando. ¿Cómo empleamos el cuerpo y su energía, nuestra palabra y su energía, la mente y su energía? Si nos fijamos en las demás cosas que hacemos, probablemente nos daremos cuenta de que malgastamos mucha energía. Hacemos muchas cosas, pero no hay ninguna satisfacción duradera en ellas. Ese es el motivo por el cual un discípulo admitido en el mandala no está únicamente agradecido por la iniciación, sino que siente agradecimiento por poder hacer la práctica cada día. Cada día que la mantiene se siente más feliz. Eso le inspira para el día siguiente, y así en adelante.

A medida que nuestra práctica se desarrolla, nuestra actitud hacia la vida y sus problemas empieza a cambiar. Ya no nos sentimos fácilmente heridos o disgustados. Nos volvemos cada vez más fuertes. La "realidad adversa" ya no nos puede intimidar. Las dificultades y los obstáculos se convierten en logros. Por ejemplo, si conseguimos saltar dos metros, pero lo hemos hecho muchas veces con anterioridad, nos puede resultar fácil, pero no tenemos ninguna gran sensación de logro, ¿verdad? Pero si la barra se coloca a mayor altura, y conseguimos saltar más que nunca, ¡sentimos realmente que hemos logrado algo grande! ¡Hemos batido nuestro récord! Nos sentimos bien al batir los récords de otras personas también. Así es como los seres humanos se animan a sí mismos. Cualquier persona capaz de trascender a sus contrarios, sus dificultades y sus obstáculos, siente que ha obtenido un gran éxito. Los deportes son un buen indicador de esta tendencia. A lo mejor alguien sólo salta unos cuantos centímetros más, ¡pero se siente mucho más feliz! Podríamos preguntarnos el motivo por el cual los seres humanos se pueden sentir tan felices sólo por saltar unos cuantos centímetros más. Todo depende del significado que le demos a las cosas. Una vez que hemos batido un récord mundial, ya no se nos presenta realmente ningún gran reto hasta que alguien rompa el récord que hemos establecido. Entonces esa persona se convierte en nuestro obstáculo o nuestro reto. Por otra parte, si nos volvemos débiles y celosos porque otra persona lo hace mejor, nuestro logro anterior se convierte en nuestra perdición.

De lo que realmente estamos hablando aquí es de nuestra percepción y de los antídotos que podemos aplicar para remediar nuestra pobre visión del mundo que nos rodea. La sadhana nos da una técnica para trascender todos los obstáculos y las adversidades y transformarlos en logros. Nunca veremos los obstáculos como desalentadores. Los obstáculos en realidad nos animan. Así es como tiene que ser. Los practicantes Vajrayana pertenecen al Mahayana, que se conoce como el "sendero de los valerosos". Nada debería debilitar nuestro ánimo. Puede haber momentos en los cuales tengamos que examinarnos a nosotros mismos con detenimiento, pero mediante este proceso desarrollaremos más valor. La sadhana es un plan maestro para alcanzar la Iluminación. Si queremos construir tan siquiera una casa sencilla, necesitamos un diseño. Las sadhanas son proyectos preparados por seres iluminados, que han pasado de maestro a discípulo hasta la actualidad. El plan ha sido empleado por muchas generaciones de practicantes, y no somos diferentes de los que nos han precedido. Tenemos la misma naturaleza de buda. Nos podemos despertar. No hay ninguna noción de Dios de por medio. No hay nadie que haya nacido con un poder supremo, no hay nadie nacido para ser un mero adorador. Todo el mundo es igual. Todos nosotros tenemos la naturaleza de buda, pero nos encontramos accidentalmente oscurecidos. Cualquier disciplina espiritual que nos ayude a eliminar estos oscurecimientos adventicios es iluminada. No estamos adquiriendo algo de fuera. Se nos está presentando la imagen de nuestro yo auténtico.

Cuando practicamos nuestras sadhanas, nos volvemos como artistas. Creamos una imagen en algún lugar exterior. La refinamos. La repetimos hasta que estamos satisfechos con ella. La meditación es un gran arte. Pero no lo hacemos por dinero. Lo hacemos por recrearnos a nosotros mismos. Al igual que los monjes construyen elaborados mandalas de arena, y luego los borran casi en cuanto los han acabado, tenemos que ser capaces de crear un mandala feliz cada día y después disolverlo. No tenemos que aferrarnos a él. A veces podemos tener mandalas infelices, y necesitamos la capacidad de disolverlos tan deprisa como lo hacemos con los felices. A lo largo de la sadhana dedicamos bastante tiempo a generarnos como la deidad, después dedicamos algún tiempo a recitar el mantra, y después lo disolvemos todo, como una actriz que se quita el maquillaje después de una actuación. No hay que aferrarse ni siquiera a las manifestaciones iluminadas. Dado que fluyen tan fácilmente, como el agua, se pueden generar en cualquier momento. No es difícil manifestar la mente iluminada, mientras la mente esté iluminada. Nos podemos manifestar como distintas formas de la deidad en diferentes sadhanas, lo cual demuestra la multiplicidad de nuestra personalidad. Unas veces estamos felices y otras deprimidos. Esa es la naturaleza de la realidad. Pero nuestros estados de ánimo ya no nos obstaculizan. Llegamos a comprender que no tenemos por qué cargar siempre con una personalidad tediosa.

Cuanto más tiempo nos aferremos a una personalidad negativa, peor para nosotros. Podemos generar y disolver innumerables personalidades, una tras la otra. La velocidad a la que se puede hacer esto demuestra la fluidez y libertad de nuestra naturaleza. Se habla mucho de libertad hoy en día. Lo que describimos aquí es la libertad verdadera. Es la libertad de cambiar y desarrollar, disolver y recrear nuestras personalidades. A la gente le gusta cambiar, mostrar una nueva imagen. Ese es el motivo por el cual se tiñen el pelo y prueban todo tipo de formas distintas de cambiar su aspecto. De lo que hablamos aquí es de hacer cambios realmente fundamentales en el substrato, en la mente, que es el auténtico origen de todas nuestras sensaciones, con independencia del peinado o del tinte del pelo. De hecho, mientras no hagamos cambios en la misma mente, ningún cambio en nuestro aspecto nos aportará felicidad duradera.

Las sadhanas habitúan a la mente a manifestar características iluminadas. Una vez que el discípulo recibe la sadhana de su maestro, lo que realmente importa es lo que hace con ella a partir de entonces. El tiempo que se ha dedicado ya a construir la relación entre el maestro y el alumno es únicamente un preliminar. La devoción al maestro es en realidad sólo un requisito mínimo cuando se trata de la práctica. Si uno no practica las enseñanzas que el maestro da, la devoción puede llegar a convertirse en otra forma de apego. Si la relación que uno tiene de devoción y fe no genera una disciplina espiritual a partir de entonces, no es más que otra relación humana. Sabemos que no se puede confiar en las relaciones humanas, que todas las actividades humanas son vanas. Cuanto más practique un discípulo la sadhana que ha recibido del maestro, más capacidad tendrá para contribuir al crecimiento del linaje.

A medida que nuestra práctica se vuelve más profunda, nuestras vidas cambian de muchas maneras. Los hobbies de gran importancia en el pasado parecen perder su atractivo. Tenemos cosas más importantes que hacer. No nos sentimos tan comprometidos con los hábitos y los pasatiempos de grupo. Nuestro tiempo es verdaderamente nuestro. Algunas personas tal vez lo denominen egoísmo. Otros pueden criticarnos por retirarnos solos a una habitación. Pero tenemos confianza en los beneficios de nuestra práctica, no sólo para nosotros mismos, sino también para aquellos que nos rodean. Nuestra compañía es más relajada, más sabia y mejor. La gente llegará con el tiempo a ver los cambios que han tenido lugar en nosotros. Si mostramos una coherencia genuina y está claro que no estamos simplemente siguiendo una moda cualquiera, obtendremos respeto y admiración. La gente llegará a vernos como dignos de confianza. Además, no podemos seguir dos ideales simultáneamente. En algún momento tendremos que elegir entre los ideales convencionales y los espirituales. Puede tratarse de polos opuestos, como caliente y frío.

Si tenemos que hacer frente al desacuerdo, nos podemos decir que mientras que otros tienen derecho a su propia percepción, nosotros tenemos derecho a que ésta no nos afecte. No es necesario asustarse. Hay ya demasiado pánico en este mundo. ¿Con qué frecuencia vemos un pequeño fuego al cabo de la calle, pero oímos alarmas en funcionamiento en todas las direcciones? Somos una sociedad muy alarmista. Todo está basado en el miedo. Para superar el miedo no tenemos que sentir que haya un objeto atemorizante en el exterior mayor que nuestro propio engaño, enfado, impaciencia o ignorancia. El miedo surge normalmente de la ignorancia. Hay una historia acerca de una cuerda enrollada en la esquina de una habitación oscura. Un hombre la vio, y pensó que se trataba de una serpiente. Se sobresaltó inmediatamente y avisó a todo el mundo de que había una serpiente en la habitación. No se preocupó de mirarla más de cerca y de comprobar los hechos antes de reaccionar. De no desaparecer las condiciones que dan origen a su ignorancia, como son la oscuridad de la habitación y el parecido de la cuerda con una serpiente, la persona seguirá viendo la cuerda como una serpiente en lugar de verla como lo que es. Todo nuestro miedo viene de aferrarnos a la imagen ordinaria del yo. La manera de dispersar esta ignorancia es participar en una representación de la Iluminación, lo cual contrarresta aquello a lo que dedicamos el resto del tiempo, que es a una representación del samsara efímero e ilusorio.

La incapacidad de practicar debido a una enfermedad no rompe nuestro compromiso. Continuamos en cuanto nuestra salud mejora. Pero omitir la práctica deliberadamente debido a nuestra negligencia, descuido, o falta de respeto romperá el compromiso y hará que no nos sintamos bien por ello más adelante. El compromiso surge de entender la práctica. La comprensión de la práctica surge de la iniciación, la transmisión y las instrucciones. Tal vez no obtengamos todas estas cosas de un solo maestro. Tenemos que investigar para obtener las instrucciones. Tenemos que llegar al punto en el que conozcamos la práctica tan bien que no necesitemos la guía conceptual de nadie. Cuando lleguemos a ese nivel, habremos madurado lo suficiente como para hacer un retiro. Hasta que no alcancemos tanta familiaridad no podemos realmente hacer un retiro. No es únicamente cuestión de repetir el mantra un número determinado de veces. Tenemos que conocer el significado, el simbolismo y el origen de las enseñanzas. No deberíamos apresurarnos a presumir sobre la cantidad de práctica o el número de repeticiones que completamos. Lo que tiene importancia es que seamos profundos al recibir la transmisión, la iniciación y las instrucciones. Se dice que si hiciéramos un retiro largo sin entender las instrucciones sería como si un paralítico intentara escalar una roca.

Cuando recibimos transmisiones y enseñanzas de maestros cualificados podemos estar seguros de que son enseñanzas antiguas que han aguantado la prueba del paso del tiempo y han sido comprobadas muchas veces. Conocemos la historicidad de la práctica y el significado de las enseñanzas. Aunque se trate de enseñanzas esotéricas, las podemos entender sobre la base del budismo fundamental. Una vez que conocemos la esencia del Vajrayana, podemos explicar todo el conjunto de las enseñanzas budistas. No es que nos hayamos desviado al Vajrayana sin saber nada del Mahayana. He visto libros que aconsejan a los discípulos no seguir el Vajrayana, sin comentar sus beneficios. Se gana poco diciendo a la gente que es peligroso practicar el Vajrayana hasta que no se hayan dominado las enseñanzas budistas básicas. Por supuesto, hay algo de verdad en esas argumentaciones, pero a menudo se presentan totalmente fuera de contexto.

Un acercamiento mejor que examinar los posibles peligros consiste en atender a los requisitos necesarios para ser un practicante Vajrayana, y después asegurarnos de que contamos con esas cualidades. No es necesario seguir los tres yanas uno tras otro, paso a paso. De ser así, al rey Indrabhuti, a quien Buda dio la iniciación de Guhyasamaja por primera vez, se le habría dicho que debía seguir en primer lugar las prácticas básicas de la renuncia, y abandonar su palacio y su reino. Pero el Buda no le pidió eso. El rey le había dicho al Buda que estaba seguro de que sus enseñanzas eran lo suficientemente flexibles como para adecuarse a aquellos comprometidos con responsabilidades mundanas, de forma que aquellos que estuvieran en su situación también pudiesen practicar. El Buda reconoció que las circunstancias, aptitudes y disposiciones de las personas varían mucho. Se dice que el Vajrayana no es para los mediocres. Es o bien para los principiantes torpes o para los intelectuales que sienten que son demasiado inteligentes como para empezar por el principio. La mayoría de nosotros somos bastante extremados para muchas cosas. Las prácticas deben adecuarse a nuestra personalidad. Ese es el motivo de que tengamos tantas deidades distintas, que varían desde las pacíficas hasta las iracundas, que tienen dos manos o dieciséis, un rostro o muchos, etc.

En resumen, un discípulo admitido en un mandala recibirá una práctica. Si la sigue cada día, puede describir con orgullo al maestro como a su gurú. Si no hace la práctica no hay ningún vínculo que los una. Está roto ya. Un discípulo que mantenga la práctica no defraudará al linaje. Lentamente corresponderá a su amabilidad y a la de su maestro. Mantener la práctica es la mejor manera de corresponder que un discípulo pueda tener.

Se dice que hay tres tipos de discípulo: el que proporciona al maestro todo a nivel físico y material pertenece al nivel más bajo, ya que incluso el peor discípulo haría eso. El que tiene poca capacidad para las cosas mundanas, pero practica tranquilamente sin hacer activamente cosas para ayudar al maestro y sus actividades se denomina estudiante de nivel mediocre. El mejor discípulo sigue la práctica tan bien como si entendiera más de lo que el maestro ha enseñado. Conoce todos los detalles. Sigue todas las indicaciones y deseos del maestro hasta el último detalle. Un discípulo así complacerá al gurú. La generosidad de alguien hacia el maestro puede ser verificada por éste para ver lo devoto que es el discípulo, pero esto no complacerá por sí mismo al maestro o a los budas. Desprenderse de algunas cosas materiales es una señal de la voluntad del discípulo de seguir el sendero. En las primeras etapas, se dice que una buena manera de comprobar cómo se desarrolla la relación entre maestro y discípulo es medir la generosidad que se demuestran mutuamente. Si el maestro le da su tiempo y su energía al discípulo, éste se sentirá más cerca de él, y dar las cosas le hará más feliz que conservarlas. No estamos hablando de hacer sacrificios, sino de cómo un discípulo encuentra la manera de cumplir con lo que le corresponde en la relación.

Si la relación mutua es beneficiosa, probablemente beneficiará a otros también.

A menudo, cuando pensamos en las relaciones que tenemos con otras personas, pensamos únicamente en términos de sólo dos personas. Pero los efectos de nuestras relaciones llegan mucho más allá. Cuando comprendemos esto encontramos muchos recursos para mantenerlas. Hallamos paciencia, tolerancia y sabiduría. Saber cómo nuestra conducta afectará a otros se denomina sensibilidad. Cuando modificamos nuestra conducta debido a nuestra consideración por los demás no estamos reprimiendo nuestra energía. La estamos transformando en ese mismo momento y lugar. No es una cuestión de ser sencillamente muy educado y de someterse a todo. Esa no es tampoco la conducta de un discípulo. Deberíamos pensar lógicamente. ¿De qué sirve que me comporte así? ¿Beneficia a mi maestro? ¿Me beneficia a mí? ¿Beneficia a terceras personas? Si la respuesta a todas estas preguntas es "no", deberíamos preguntarnos por qué nos comportamos de ese modo. Cuando analizamos todo esto, estamos trascendiendo, no reprimiendo. Por otra parte, si refrenamos nuestra conducta únicamente por miedo a ser juzgados por otros o a perder nuestra popularidad, sólo estamos reprimiendo nuestras emociones. Esas emociones contenidas acabarán por estallar. Se debe hacer frente a las emociones en el momento, empleando un proceso analítico. No es una cuestión de pensar que no deberíamos decir algo determinado en ese instante, pero que tal vez lo digamos después. Es probablemente mejor no decirlo en absoluto. Cuando vemos esto, estamos esgrimiendo una afilada espada de sabiduría. Hemos cortado la raíz, en lugar de sólo recortar los bordes. Cuando el discípulo empieza a actuar así, demuestra que está progresando. El discípulo es aquél que no sólo lleva a cabo una práctica formal concreta, leyendo un número de páginas o haciendo una visualización determinada, sino que también adapta el ser discípulo a todas las circunstancias adversas de la vida. Se preguntará a sí mismo constantemente: "¿Cómo debería yo como discípulo responder a esto? Cuando no era un discípulo, respondía de cierta manera. ¿Cómo lo puedo hacer mejor ahora?" Empezamos a contar con que vamos a hacer un poco más de esfuerzo. Las circunstancias son muy volátiles. ¿Cómo las cambiamos?

Hay una historia de un grupo de personas a quienes se encomendó la tarea de talar un árbol. Discutían sobre la manera de hacerlo. El árbol era demasiado grande como para cortarlo con las hachas que existían entonces. Uno sugirió cortar las ramas para reducir el peso del árbol, y hacerlo parecer más pequeño. Otro se opuso, proponiendo usar el hacha para cortar el tronco al nivel del suelo, tan abajo como fuera posible. Después un hombre sugirió buscar la raíz del árbol. Sugirió que si se vertía veneno en ésta, el árbol se vendría abajo pronto.

Una persona que desconozca la manera de acabar con un problema intentará todo tipo de técnicas en vano. Shantideva dice que a menos que tengamos la sabiduría de cortar con nuestro aferramiento al ego, prácticas como la generosidad, la moralidad, etcétera, sólo tendrán resultados pasajeros. Necesitamos sabiduría para mantener los beneficios. Es preciso que comprendamos la naturaleza vacía del yo. Las personas de tendencia intelectual tenderán a analizar su existencia o carencia de ella. Se han escrito muchos tratados al respecto. En la tradición Vajrayana, se puede llegar a la experiencia de la vacuidad por medio de la recitación de oraciones y mantras concretos. Invocando el poder de su fe, de la recitación y de las bendiciones, los practicantes intentan verse a sí mismos como si ya no existieran en su forma ordinaria.

Queremos ser capaces de vernos a nosotros mismos como el centro de todas nuestras percepciones. Y no sólo como el centro, sino como la causa. Si nuestra experiencia la determinan nuestras percepciones, la cuestión que se plantea es cómo podemos alterarlas, en lugar de cómo podemos cambiar nuestro entorno. Si nuestras percepciones son rígidas, tendremos dificultades para alterarlas, y por consiguiente para alterar nuestras experiencias. Por otra parte, si somos flexibles a la hora de cambiar nuestras percepciones, y nuestro aferramiento al ego no es muy fuerte, nuestro propio punto de vista se convierte simplemente en un punto de referencia, pero no en *el* punto de vista. Podemos empezar con este punto de referencia, pero sabemos que no acabaremos con él. Normalmente empezamos con el ego, y queremos acabar con él también. Por otra parte, si empezamos aquí y acabamos en algún otro lugar más allá, lo estamos haciendo muy bien. Eso indica que hemos sido flexibles. Hemos estado aprendiendo y buscando. Quien busca acaba en todo tipo de sitios. Los científicos en búsqueda de conocimiento deben a menudo viajar a tierras lejanas. Lo mismo ocurre con quien busca conocimiento espiritual.

Nuestro sufrimiento lo causan nuestras percepciones. Hay un dicho en tibetano: "nang wa dra lang", que se refiere a lo que ocurre cuando nuestras percepciones se convierten en enemigos. Esto es lo que pasa cuando nos volvemos paranoicos. Estamos convencidos de que lo que pensamos que vemos es correcto. No estamos dispuestos a escuchar nada más. En este estado, veremos serpientes en la habitación, que podrían incluso llegar a mordernos. En el momento en que planteamos la cuestión de si son serpientes o no, la probabilidad de que nos muerdan se reduce. Si lo ponemos a examen, intentaremos realmente averiguar si es una serpiente o no. Podría incluso tratarse de una serpiente inofensiva. En el budismo, la serpiente se considera un símbolo del enfado. En el centro del diagrama de la rueda de la vida, vemos las imágenes de una serpiente, un gallo y un cerdo. La serpiente representa el enfado y la paranoia humanas. El enfado es muy engañoso. Transforma la realidad totalmente. Proyecta cosas que sencillamente no existen. Si una cuerda se manifiesta como una serpiente en la carretera, pero no sobre el cristal en una habitación, se debe a ciertas predisposiciones de la mente. Si la persona estuviera totalmente paranoica, vería la serpiente sobre el cristal también. Lo que esto demuestra es que no deberíamos ser demasiado duros con nosotros mismos. Hay circunstancias que contribuyen. Puede haber estado oscuro, y tal vez no teníamos una linterna. Había muchos otros factores que facilitaban la manifestación y no eran nuestro estado mental. Podemos perdonar y entender. La regla es que por penoso que sea nuestro estado emocional, salgamos de él finalmente enriquecidos. Pero hasta que aprendamos cómo conseguir un desenlace positivo, seguiremos culpándonos a nosotros mismos. El discípulo aprenderá cómo aplicar las enseñanzas a todos los aspectos de su vida. Nuestra práctica formal tiene un impacto en nuestras actitudes hacia todo lo que nos rodea. Las enseñanzas se convierten en nuestra filosofía. Las ponemos en práctica en todas las situaciones. El abismo que antes se abría entre nuestra práctica de meditación sentada y el mundo exterior desaparece.

Un discípulo no lo es únicamente cuando está con su maestro o cuando lee un texto determinado. Es un discípulo mientras vea lo que tiene de maestro en su interior. Visualizar al gurú en nuestros corazones cuando dormimos, y sobre nuestra coronilla a lo largo del día, nos hace sentir uno con la sabiduría que brilla desde el gurú hasta nuestras mentes. Como ya mencioné antes, el gurú es la lupa de aumento que hay entre nosotros y el sol. Pero los efectos de esta lupa dependerán sobre todo de la posición en la que la sostengamos. Necesitamos que tanto el sol, como la lupa de aumento y quien la sostenga interpreten su papel antes de que la yesca pueda encenderse. La lupa de aumento no puede hacer mucho ella sola: de otro modo lo quemaría todo. Nuestro compromiso con la práctica es el modo que tenemos de sujetar esta lupa de aumento.

Cuando empecemos a enfocar la mente diariamente, nos parecerá carente de nitidez al principio, como una lupa de aumento que no enfoca bien. En la siguiente ocasión, tal vez exageremos la concentración. Con el tiempo, nuestra percepción cambiará a medida que nuestro enfoque mejore. Es beneficioso pensar que somos operadores de cine o televisión, y lo vemos todo a través de las lentes de las distintas emociones. Deberíamos intentar reconocer que en el pasado hemos estado viendo las cosas a través de la lente de alguna emoción, y como resultado hemos visto la imagen de un modo determinado. La mente es muy flexible. Siempre está dispuesta a escuchar, si el yo maduro está presente y dispuesto para dar instrucciones al viejo yo. Cuando el yo maduro empiece a predominar, la percepción de la realidad cambiará. Las enseñanzas del Lamdre que siguen a la iniciación de Hevajra se centran sobre todo en estas prácticas del estado de generación, en las que nos generamos como la deidad y aprendemos a ver nuestro propio mandala. La práctica entra en los detalles de la mansión que habitamos, de las distintas puertas y ventanas, de cómo se manifiestan, y de lo que representan. Cuanto más nos familiarizamos con los diseños, las formas y su simbolismo, más nos familiarizamos con el concepto de un reino iluminado. Por medio de la mera evocación imaginativa del terreno de la Iluminación, quien reside en su interior no tiene ninguna posibilidad de hacer nada que no sea percibir la realidad iluminada. Esto lo hace en una situación de meditación, y después, en el período posterior a ésta, sigue una serie de instrucciones en la línea de lo que hemos comentado anteriormente.

Hay prácticas esotéricas que se llevan a cabo justo antes de morir y en el momento de la muerte, que se emplean sólo si el discípulo no ha conseguido llegar a la Iluminación en esta vida. Es muy difícil romper esta realidad densa que nos rodea. Parece tan real y rígida. Una persona que alcanza la Iluminación en una vida es alguien de la máxima inteligencia. Los de inteligencia mediana alcanzarán la Iluminación sólo con la muerte o en el bardo. Muy pocos de los maestros tibetanos que conocemos alcanzaron la Iluminación en una vida. Pero murieron con estilo. Debido a ciertos factores kármicos, fueron incapaces de mostrar estas cualidades durante sus vidas. Incluso cuando el Buda demostró la Iluminación a los treinta y cinco años, hubo gente que no le vio como a un iluminado. Hay muchas historias de lo que ocurre cuando muere un ser así. No es como la muerte de las personas ordinarias, de quienes se dice que mueren como si fueran vacas. Incluso algunos grandes practicantes mueren en circunstancias difíciles, casi como si su práctica no funcionase bien. Pero entonces logran la Iluminación durante el bardo.

El Lamdre es el conjunto de instrucciones más elaborado sobre estos temas. Muchos de quienes lo reciban no serán capaces de seguirlas hasta que hayan completado el estado de generación de la práctica de la deidad. Los últimos diez días de las seis semanas de enseñanzas del Lamdre se centrarán en estos temas.

Las prácticas auxiliares

❧14❧

Durante las enseñanzas del Lamdre recibiremos las iniciaciones de Hevajra de la causa y el sendero y las enseñanzas del estado de generación externo e interno. Explicaré aquí que el estado de generación externo se ocupa sobre todo de la visualización del mundo, el lugar de meditación y uno mismo situados en el interior del mandala. Un mandala es un diagrama cósmico perfecto que ilustra lo que vería una mente iluminada. En el reino convencional, nuestro propio mandala es la manera en que percibimos el mundo que nos rodea. Nosotros somos el centro. Todo lo que nos rodea crea la circunferencia. Si estamos tranquilos, el mandala que creemos reflejará nuestra calma. Crearemos un mandala completamente distinto si estamos enfadados o paranoicos. La palabra tibetana para *mandala* es *dkyil 'khor*. *Dkyil* significa "centro", *khor* significa "circunferencia". Todos estamos en el centro de nuestro universo y todos creamos nuestra propia experiencia.

Tanto la iniciación de la causa como la del sendero son rituales llevados a cabo por el gurú para los discípulos, para admitirlos en el mandala. La iniciación del resultado, por otra parte, la ha de ejecutar el mismo discípulo. Esto lo hace practicando la sadhana que ha recibido, no sólo ocasionalmente o cuando le apetece, sino cada día a partir de entonces. De este modo, el discípulo ensaya realmente la Iluminación completa cada día en la sesión de práctica. Se podría decir que al llevar a cabo la sadhana, el discípulo imita las doce grandes acciones del Buda en una sesión corta. Además de emular las doce grandes acciones del nirvana del Buda, representar la sadhana purifica también las actividades mundanas ordinarias del discípulo desde el momento de su concepción hasta su muerte futura. La sadhana se podría comparar a un plano o diseño que hay que entender, practicar y digerir día a día. Con el tiempo, repara nuestra visión de la realidad, y nuestra percepción diaria cambia. Ya hemos comentado anteriormente las tres visiones: la visión impura, la visión de la experiencia y la visión pura. Ahora mismo tenemos una visión impura, así que nuestro mandala también es impuro. Hacer la sadhana supone cambiar deliberadamente nuestros patrones de pensamiento mediante técnicas concretas de visualización creativa. Pensamos que tenemos la forma de un ser iluminado. Enviamos rayos de luz en las diez direcciones, para llevar a cabo una multiplicidad de acciones en beneficio de los seres conscientes. Haciendo esto cada día creamos una nueva y poderosa costumbre, una nueva programación de nuestros pensamientos, que generará una visión de la experiencia. Empezamos a identificarnos de nuevo a nosotros mismos a medida que vamos comprendiendo la noción falsa del yo y lo que ésta supone realmente. Las nociones ordinarias tales como hombre o mujer, joven o viejo. bueno o malo, rico o pobre, a las que normalmente adherimos nuestros problemas, se vuelven irrelevantes.

La meditación de samatha es muy beneficiosa, porque hasta que no aprendamos a enfocar la mente, no seremos capaces de desarrollar una visualización clara. Necesitamos una visualización clara para vernos como la deidad en el centro, y todo el universo como un mandala. Necesitamos claridad para visualizar el mandala tan grande como la tierra, o mayor, o tan pequeño como una semilla de sésamo, sin pérdida de precisión. La habilidad de meditar nos capacita para anular todas las dualidades. La repetición de la práctica con fe, minuciosidad y regularidad nos lleva a desarrollar lo que se denomina una impresión conceptual, que no es todavía ni intuitiva ni empírica. Pero la mente se presta ahora por completo a la visualización con todo detalle. Es un poco como aprender a bailar. Al principio somos torpes. Podemos incluso temer una caída, pero con el tiempo desarrollamos habilidad y destreza, siempre que, por supuesto, sigamos practicando.

A medida que nos familiarizamos con esta nueva manera de pensar, podemos incluso soñar que hacemos la práctica. Después de todo, los sueños son simplemente reflejos de nuestros pensamientos de vigilia. Podemos haber estado representando la práctica sin mucha sensación de realidad mientras estábamos despiertos, pero en el sueño parecerá real. Este es un indicativo poderoso de que estamos progresando hacia el nivel de la visión de la experiencia. Si nuestra dedicación a la práctica aumenta con los años, llegaremos a la experiencia de la ausencia de diferencia entre nosotros y la deidad.

El estado de generación externo al que nos hemos referido anteriormente implica verlo todo como a la deidad y su mandala, oír todos los sonidos como el mantra, y considerar que todos los pensamientos son sabiduría. Esto se encuentra ligado a la iniciación de la causa. Pero una vez que hayamos comprendido esta no diferenciación, será el momento de que avancemos hasta el mandala del estado de generación interno, que se da sólo a los discípulos que hayan recibido la iniciación del sendero interno. Recibir la iniciación del sendero permite al discípulo aprender el mandala del cuerpo, que consiste en las venas, chakras, energía y aire sutil, que hace que la energía fluya hacia partes concretas del cuerpo. Hemos alcanzado el estado en el cual podemos visualizar el mandala exterior con mucha claridad. Ahora llevamos esta visualización al interior del cuerpo. El cuerpo, con sus venas, gotas y chakras ya no parecerá sólido. Ahora mismo, no pensamos en nosotros mismos como si contuviéramos una gran parte de la deidad en nuestro interior. Tendemos a pensar en términos del "yo" o "a mí", cuyas necesidades parecen exigir nuestra atención constante.

Los chakras se asocian con las "cinco personalidades" –avaricia, odio, ignorancia, envidia y arrogancia.

Durante la iniciación, se nos han presentado nuestras cinco personalidades como la naturaleza potencial de los Cinco Budas. Por ejemplo, cuando reconocemos de verdad al odio como tal en lugar de negarlo y reprimirlo, o representarlo, podemos trascenderlo y transformarlo en su forma purificada. Del mismo modo, todas las negatividades se pueden convertir en su forma purificada. Si nuestra meditación está muy desarrollada, podemos canalizar la mente a los distintos chakras del cuerpo, manipulando las venas por las cuales enviamos las energías de regeneración. Canalizar la visualización por las venas y aires puede curar los malestares físicos. Aprendemos a visualizar cada uno de los chakras –el chakra de la coronilla, el de la garganta, el del corazón, el del ombligo y el secreto–. Practicamos la visualización de cada uno de ellos de manera sucesiva, en orden ascendente primero y descendente después.

Ahora mismo no asciende gran cosa en nuestros cuerpos, pero hay mucho aire que presiona hacia abajo. La presión hacia arriba que experimentamos se limita a actividades como vomitar, cuando necesitamos expulsar algo al exterior. De otro modo, la mayoría de las actividades son descendentes. Ahora tenemos que aprender a invertir el proceso. En las prácticas preliminares, normalmente visualizamos las bendiciones descendiendo hacia nosotros, lo cual es fácil de imaginar. Cuando pasamos a las prácticas del mandala del cuerpo interior, hay mucho fuego ascendente para que el derretirse ocurra hacia abajo. Esto implica el uso de cada uno de los canales físicos para llegar a la experiencia del gozo en el mandala de venas del cuerpo, el mandala de letras de las venas, etc. Todas las venas de nuestros cuerpos consisten en letras psíquicas. No se pueden ver mediante ningún sistema físico de medición, pero están presentes en el cuerpo y tienen ciertas formas y contornos sutiles. Son sílabas que producen sonidos cósmicos. En sánscrito se denominan *aksharas*, que significa "inalterable".

Cuando emitimos sonidos como A, E, O, no hacemos daño a nadie, pero esto nos puede despertar. Se trata de un sonido puro e inalterable, limpio de emociones. El mandala de letras de las venas intenta animar a las vocales y consonantes dormidas, y casi muertas. Todos los chakras están marcados por círculos de vocales y círculos de consonantes, ya sea esto en el sentido de las agujas del reloj o al contrario. Con esta visualización de sílabas situamos los chakras en nuestro cuerpo de la manera más precisa. Los vemos en forma de contornos, y podemos enviar energía en un orden secuencial concreto, o en un orden inverso. Todos los chakras están relacionados entre sí. Lo que ocurre en el chakra de la coronilla dictará lo que ocurra en el chakra de la garganta, lo cual a su vez dictará lo que ocurra en el chakra del corazón, y así hasta el chakra del ombligo y en adelante. Los chakras del centro no tienen muchas posibilidades de elección. En realidad son el chakra superior o de la coronilla y el inferior o secreto los que lo controlan todo. La sensación humana normal de gozo y éxtasis es muy fugaz. Si ansiamos en exceso, ésta será todavía más breve. Cuando practicamos estas técnicas de ascenso y descenso, prolongando la experiencia, la mayor duración de nuestra concentración hace que aumente el gozo. Los practicantes que llevan a cabo la meditación profunda del mandala interior del cuerpo se encuentran con que el mundo exterior de los sentidos ya no es un problema para ellos.

Cuando los discípulos reciben la iniciación de la causa y del sendero, reciben instrucciones sobre estas prácticas del mandala interior del cuerpo. Pero dichas prácticas no se pueden enseñar con sencillez. Tenemos que practicarlas concienzudamente durante muchos años antes de poder entenderlas realmente. Se tienen que llevar a cabo de manera secuencial, y sólo bajo una guía e instrucciones estrictas, bajo la vigilancia de un practicante con experiencia. Una vez que hagamos las prácticas de la generación interior, no sólo veremos a las deidades, sino que también veremos el cuerpo como un mandala y las venas como un mandala. Todas las venas son letras, como mencioné anteriormente. En algunas tradiciones hay iniciaciones en las cuales se dibujan todas las sílabas en las distintas partes del cuerpo. Esto se hace también en el tantra hinduista.

Cada una de nuestras emociones se identifica con un chakra concreto. Por ejemplo, el odio se asocia al chakra del corazón. Cuanto más claramente visualicemos estos chakras en los distintos centros del cuerpo, más podremos afectar a la función o influencia de la energía negativa. La energía negativa del odio se transmuta en forma de sílabas. Las venas lo hacen en sílabas, en cuyo interior se encuentran las deidades. Nuestra concentración estaba anteriormente en la forma exterior del mandala. Nos concentrábamos en las puertas, ventanas y columnas, el significado de los distintos elementos, los dioses y las diosas, lo que sostenían, etc. Cuando nuestra práctica realmente comienza a ser más profunda, podemos empezar a hacer la interiorización. Conservamos todavía el mandala exterior como parte de la práctica, pero nuestra atención se dirige en cambio hacia el interior. Las prácticas del estado de generación exterior primero y de generación interior después van seguidas por las prácticas del estado de consumación. Las deidades del interior envían energía que sube por las venas. Esta pasa a través del cuerpo y se extiende por el universo, beneficiando a los seres conscientes y haciendo ofrecimientos a todos los budas. Aunque a nuestras mentes los mandalas interiores les parezcan pequeños, sus actividades son tan extensas como las de los mandalas exteriores. Lo que empezó como nuestro simple yo se ha multiplicado. Resulta que lo que pensábamos que era un fluido que corría por nuestras venas consiste en realidad en muchas deidades.

El movimiento del fluido generativo no es el fluir de la sangre, sino el movimiento de estas deidades. Normalmente generamos el pensamiento de una manera muy monótona. Por ejemplo, la manera en que generamos odio es sólo un esquema habitual. El flujo de la energía a diversos lugares, letras y chakras se repite constantemente. Si nuestra práctica se desarrolla lo suficiente, podemos cambiarlo. Las prácticas implican el control de la dirección del fluir del aire, lo cual conduce a la apertura del canal central. Cuando la concentración es lo suficientemente intensa, los aires penetran en la parte inferior del canal central a través del órgano secreto, lo cual hace que cesen todas las dualidades. Hasta que nuestras mentes, pensamientos y energías entren en el canal central, permaneceremos en la dualidad. Veremos diferencias entre nosotros y los demás, entre el poseedor y lo poseído, entre nosotros y el mundo, entre nosotros y la deidad. Toda nuestra visión del mundo estará basada en la separación. El sentido de unidad sólo aparece cuando la energía entra en el canal central. Estas prácticas no se pueden hacer en la vida cotidiana. Se han de llevar a cabo en situaciones de retiro bastante apartado. Pero el Lamdre concede el permiso y da la transmisión.

Si un practicante no llega a conseguir la Iluminación a pesar de seguir estas prácticas a lo largo de su vida, dispone de prácticas auxiliares, que son las famosas enseñanzas conocidas como los *Seis Yogas*. También se las conoce como los *Seis Yogas de Naropa*, aunque estas enseñanzas son en realidad mucho más antiguas que Naropa, que vivió en el siglo once, cuando estas enseñanzas ya llevaban mucho tiempo en circulación. A veces también se las denomina los *Seis Yogas de Niguma*, que era la hermana de Naropa. El Lamdre no atribuye las prácticas a ningún maestro concreto: se las conoce sencillamente como las "prácticas auxiliares". Recordaréis que anteriormente mencionamos las cuatro iniciaciones: la del jarrón, la secreta, la de la sabiduría trascendental y la cuarta iniciación. Estas prácticas subsiguientes lo pueden ser a cada una de estas cuatro iniciaciones. Las prácticas de generación y consumación que hacemos pertenecen a la iniciación del jarrón. En primer lugar, intentamos conseguir la Iluminación mediante la iniciación del jarrón. No podemos andar eligiendo. Tenemos que empezar con la iniciación del jarrón antes de continuar con las prácticas de la iniciación secreta, y así sucesivamente. Los seis yogas se asocian a cada una de estas cuatro iniciaciones, aunque se modifiquen ligeramente.

1. Gyu-lu (*cuerpo ilusorio*)

La primera de estas prácticas auxiliares se denomina *gyu-lu*, o "cuerpo ilusorio". Esta es una enseñanza que practicamos cuando no estamos llevando a cabo la sadhana. Implica no concebir nunca este cuerpo humano como real, y ver todos los fenómenos como intangibles y efímeros. Intentamos no aferrarnos a los fenómenos y verlo todo como meramente etiquetado. Intentamos ver lo que ocurre a nuestro alrededor como un despliegue de ilusiones mágicas que hemos creado y conceptualizado. Cuanto más frecuentemente pensemos de este modo, más facilidad tendremos para visualizar este cuerpo disolviéndose en la vacuidad y a nosotros mismos apareciendo con la forma de la deidad. A menos que comprendamos la naturaleza ilusoria de todas las cosas, nos encontraremos en la situación de sentir que el dolor de nuestra rodilla es un dolor real, y sin embargo intentamos conseguir una visualización de una deidad de dieciséis manos. ¡La visualización sencillamente no va a tener lugar! ¡Apenas podemos manejarnos con los pocos miembros que tenemos ya! Mientras permanezcamos en este nivel, sentiremos lo que todos los problemas tienen de realmente físicos. Pero no basta con emplear la técnica únicamente para manejar los problemas. La deberíamos emplear en todo tipo de ocasiones.

Cuando nos fijemos en un objeto, ya sea éste bonito o feo, deberíamos concebirlo como una mera ilusión, antes de permitirnos tener una opinión acerca de nuestra percepción. Incluso si nuestra práctica diaria de la sadhana no va bien, y no hacemos más que mantener nuestro compromiso sin mucha inspiración, es bueno hacer esta práctica durante el resto del tiempo. Cuando la gente pronuncie palabras hirientes, podemos intentar ver sus palabras como simples ilusiones. De otro modo, una vez que la persona haya acabado de hablar y la situación haya concluido, la haremos mucho más real y mucho más duradera apegándonos a ella. Normalmente ampliamos la extensión temporal de palabras y situaciones que tal vez no han durado más que unos cuantos minutos o segundos. Mediante esta práctica, podemos cancelarlo todo en ese mismo instante.

2. El yoga de los sueños

Ya mencionamos anteriormente que si hacemos sadhanas regularmente y con fe empezaremos a soñar que las hacemos. Del mismo modo, si practicamos el cuerpo ilusorio, empezaremos a soñar con ello también. Existe una gran correspondencia entre el yoga de los sueños y el cuerpo ilusorio. Cuanto más pensemos en el cuerpo ilusorio, más sueños tendremos. Los veremos como sueños, en lugar de confundirlos con la vida real. Podemos hacer muchas cosas en los sueños que somos incapaces de hacer despiertos. El triste estado de nuestras vidas se debe sobre todo a nuestra incapacidad para satisfacer nuestros sueños en el pasado. Pero en la práctica de los sueños, podemos hacer eso por fin. Las personas que han practicado el yoga de los sueños han podido visitar a maestros a quienes añoraban y viajar a tierras a las que nunca consiguieron ir en el estado de vigilia. El estado de soñar es un estado de mente muy puro. Cuando dormimos no dañamos a nadie. (Aunque, por supuesto, algunas personas siguen hablando mientras duermen. ¡No pueden parar!) En el estado de consciencia del sueño profundo, la mente inconsciente sube a la superficie. El cuerpo consciente y el yo se van a dormir. La mente inconsciente puede dejar el cuerpo y hacer todas las cosas que queremos. Los buenos practicantes consideran que las prácticas del yoga de dormir y de soñar tienen una gran importancia. A veces, a pesar de haber pasado horas practicando durante el día, podemos sentir que hemos progresado poco. Pero las enseñanzas del yoga de los sueños nos dan toda la noche para compensarlo. Hay varias técnicas que podemos emplear cuando sabemos que estamos teniendo un sueño, que incluyen *jang wa*, *gyur wa* y *pel wa*.

La primera de estas técnicas es *jang wa*, que significa entrenarse para saber que los sueños son sueños. En realidad, no podemos saber que los sueños son sueños hasta que comprendamos que todas las experiencias de la vigilia son ilusiones. Tratar todos los fenómenos como ilusiones no significa que simplemente escapemos de las situaciones difíciles diciéndonos que no están ocurriendo en realidad. Incluso sumidos en las circunstancias más favorables y más alegres, tenemos que tomarnos el tiempo de recordarnos que todo ello es sólo ilusión. Una vez que reconozcamos nuestras experiencias diurnas como ilusiones, las podremos cambiar. A esto normalmente se le denomina *transformación*. Si alguien está enfadado con nosotros, es bueno comprender que una persona impaciente sentirá de manera más aguda el enfado de los demás. Podemos empezar a comprender que nuestra propia impaciencia y enfado hacen que nuestro entorno se manifieste como hostil. Entonces podemos hacer que la ilusión del enfado se aleje un poco. Una vez que alcancemos este estado, tal vez estemos listos para transformarlo.

La segunda técnica es *gyur wa*, que significa "transformar sueños". Una vez que podemos transformar nuestras situaciones de vigilia, podemos aprender a transformar los sueños. Imagina que estamos soñando que nos persiguen unos perros. Podríamos cambiar este sueño de forma que estuviésemos realmente montando a lomos de los perros. Los lugares desagradables se pueden transformar en reinos puros. Pero no seremos capaces de transformar nuestros sueños hasta que no tengamos la capacidad de cambiar nuestras experiencias de la vigilia.

La tercera técnica es *pel wa* o "multiplicación". En el transcurso de nuestros sueños, nos multiplicamos a nosotros mismos y las cosas que nos gustan, y hacemos disminuir o incluso desaparecer las cosas que no nos gustan. Por ejemplo, si vemos a nuestro gurú en un sueño, podemos visualizar que hay gurús por doquier. Transformar y multiplicar es algo que podemos hacer en nuestras vidas cotidianas y mientras estamos soñando, en los momentos que median entre las prácticas. Algunas personas realmente alcanzan la Iluminación soñando. Algunos practicantes, en medio de sueños que reconocieron como tales, invitaron a grandes maestros del linaje de épocas pasadas, que vinieron y dieron enseñanzas, y algunos de estos practicantes llegaron a la Iluminación como resultado de ello. Hay muchas enseñanzas susurradas de esta forma. Se conocen como enseñanzas del "linaje cercano". Algunos practicantes que las recibieron pudieron escribir, enseñar y transmitir las enseñanzas con una elocuencia sorprendente. No tuvieron que preocuparse de estudiar textos. Hubo un maestro que recibió las enseñanzas de tres meses en el transcurso de un solo sueño de tres horas.

El Vajrayana no se opone a que se duerma o sueñe. Se nos anima a que usemos la oportunidad de dormir y soñar para hacer avanzar nuestra práctica. Hay yogas para todo tipo de actividades: yoga de dormir, yoga de soñar, yoga de comer, o en lo que a esto respecta, incluso yoga sexual. A menudo, hay más restricciones que alicientes sobre ello. La gente que entiende estas prácticas puede transformar todas sus actividades y experiencias. Todo lo que necesitamos para tener éxito con nuestro yoga de soñar es seguir el yoga de dormir, que no es uno de los seis auxiliares, pero es parte del yoga de soñar. Podemos practicar el yoga de dormir cada día sin aprender necesariamente cómo llevar a cabo el yoga de soñar.

3. La luz clara

Si no hemos alcanzado la Iluminación en el momento de la muerte del cuerpo físico, la misma experiencia de morir ofrece una oportunidad más. Cuando la consciencia está a punto de dejar el cuerpo, nuestra mente llega a su estado más puro. La luz clara a la que nos referimos es la misma luz clara de la que la gente habla tras las experiencias cercanas a la muerte. Antes de hacer salir a la consciencia, se las pueden arreglar para llegar a la Iluminación. Hemos estado intentando disolver el cuerpo físico cada día en nuestra práctica y tal vez no ha funcionado. Pero finalmente, el cuerpo físico llega a un punto en que se rinde. Entonces experimentamos una disolución natural de los elementos. Si la mente permanece lo suficientemente clara y concentrada como para observarla, es posible llegar a la Iluminación en el momento de la muerte. A esto se le conoce como la "luz clara de la muerte". Hay ocho estadios de disolución, cinco clínicos y tres espirituales. Si hemos practicado la sadhana cada día y hemos llevado a cabo el yoga de dormir y de soñar, tendremos la claridad necesaria para las prácticas de la luz clara. Nuestra motivación debería ser auténticamente elevada, porque esta es realmente nuestra última oportunidad. La disolución de la deidad que llevamos a cabo al acabar cada práctica de la sadhana nos prepara para ello. De alguna manera, ha sido una especie de ensayo para observar el proceso de la muerte con mucha claridad. No sufriremos el terror y el enfado asociados tan a menudo con la experiencia humana de la muerte. Las prácticas de la luz clara de la muerte son la tercera de las prácticas auxiliares que se enseñan en el Lamdre.

Por supuesto, algunas personas no llegan a iluminarse ni en el momento de la muerte. Tal vez hayan fallado al reconocer los estadios de disolución de manera correcta, o tal vez hayan tenido miedo y hayan intentado aferrarse a alguna persona o cosa. Aun muriéndose, no han estado dispuestas a soltarlo. La gente no está dispuesta a morir a menos que cuenten con esta practica de la luz clara de la muerte. La mayoría de los seres ordinarios muere y después se despierta de nuevo al cabo de una semana. El tiempo que media entre la muerte y el volver a despertar se denomina *bardo*, que quiere decir "ni aquí ni allí". Es un estado de limbo. Los seres del bardo intentan reanudar sus antiguas relaciones y volver a sus hogares, sólo para encontrarse con que sus cuerpos ya no están y no pueden dar a conocer su presencia a sus seres queridos. Están completamente desconectados de sus viejas vidas. Ya no pertenecen a este mundo, aunque todavía se sienten en gran medida parte de él. Hay mucha confusión en sus mentes. Una razón por la cual en la tradición tibetana a menudo leemos en voz alta el denominado *Libro Tibetano de los Muertos* es para ayudar a la persona muerta o moribunda a entender lo que está sucediendo. Esto se hace sobre todo para beneficiar a las personas que no han sido practicantes mientras vivían. En el caso de un practicante que sepa cómo hacer el yoga de la luz clara, sería más beneficioso leerle su práctica.

Normalmente se puede decir cuándo una persona ha logrado la Iluminación por el aspecto de su cuerpo. Algunos practicantes permanecen en *samadhi* durante varios días o incluso una semana. Puede ser que se vea a algunos practicantes muy viejos, que apenas podían sentarse en la postura de meditación durante sus vidas, sentados en meditación perfecta, con sus cuerpos exudando una especie de lustre que hacía mucho tiempo que ya no tenían durante sus años de declive. Se manifestarán varios signos auspiciosos.

4. Dakama

Esta es la transferencia de consciencia, también conocida como *phowa*. El dominio de esta práctica permite al moribundo evitar el estado del bardo por completo, y dirigirse inmediatamente a su siguiente renacimiento.

5. El bardo

Los seres del bardo tienden a aferrarse a la gente, lugares y cosas que conocían cuando todavía tenían un cuerpo. Si hubiesen recibido todas las enseñanzas que hemos descrito, habrían recordado que sus cuerpos son ilusorios. El ser del bardo puede ver su propio cuerpo tumbado sin vida. Todo el mundo se aparta de él. Incluso los seres amados se apartan. ¡Qué transformación repentina de la vida en ausencia de ésta! A menos que el ser del bardo haya recibido estas enseñanzas, estará profundamente confundido y afligido. Todas las emociones negativas surgirán sin control, ahora que el cuerpo burdo ya no está. Ese es el motivo por el cual la mayoría de los muertos acaban como espíritus hambrientos. Aunque los espíritus hambrientos tienen vidas más largas que los seres humanos, finalmente expiran y pasan a otros renacimientos.

Las enseñanzas del bardo están diseñadas para ayudar a los seres difuntos a pasar por el proceso de adquirir un nuevo renacimiento que les permita intentarlo de nuevo en otro cuerpo, lo cual es tanto tedioso como arriesgado. Se dice que la posibilidad de volver a nacer como un ser humano es muy remota. No es únicamente cuestión de adquirir un cuerpo humano. Para seguir estudiando las enseñanzas necesitamos un renacimiento humano con al menos la misma capacidad, fe y devoción que tenemos ahora, y un entorno en el que se enseñe el Dharma. Se dice que una persona que muera sin conseguir la Iluminación en esta vida, pero que haya mantenido la fe y la devoción, protegiendo sus votos en la medida de lo posible, llegará a la Iluminación en varias vidas. Dicen que en el transcurso de dieciséis vidas, incluso la persona más torpe llegará a la Iluminación. A una persona de inteligencia media le llevará ocho vidas. La más inteligente lo logrará en una.

La mayoría de los seres tienen un renacimiento rápido al cabo de aproximadamente una semana. Esta experiencia del bardo se considera bastante suave. Se dice que el período máximo de tiempo son cuarenta y nueve días. Pero incluso en el bardo, uno puede morir hasta siete veces, aproximadamente una vez cada siete días. Algunos continúan indefinidamente en el estado del bardo y se convierten en espíritus. Hasta que no han transcurrido los cuarenta y nueve días, se les sigue denominando seres del bardo. Por supuesto que si la persona se las arregla para guiar su consciencia de acuerdo con las enseñanzas del *phowa*, visualizando a su gurú y siguiendo las instrucciones, no es necesario que sufra el bardo. Pero si esto falla, tiene que recurrir a las enseñanzas del bardo.

Unos cuantos maestros tibetanos tienen fama de haber conseguido la Iluminación durante el bardo, incluyendo a Drogmi, uno de los primeros maestros tibetanos, que fue a la India y llevó a su regreso al Tíbet las enseñanzas del Lamdre. Otro de ellos fue Marpa. Aunque unos maestros tan eminentes se puedan haber manifestado a sus discípulos como iluminados, como gurús, como budas, desde el punto de vista de su propio continuo mental, no se manifestaron completamente de ese modo durante sus vidas. Pudieron tener instantes de experiencias de Iluminación, despiertos o en sueños, pero la Iluminación real sólo llega en una circunstancia concreta. El Lamdre, y en especial el Lamdre no común, cuenta con enseñanzas muy extensas sobre el bardo.

Nuestra experiencia del bardo se puede ver aligerada tanto por lo que hacemos como por las prácticas que los miembros de nuestra familia o los supervivientes puedan llevar a cabo. Si el muerto o los supervivientes sienten un apego excesivo, la experiencia del bardo será proporcionalmente más dura. Desde el punto de vista de los supervivientes, pueden ayudar a minimizar la experiencia del bardo cortando con su apego, tratando a la persona como a un muerto, y llevando a cabo las oraciones y ceremonias que las escrituras proporcionan. Ese es el motivo por el cual los tibetanos buscan el consejo de los astrólogos acerca de qué es exactamente lo mejor para un muerto en concreto. Intentan emplear toda su riqueza y posesiones personales de la manera más útil, antes de que el período de cuarenta y nueve días haya transcurrido. El nombre del fallecido no se emplea más tras ese período de tiempo . Hay muchas prácticas culturales de este tipo vigentes en la sociedad tibetana.

6. Renacimiento

La última es la práctica del renacimiento. Si una persona ha llevado a cabo muchas sadhanas en vidas previas y tiene una visualización clara del loto y las sílabas semilla, existe la posibilidad de obtener la Iluminación en el momento de la concepción. Cuando esto ocurra, la madre experimentará un aborto. Así que no deberíamos lamentar todos los abortos con excesiva premura.

Algunos practicantes renacen con el recuerdo de las vidas pasadas. Tienen unas mentes muy claras. Su continuo mental es el de un practicante entrenado. Estas son personas que renacen deliberadamente porque tienen un propósito determinado en mente. Han tomado un nuevo cuerpo para continuar con su práctica. Esto lo ilustra hasta cierto punto el sistema tibetano de *tulkus*. La mayoría de los maestros realizados vuelven de este modo, se les reconozca como *tulkus* o no.

Los bebés no son reconstrucciones de los genes de sus padres. Venimos al mundo con nuestra consciencia y todo nuestro bagaje kármico intactos. No falta nada, aunque no podamos recordarlo. Lo que estudiamos en las vidas previas afectará a nuestra capacidad en esta vida. Si estudiamos idiomas, tendremos una buena capacidad lingüística en esta vida. Nacemos con todos los residuos del conocimiento pasado, las deudas previas, la sabiduría y la práctica anteriores. Por supuesto, tenemos que aprender de nuevo. Si hemos tomado iniciaciones en las vidas pasadas, tenemos que tomarlas de nuevo, y sufrir todas las realidades convencionales.

Hay dos tipos de sabiduría: *jang top kyi she rab* es la sabiduría adquirida por medio del estudio, *kye top kyi she rab* es la sabiduría que ha estado con nosotros desde el nacimiento. Algunas personas no tienen que estudiar mucho. Les viene naturalmente. Otros lo intentan con mucho ahínco, pero no parecen llegar a ninguna parte. Este es el motivo por el cual al final de la sadhana de Hevajra el discípulo pide que si no llega a obtener la Iluminación en esta vida, nazca en una familia pura en la que su vida reciba la bendición de estas prácticas de nuevo. Y así será, porque recogemos lo que hemos sembrado. Dondequiera que nazcamos, incluso si lo hacemos en un país en el que la mayoría de las personas no siguen el Dharma, lo encontraremos de nuevo. Si tiene que suceder, sucederá.

Cuando esto ocurre, las enseñanzas no parecen extrañas o culturalmente diferentes. Hay bendiciones kármicas. No sólo obtendremos de nuevo un precioso renacimiento humano, sino que también seremos capaces de continuar las prácticas.

Quienes siguen el Dharma pero no tienen una práctica cotidiana no pueden grabar en sus mentes cada día. Andarán eligiendo prácticas y tradiciones, dejando fácilmente una para probar con otra. No serán capaces de confiar en sí mismos. No habrá enseñanzas que parezcan contener la respuesta, porque están continuamente mirando hacia el exterior en lugar de concentrarse en desarrollar algo en el interior. Sin firmeza, las prácticas no pueden grabar nuestro continuo mental. Tenemos que ser capaces de desarrollar fe en nosotros mismos llevando el Dharma a nuestras vidas y cultivando el Buda y la Sangha en el interior. Para evitar la confusión, tenemos que desarrollar la sadhana en nuestro interior. Después de todo, la sadhana es el medio de realización espiritual.

Es muy difícil encontrar la oportunidad de recibir todas las enseñanzas Theravada, Mahayana y Vajrayana de un maestro, bajo un solo techo y de una sola vez. El linaje Sakya proporciona a la gente esta oportunidad por medio del Lamdre. No lo da cualquier maestro o enseñante Sakya. Lo da uno de entre unos pocos maestros cualificados, y hay menos de una docena de ellos. El hecho de que las enseñanzas se impartan en un lugar, por un solo maestro y en una única ocasión es muy importante. Podríamos emplear la analogía de una gallina que intenta incubar un huevo. No prueba a hacerlo un poco aquí, y después un poco allá. Se tiene que incubar el huevo de una sola vez. Del mismo modo, en situaciones de retiro, es muy importante mantener la continuidad de la práctica.

Cuando yo era un monje que hacía retiros, se nos decía que no dejásemos el asiento de meditación tanto tiempo que perdiese su calor. Solíamos incluso disponer nuestras cuentas de oración en forma de vajra para ayudar a mantener el asiento caliente cuando teníamos que levantarnos por algún motivo. La sadhana es la herramienta que el discípulo debe usar después de recibir todo el Lamdre. Incluso si no la entiende mucho, debe seguir haciéndola con fe. Entonces, gradualmente, como un gotear de agua constante, dejará su huella. Una única gota no tiene el poder de desgastar ninguna superficie. Pero si sigue cayendo sin parar, desgastará la roca más sólida.

Estas son las prácticas auxiliares. Las que hemos descrito son para la *iniciación del jarrón*. Después viene la iniciación secreta, la iniciación de la sabiduría trascendental y la cuarta iniciación. Cada una de las seis prácticas auxiliares se puede modificar para cada una de las iniciaciones. Las variaciones no son grandes. Una vez que uno ha entendido la primera, es bastante fácil seguir la segunda, tercera y cuarta. Sin embargo, uno no puede elegir las opciones segunda, tercera o cuarta a menos que haya probado ya la primera.

El Resultado

❧15❧

UNA VEZ AQUÍ, ME gustaría recordar un poco los orígenes de las enseñanzas del Lamdre, que normalmente se presentan en un período de un mes y medio, aproximadamente. Con anterioridad al siglo quince, las enseñanzas duraban tanto tiempo como le llevase al maestro impartírselas al discípulo. El maestro presentaba las enseñanzas gradualmente, una sección cada vez. No introducía el siguiente nivel de las enseñanzas hasta que estuviera convencido de que su discípulo había progresado significativamente con las instrucciones que ya le había dado. Aunque no había marcos temporales estrictos, se estima en general que la duración media de las enseñanzas del Lamdre era de unos tres años. Normalmente se llevaban a cabo en retiro en un monasterio o ermita. Hasta el siglo quince, se consideraba el Lamdre como un conjunto exclusivo de enseñanzas, restringido a aquellos que manifestaban la capacidad y podían llevar a cabo retiros de tres años. También se requería de los estudiantes que llevaran a cabo cualquier preparación que el maestro especificase. Entonces el gran maestro Dagchen Lodro Gyaltsen decidió que las enseñanzas se podían modificar para proporcionar una enseñanza común adecuada para grandes grupos, mientras que las enseñanzas no comunes seguirían siendo impartidas de un único individuo a otro. Hoy me gustaría tratar del resultado final del Lamdre y de lo que una persona podría esperar conseguir de recibir las enseñanzas.

Si miramos el nivel del sutra de las enseñanzas que prevalece en los países Theravada, tales como Tailandia, Birmania y Sri Lanka, veremos que se pone un gran énfasis en la renuncia. En concreto, las enseñanzas dan mucha importancia a renunciar a este mundo, o más bien al apego que le tenemos. Pero aislarnos de la sociedad puede no ayudarnos a conseguir el desapego. Podríamos ir a vivir a monasterios y ermitas y seguir apegados a las cosas que hemos dejado atrás. El aislamiento puede a veces ser una mera forma de escapar. Por supuesto, la reclusión es una técnica legítima que todos usamos alguna vez para intentar desarrollar el desapego a las cosas mundanas. Sin embargo, incluso aquellos que se afeitan la cabeza, toman votos de monje o monja, e intentan separarse de los objetos de apego, pueden aún experimentar un sentimiento persistente de aferramiento hasta que alcanzan un cierto nivel de logro.

Podemos emplear la analogía de una polilla en una habitación oscura, que se ve irresistiblemente atraída por una lámpara que arde. La lámpara le parece tan bonita. No le importa golpear la cabeza contra el cristal una y otra vez mientras albergue la esperanza de llegar a la luz. No sabe que si realmente entra en contacto con la llama se quemará. Cuando lo hace, es obvio que es demasiado tarde. Una vez que realmente entendemos el proceso del apego podemos empezar a soltar el apego mismo, independientemente de los objetos que nos rodeen. Tenemos que saber que esa llama atractiva sólo nos va a quemar, a menos que nos alejemos de ella. No es necesario que nos preocupemos de la lámpara. No nos necesita para seguir ardiendo. Es muy importante para nosotros, como personas laicas, apreciar esto. Por supuesto que no puede haber progreso espiritual sin un cierto grado de renuncia. Es necesario que entendamos a un nivel profundo lo inútil que es aferrarse a sentimientos de resentimiento, odio y apego. Tenemos que ver que no proporcionan ningún beneficio en absoluto. Después tenemos que encontrar una técnica para soltar. Las enseñanzas nos ayudan a entender intelectualmente; la meditación es una inestimable técnica de experiencia que nos lleva a un nivel de comprensión más profundo.

No somos como personas de pie al borde del camino que miran a otros que han elegido el sendero de la renuncia, siempre dispuestos para proporcionar comida y dinero a la sangha cuando lo necesitan. El mero hecho de dar cosas materiales no es la renuncia. Sin embargo, no tenemos la necesidad de vestirnos con hábitos y de vivir en monasterios. Incluso los votos del refugio que tomamos implican un compromiso de renunciar a ciertas maneras de comportarse, como dañar a seres humanos. Por supuesto, hay distintos niveles de compromiso, desde la persona laica que toma un único precepto, hasta la sangha plenamente ordenada que toma más de doscientos cincuenta votos. No es el número de votos lo que cuenta. No nos tenemos que comparar con otros. Tenemos que centrarnos en el nivel que se adapte a nuestra situación.

Tenemos un cierto éxito hoy en día al prohibir el uso de ciertas armas de destrucción, lo cual ciertamente ayuda a limitar nuestra capacidad de destrucción física del mundo. Pero aún más destructivas son las armas que llevamos en nuestro interior. Me refiero a las armas del odio, la envidia y el enfado. En lugar de afilarlas, es necesario intentar que estén cada vez más desafiladas. Si estudiamos las enseñanzas, meditamos y practicamos soltando nuestros apegos, sabemos que estamos en el sendero.

Hubo un período, desde el siglo séptimo hasta el siglo doce, en que la vida monástica llegó a su culminación. Pero hoy en día vivimos en una sociedad que exhibe lo que podríamos denominar sentimientos contrarios al monasticismo. Los monasterios se van convirtiendo progresivamente en instituciones académicas. Existe casi un sentimiento de desaprobación cuando alguien decide convertirse en monje o monja. Estuve recientemente en Taiwan. Allí hay muchos monjes y monjas, y yo presencié una gran ceremonia de ordenación. Se trataba, por supuesto, de un acontecimiento alegre. Pero al mismo tiempo, hubo mucho revuelo en los medios informativos en torno a un caso en el que sesenta jóvenes habían ido a un campamento de verano en el que recibieron enseñanzas de un destacado abad. Al acabar el fin de semana, cuarenta mujeres jóvenes del campamento se habían convertido en monjas. No habían solicitado el consentimiento de sus padres, y de hecho sus padres no tenían ni idea de que aquello iba a suceder. Las chicas no volvieron a casa después de la ordenación, así que los padres no las habían visto desde que se marcharon al campamento. Solicitaron información del monasterio, y la respuesta fue que éste no revelaba información personal.

Naturalmente, los padres estaban preocupados, y algunos de ellos se pusieron en contacto con la policía. El caso llegó hasta los titulares. Hubo debates interminables en los medios de comunicación entre los sectores que apoyaban al monasterio y los sectores que apoyaban a los padres. En realidad, las chicas no eran menores de edad. Tenían entre veinte y treinta años, de forma que no había probablemente mucho que los padres pudieran hacer. Dejando de lado el modo en el que esta ordenación en concreto tuvo lugar, lo que quiero realmente poner de relieve es la actitud de los padres. Su mayor queja era que las vidas de sus hijas se iban a echar a perder. Los padres estaban tan atrapados por el materialismo de la vida de Taiwan que no podían entender la noción de renuncia que había inspirado a sus hijas. Una de éstas compareció ante los medios de información para defender el caso de las chicas. Señaló que era ridículo que los padres se comportasen así. Aquellas mujeres eran adultos que elegían un camino espiritual, y tenían todo el derecho a hacerlo. Preguntó si los padres habrían montado tanto follón si ellas hubiesen ido a un campamento para jóvenes y las hubiesen pillado fumando droga. Dijo que no lo creía así. Aunque hay tantos monjes y monjas en Taiwan, y es una sociedad budista que se supone apoya a los miembros de la sangha, existe una actitud muy extendida de que tomar los hábitos no es realmente más que una pérdida de tiempo. Parece que está bien para los demás, pero no para los familiares. Esto es lo que puede ocurrir cuando la gente piensa en la renuncia como en el abandono total de la sociedad. Esta actitud se asemeja a la que la gente tuvo hacia el Buda cuando se marchó del palacio. Mucha gente sintió que había abandonado a su familia y al mundo. Pero en realidad, había de volver al cabo de seis años con abundantes regalos para todos, en forma de enseñanzas y bendiciones.

Cada vez que trascendemos una emoción come el enfado estamos desarrollando más compasión. El sendero de la renuncia no necesita poner énfasis en el abandono. Se puede volver un sendero positivo. Se puede convertir en el sendero de la paciencia y la compasión. Es bueno verlo así. De otro modo, el sendero de la renuncia puede no llegar a ser más que una protesta contra la sociedad y un rechazo a los demás. Esta actitud no reporta nada. Por otra parte, la práctica de la compasión y la paciencia frente al odio se convierte en nuestro regalo al mundo. Es mutuamente beneficioso. De este modo, la renuncia de Buda ayudaba no sólo a la gente que le rodeaba y pensaba que habían sido heridos, sino a un número infinito de seres. No se limitaba a los seres que estaban presentes entonces. Las bendiciones de sus regalos continúan derramándose hasta la actualidad.

Cada vez que renunciamos a algo, pasamos por un período difícil hasta que curamos la separación. Si dejamos a alguien, nos sentimos solos un tiempo. La otra persona se puede sentir rechazada, y puede apegarse incluso más a nosotros. Pero este mismo sentido de abandono puede ser un regalo de libertad. A veces es adecuado que la gente se separe. Uno debe tener el valor de señalar que la relación ha dejado de ser provechosa para alguno de los dos, y que ha llegado el momento de separarse. Si esto se dice sinceramente en beneficio de los dos, no subsistirá el resentimiento. La experiencia será un catalizador para la realización de los dos. No estoy hablando de salir corriendo a buscar un marido o una esposa mejores. Me estoy refiriendo a la oportunidad de reconocer que el crecimiento espiritual de uno puede verse limitado en los confines de una relación concreta. Si este es el caso, es mejor retirarse antes de ser totalmente vencido.

El tema de la renuncia es un elemento muy importante de las enseñanzas del Lamdre. Por supuesto, es fácil que la gente se sienta inspirada por temas que suenan más esotéricos, como las prácticas auxiliares. Pero tenemos que recordar que no hay realización espiritual sin renuncia. A menos que trabajemos con los acontecimientos de nuestras vidas que nos causan problemas, permaneceremos demasiado empapados en la ilusión como para beneficiarnos de ninguna de las prácticas esotéricas. Nos resulta beneficioso inspirarnos con las prácticas de nivel superior de vez en cuando, pero tenemos que asegurarnos siempre de que aplicamos nuestra práctica al nivel en el que estamos. Incluso si nuestra capacidad actual de renuncia es limitada, podremos admirar a aquellos que consiguen niveles más elevados que el nuestro. Apreciaremos el tener ejemplos que nos inspiren y podamos emular.

Una vez que hayamos alcanzado un cierto nivel de renuncia, nos resultará natural desarrollar el altruismo. Esta es una progresión desde el nivel Theravada hasta el Mahayana. No es difícil entender por qué ocurre esto. Una vez que nos hayamos liberado en gran medida de nuestra avaricia, envidia y arrogancia, dispondremos de un gran espacio en nuestro interior listo para ser llenado. Ese espacio vacío se puede ocupar entonces con algo más significativo que todas esas emociones negativas. Es un poco como barrer y limpiar nuestra habitación antes de meter muebles bonitos. Siempre que ponemos nuestra energía en ayudar a otros en lugar de enfocarnos en nuestros propios problemas, nos volvemos más felices. Esta nueva felicidad no deja espacio para que las negatividades regresen sigilosamente.

Las enseñanzas Mahayana sugieren que practiquemos el altruismo primero con nuestra madre, esté viva o muerta. Después podemos intentarlo con nuestros padres, nuestros compañeros, y seguir hasta las demás personas de nuestras vidas. Los sentimientos que tenemos hacia nuestras madres pueden ser bastante complejos. Normalmente son muy fuertes. Cuando practicamos la amabilidad amorosa hacia ella, revisamos nuestra relación pasada. Probablemente sentiremos un profundo arrepentimiento por la manera en que nos hemos comportado en el pasado. Querremos arreglarlo. Nos sentiremos en deuda por todas las dificultades y sacrificios que soportó por nosotros. La práctica nos llevará mucho más cerca de nuestra madre de lo que lo hemos estado nunca anteriormente. La experiencia mejora nuestra capacidad de curar todas las demás relaciones que hemos tenido. Aprendemos a visitar de nuevo todas nuestras relaciones estropeadas con las técnicas de la meditación altruista que han funcionado de manera tan efectiva con nuestras madres. Esto se fundamenta en nuestro arte de la renuncia.

En lugar de huir de las heridas y cicatrices antiguas, volvemos a situaciones del pasado llevando regalos para reparar los dolores, por lo menos simbólicamente. Ya no echamos la culpa a los demás. Hemos tomado la responsabilidad por lo ocurrido. No estoy hablando de un sentimiento de culpa debilitador. La responsabilidad está más relacionada con tener el valor de reconocer nuestro propio papel en lo ocurrido y ocuparnos de la curación, en lugar de ignorar la situación o esperar que otros hagan el trabajo en nuestro lugar. Tenemos que permitir que los demás crezcan a medida que transcurre el tiempo, en lugar de aferrarnos a una imagen rígida de como les vimos en un momento dado. Cuando entendemos esto, contamos con un incentivo adicional para tomar la iniciativa y también hacer nuestro papel.

A veces necesitamos un poco de distancia con respecto a los demás. La meditación es una buena forma de conseguirlo. Requerirá que le reservemos un tiempo que de otro modo habríamos pasado con la familia y los amigos. Otros lo pueden calificar de egoísta. Pero tenemos que actuar con decisión, sabiendo que nuestra meditación no nos beneficiará únicamente a nosotros, sino también a los demás, por lo menos a largo plazo. A corto plazo, estaremos más relajados con la gente si mantenemos los beneficios de nuestra práctica. Es importante recordar esta motivación altruista, y no desanimarse por la miope oposición de los demás.

La motivación altruista nos ayuda en todos los niveles de nuestras vidas. Incluso en las relaciones difíciles, podemos contribuir a suavizar los problemas si sentimos empatía por la otra persona, en lugar de preocuparnos sencillamente por nosotros. Podemos intentar concentrarnos en dar a la otra persona todo el espacio que su odio necesita. Nos volvemos lo suficientemente grandes como para absorberlo: entonces estamos funcionando realmente como un compañero. Si podemos soportar las dificultades de nuestra pareja, podemos desarrollar relaciones no egoístas de amor verdadero. Las relaciones así pueden ser para nosotros una manera maravillosa de crecer en paciencia, compasión y fe.

Algunas relaciones son físicas, otras son simbólicas. Dado que no está físicamente presente, nos resulta más fácil hacer reverencias al Buda que hacérselas a personas que estén más cerca de nosotros. Después de todo, el Buda nunca suscita nuestro odio. Siempre es más fácil tener fe en las personas o cosas que no nos provocan. Es fácil rezar al sol, a la luna, a los árboles o al río, porque no hay ninguna respuesta. Pero las relaciones bilaterales son más difíciles. Pueden ser muy creativas, pero pueden ser destructivas también. No podemos realmente existir sin tener algún tipo de relaciones. Pero éstas nunca serán sanas a no ser que consideremos que la otra persona tiene por lo menos tanta importancia como nosotros. Tenemos que llegar a entender cómo encajan las enseñanzas sobre la renuncia y sobre el altruismo.

Podemos practicar la compasión con todo tipo de criaturas e intentar desarrollar una comprensión de su destino en la vida. Imagina, por ejemplo, la vida digna de compasión de una vaca, sin tan siquiera mencionar el momento en el que tiene que dirigirse al matadero, sino únicamente su vida de vaca. A la intemperie, en el exterior, comiendo hierba, expuesta a la naturaleza, y a merced de la gente. No es una vida fácil. Si nos sentamos y meditamos, y nos ponemos en su papel de vaca, podemos desarrollar un tremendo sentimiento de compasión. Podemos emplear esta técnica para desarrollar compasión hacia otras criaturas también. Es muy importante alternar el objeto de altruismo. Tenemos que aprender a practicar el altruismo con seres que nos son indiferentes. Esta es la manera de progresar. Si practicamos sólo con personas que nos ocasionan problemas emocionales, se puede convertir en una mera medida para momentos de crisis. Tenemos que ser capaces de practicar el altruismo de manera natural con cualquier otro ser.

Existen algunos practicantes del Lamdre que hacen esto como práctica principal. Una de las primeras tradiciones del Lamdre se denomina HAUMA. Hay una historia de un meditador que era famoso por practicar la meditación de cambiarse por los demás. Meditaba sobre los perros. Durante la meditación decía constantemente HAU. Sentía realmente lo que supondría ser un perro. Ese sonido era la única manera en que podía expresarse. Era el único modo que tenía de expresar su enfado o su ansia. ¡Imagina lo que sería no poder emitir más que un sonido! ¡Piensa en el sufrimiento! Se dice que hay ciertas sílabas semilla, venas y elementos en el cuerpo que ocasionan el renacimiento como un perro. Una vez que logremos en meditación ese profundo nivel de empatía, no renaceremos nunca como un perro, y así sucesivamente. Cuantas más meditaciones de ese tipo hagamos, más erradicaremos las propiedades biológicas que determinan nuestras futuras encarnaciones.

Las meditaciones sobre la amabilidad amorosa nos pueden acercar tanto a los sufrimientos de otros seres que los experimentemos como propios. Esa capacidad es una experiencia muy profunda del altruismo. Entonces no habrá momentos en los que no pensemos en otros seres. Mientras pensemos en el bienestar de los demás, estaremos felices y irradiaremos felicidad a quienes nos rodeen. Cuando dos personas sufren en una relación, es porque los dos son egoístas. Pero en el momento en que uno de ellos piense en la felicidad del otro, su sufrimiento se invertirá. La felicidad última viene de preocuparse por otros seres. Volviendo al tema de la renuncia, que se encuentra inextricablemente ligado al altruismo, vemos que hemos alcanzado una perspectiva más profunda. La renuncia no es realmente acerca de renunciar a cosas materiales o a otros seres, después de todo. *La auténtica renuncia consiste en renunciar al yo.* Esto es, al yo ilusorio. Es este yo ilusorio quien hace un mal uso de las emociones. Cuando una persona llega a una experiencia del altruismo, descubre que renunciando a emociones como la avaricia, el odio, la envidia y la arrogancia ha estado aplicando medidas temporales, basadas en la noción equivocada del yo. Era el yo ilusorio quien actuaba al servicio de estas emociones. Ahora se eleva por encima de él y es capaz de universalizar la experiencia. Ya no es una única entidad a quien sólo le preocupa su propio bienestar. Ahora él o ella se ve como todo el mundo y a todo el mundo lo ve como a sí mismo.

Una vez que una persona llega a este punto, no se volverá a sentir nunca cansada o desanimada. Piensa en el ejemplo de la madre Teresa. Muchas personas de su edad probablemente no querrían más que estar sentadas en un asilo de ancianos. Pero al estar motivada por el bienestar de otros seres, tiene toda esa energía. Es feliz de vivir en Calcuta. La mayoría de los occidentales de su edad no se quedarían en una ciudad así. Pero ella se ha universalizado. No tiene necesidad de ir a un lugar más tranquilo, mejor y más limpio para sentirse bien. Es feliz estando donde hace más falta. Cuando la gente oye hablar de la madre Teresa, no piensa en nada negativo. Ella genera felicidad e inspiración. Ese es el poder del altruismo, el poder de la compasión. No necesita encontrarse con cada ser para extender ese sentimiento.

La renuncia y el altruismo son los dos primeros elementos importantes de las enseñanzas. El último es la vacuidad. Tenemos que llegar a comprender que ni el objeto de altruismo, ni el ser que lo desarrolla, ni el mismo proceso del altruismo existen de manera inherente. No hay ningún gran yo que haya dominado esta imponente enseñanza y se encuentre permanentemente instalado en el bien, la sabiduría, y la capacidad de meditar en el altruismo. Es muy importante recordar esto, porque en este nivel existe un peligro real de desarrollar un inmenso orgullo espiritual. Todavía hay un aferramiento al "yo", que se ha vuelto ahora tan puro. Mientras exista aferramiento al objeto de amor y a quien lo desarrolla, no se cortará la raíz del samsara. Podemos hacer mucho bien en el mundo ejerciendo la amabilidad y la compasión. Pero tenemos que comprender que el yo, las buenas acciones y el objeto de compasión carecen todos ellos de existencia inherente. Dependen unos de otros. El yo que comprende todo esto no es inherente, sino meramente etiquetado.

Mientras siga habiendo un yo que sienta satisfacción por sus logros, se trata todavía de un yo ilusorio. El mérito de ocuparse de otros puede haber purificado los elementos burdos de aferramiento al yo físico y sensorial, pero a menos que se cuente con la experiencia de la vacuidad de la existencia inherente del yo, persistirá el sentimiento sutil de un "yo" permanente. Se puede emplear la razón para probar que el yo no está allí. Uno se puede preguntar dónde está el yo, qué es el yo, o cuándo empezó este yo. No puede ser localizado. ¿Cuál de nuestros órganos puede ser identificado como "yo"? ¿Tal vez nuestros pulmones, hígado, costillas, o columna vertebral? ¿Tal vez la piel, o a lo mejor la nariz? Piensa en la parte de tu cuerpo que sienta más orgullo. ¿Es eso tu yo? Aparentemente, el agregado físico no es el yo. No es más que una botella etiquetada. Antes de la etiqueta, era una simple botella. Si nos llamamos Pedro, ¿somos eso? Hay millones de Pedros. Estamos apegados a nuestros nombres, que son meras etiquetas. Nosotros somos los etiquetados, los demás son quienes colocan las etiquetas. Pero antes de esta etiqueta, ¿qué éramos?

Este es el tipo de investigación que tenemos que llevar a cabo para convencernos de la falta de existencia permanente del yo. Hay un cuerpo, hay hambre, existen todas esas sensaciones, pero no hay un yo intrínseco. Cuando examinamos el cuerpo sistemáticamente, incluyendo todos los huesos, articulaciones, tendones, etc. tenemos que llegar a la conclusión de que se trata de una admirable obra de la biología. Parecería que cualquier yo existente habría de residir en el interior de este organismo. Sin embargo, hay momentos en que sentimos y pensamos cosas que están sucediendo en el exterior del cuerpo. De forma que el yo no es el cuerpo. Entonces, ¿por qué nos sentimos heridos cuando alguien nos golpea? Si el yo está fuera del cuerpo, ¿por qué sentimos dolor en él? Se dice que quien se aferre al yo físico sentirá dolor. Por otra parte, quien no se aferre al cuerpo no experimentará ningún dolor físico. Este es el motivo por el cual el Buda pudo trascender todas las adversidades. Cuando uno cesa de identificarse con el cuerpo, la mente puede controlar el aspecto físico. El cuerpo se convierte en un mero vehículo.

Podemos continuar la investigación. Si el yo no es el cuerpo, ¿qué hay de las sensaciones? Sabemos cuándo nos sentimos felices, o tristes o tenemos calor o frío. Pero, ¿cuál de las sensaciones es el yo? El hecho es que las sensaciones son tan fluctuantes, tan transitorias. No se encuentra ningún yo permanente. Están los agregados de la sensación, montones de ellos. Hay muchos, y son lo suficientemente fuertes como para hacernos sentir el "yo". Pero no hay ninguna sensación aislada que sea lo suficientemente sustancial, por sí misma, para ser "yo". Durante la meditación tendemos a exagerar nuestro dolor. Empezamos a pensar: "Ay, no. ¡Dolor! Ay, me duele el cuerpo." Realmente nos dejamos alarmar por ello, como si cada parte del cuerpo estuviese sufriendo intensamente, incluso aunque el dolor esté sólo en los extremos de las rodillas.

Si observamos tranquilamente el dolor cuando aparece, vemos que surge y decae. Todo lo que sube debe bajar. Es la mente no adiestrada la que prolonga las experiencias sin necesidad, aferrándose a la condición de ausencia de dolor. Por otra parte, si dejamos sencillamente que el cuerpo sienta dolor, su nivel disminuirá, lo cual se debe a que hemos dejado de exagerarlo. El proceso es similar con las emociones. Normalmente, si sentimos enfado, lo tenemos que expresar de alguna manera. No parece que tengamos elección. Pero si vemos venir el enfado antes de expresarlo realmente, podemos ver que es así de trivial y vergonzoso. Lo que desencadena nuestro enfado parece tan insignificante cuando lo examinamos con calma… Responder con observaciones hostiles parece un despropósito total. Dado que no hemos agregado la sensación, no nos vengaremos. Esto se explica en las enseñanzas sobre *skandas*. Tendemos a agregar nuestros cuerpos y nuestras emociones. Deberíamos en cambio diseccionar, haciendo uso de la teoría reduccionista. Después de todo, si nos duele un tendón, recordemos que se trata únicamente de uno de los novecientos que hay. ¡Los restantes ochocientos noventa y nueve no nos duelen! Si pensamos así, seremos fuertes.

Nuestras percepciones nos gobiernan en gran medida. No hay nada inherente en los objetos mismos que sea bueno, bonito o malo. Todo es lo que nos imaginamos. La longitud de onda de nuestra mente proyecta el objeto en la pantalla. Ese es el motivo por el cual alguien puede ser percibido de maneras tan dispares por las distintas personas. Veremos lo que pensamos. Los objetos no tienen poder. Son exactamente como espejos. Hay una pantalla vacía afuera, y la empleamos para dar cuerpo a nuestras ilusiones. Lo miramos todo, diciéndonos: "Allí estamos, eso sucedió, dijo aquello, ¿verdad?", etcétera. Las percepciones son muy poderosas. Si sabemos que nuestras mentes proyectan todo eso, podemos ser capaces de enfocarlo de nuevo, de alterar la percepción. La variabilidad de nuestra percepción, frente a la misma circunstancia externa es lo que hace que nuestras mentes puedan maniobrar. Cuantas más perspectivas diferentes podamos desarrollar respecto a un objeto, menor será aquello a lo que nos podamos apegar o por lo que nos podamos sentir heridos. Esto se debe a que se vuelve evidente que no hay ningún objeto inherentemente exterior a nosotros. Ni tampoco hay un yo inherente que vea siempre lo mismo, porque ya hemos demostrado que somos capaces de variar lo que vemos. De este modo no estamos agregando nuestras percepciones. Estamos desmantelando ciertas percepciones intercambiándolas por otras. De esta manera, ni pertenecemos a la percepción ni nos volvemos su sirviente. Podríamos hablar también de los agregados de la voluntad y de la consciencia. Estos dos, añadidos a los agregados físicos, emocionales y de la percepción componen los cinco agregados.

Sucede que los objetos que usábamos para practicar la renuncia y la compasión son todos parte de un juego mágico. Ninguno de ellos merece más o menos amor. Los objetos no existen como aparecen. Son sólo reflejos de nuestra mente confusa. Practiquemos o no la renuncia o la amabilidad amorosa, los seres siguen teniendo que estar pendientes de su propio sufrimiento. Todas las prácticas que hemos hecho por los demás han sido en realidad en beneficio de nuestro propio progreso en el sendero. Podemos haber aligerado ciertos bloqueos kármicos entre nosotros y los demás, pero siguen siendo los propios seres quienes tienen que llegar a una experiencia de la vacuidad exactamente al igual que nosotros. Este es un peso que nos quitamos de encima. No tenemos que pensar ya que lo tenemos que hacer todo por otros seres, que no pueden hacerlo ellos mismos. Mucho mejor así, porque esto podría conducir a sentimientos de grandiosidad y martirio, y a una gran expansión del ego. La euforia espiritual es peligrosa, si le damos rienda suelta. Podríamos sentir la tentación de concebirnos como si fuéramos ya otro buda, listo para arreglar todo el mundo, lo cual lleva a un acercamiento de tipo misionero. ¡Todo el mundo tiene que pensar como nosotros! Esto, por supuesto, no sería más que otra ilusión. Por ese motivo las enseñanzas budistas sobre la ausencia de existencia inherente del yo son tan importantes.

Habiendo recibido enseñanzas de nivel Theravada sobre la renuncia, seguidas de enseñanzas de nivel Mahayana sobre el altruismo y la vacuidad, si elegimos continuar recibiremos enseñanzas Vajrayana. Estas se basan en los *Tres Tantras*, que son el tantra de la causa, el del sendero y el del resultado. Las enseñanzas del tantra de la causa se centran en la ausencia de existencia inherente del yo. Esto implica una iniciación, que nos revela que nuestra mente siempre ha sido pura y limpia. Sencillamente, no hemos logrado reconocer esto en el pasado. Intentamos reconocer el yo verdadero, que no es del modo que aparece. El yo que aparece no es el yo. Pero hay un modo de existencia del yo que es incomprensible. Ese yo incomprensible se articula en forma de deidades, usando gestos y simbolismos para ayudarnos a identificarnos con ese yo ideal. Intentamos meditar bajo esa forma, en lugar de como el yo ordinario.

Asumimos el papel de un buda, que puede expresar distintos estados de ánimo y tener distintas formas, sostener diferentes objetos y expresar cualidades divinas e iluminadas. Por lo tanto, no meditamos en el concepto "nihilista" de la vacuidad que se enfoca en la no existencia, sino que empleamos un concepto creativo de la vacuidad que lo hace todo posible. Creamos un mundo, una mansión celestial. El meditador mismo es el buda. Todo el proceso se convierte en una expresión del yo ideal, que no es distinto de la consciencia universal de todos los seres iluminados. Cuando hacemos eso, el volverse universal que mencionamos anteriormente haciendo referencia a la compasión culmina en el juego mágico. Este juego es el de un ser iluminado. Hacemos esto durante la sesión de práctica. En los intervalos, oímos todos los sonidos como el mantra, percibimos todos los pensamientos como sabiduría trascendental, y todas las formas como la deidad. Ahora ya no hay seres a los que renunciar. No hay seres que sean objeto de compasión. Se trasciende la dualidad de samsara y nirvana, uno y los demás. Las experiencias son expresiones del yo resultante, que es el buda resultante, en lugar de querer nosotros que el resultado llegue. Ese es el motivo por el cual hablamos del sendero en el que el resultado es inherente. La práctica de la sadhana en la que nos manifestamos como la deidad se considera el resultado. No esperamos a hacer un número concreto de sadhanas para obtener algún resultado. No se trata de un progreso lineal hacia un destino. No es una práctica orientada hacia una meta. Es la radiación de la meta, la manifestación de la meta, la realización de la meta. El resultado es la capacidad de hacerlo realidad, en lugar de lograr la realización espiritual más adelante.

Esto nos lleva al tercer nivel, que es el tantra del resultado. Cuando una persona alcance este nivel, que es la Iluminación, verá a todos los seres como budas y bodhisatvas. A esto se le conoce también como Mahamudra resultante. En la tradición Sakya, empleamos el término Mahamudra sólo cuando hablamos de la realización última. En este nivel, no hay nada que pensar. Ningún idioma, por más elocuente que sea, podría expresar este estado. Está mejor sin expresión. Trasciende todo el conocimiento. No es conocimiento. No puede ser compartido. Es tan profundo que uno no puede ver su comienzo. No cesa. Es permanente. Es como el cielo. Se conoce a sí mismo. No hay ningún sentimiento de omnisciencia en la persona iluminada, porque no hay ningún objeto de conocimiento fuera de él. Que se conoce a sí mismo quiere decir que se entiende a sí mismo. La persona realizada sabe que el conocimiento de cualquier cosa es el conocimiento propio. El mundo no es distinto de uno. Uno no es distinto del mundo. No hay ningún sentimiento de que uno conoce el mundo y de que hay un grupo de personas esperando, a quienes uno quiere enseñar. No se puede expresar. No hay vía de salida y no hay vía de entrada. Es como es. Pero es flexible. Puede jugar. Puede manifestar cualquier cosa. Ni aumenta ni disminuye. Es como el espacio. Si rompemos una botella o derribamos un edificio, el espacio contenido en el universo ni aumenta ni disminuye. Son las barreras que diferenciaban previamente a uno de los demás las que ya no están. No es que una persona en concreto esté iluminada y todos los demás se hayan vuelto criaturas dignas de lástima, atascadas ahí abajo en algún lugar, esperando a que el iluminado baje y les ayude. No quedan seres a quienes salvar. No hay ningún "otro" en la mente iluminada.

La persona iluminada puede aún, sin embargo, pensar y conocer a otros seres en sentido relativo. Por lo tanto, se puede manifestar de muchas maneras. Si la manifestación del ser último viene al mundo y ayuda a otros a conseguir la Iluminación, no aumenta la omnisciencia y el conocimiento de los iluminados. No aumenta porque el continuo mental de todos los seres es uno, hablando a nivel último. Se encuentran temporalmente apartados, pero sólo por sus propias intrigas. Quienquiera que reflexione en estos temas está probando el sabor de la Iluminación.

Un meditador diestro que entre en absorción profunda puede probar el gusto de esto durante un período limitado. La prolongación de esta experiencia empleando varias técnicas puede hacerlo factible hasta el punto en que el meditador no sienta dolor en el cuerpo, carezca de cualquier sentido de percepción, y no distinga el calor del frío. Uno de nuestros problemas es que vemos demasiado. La Iluminación es *no ver*. La luz de la Iluminación no puede surgir hasta que dejemos de estar cegados ya por la visión de las cosas.

El Lamdre hace surgir en nuestro interior una mente que puede emplear las prácticas diarias para estimular estas realizaciones. Es un método rápido. Las realizaciones que obtenemos no son nuevas. Sin embargo, en nuestro estado normal están ocultas bajo velos de ignorancia y aferramiento. Es a quitar esos velos a lo que llamamos realización espiritual. No es conocimiento que nos venga de fuera. Si estamos enfadados con alguien y trascendemos ese enfado, todo sentimiento de enfado entre nosotros y la otra persona desaparecerá. No se trata de quitar de en medio a la otra persona. Esta se podría ir a otro continente y nosotros podríamos seguir sintiéndonos enfadados. El Lamdre es el sendero de transformación. Los discípulos inteligentes pueden comprender esta verdad en una sola vida. Algunos pueden alcanzar la realización espiritual en el momento de la muerte. A otros les puede llevar más, hasta el bardo. Hay historias documentadas de grandes maestros que alcanzaron la realización espiritual en el bardo, como Marpa, el maestro de Milarepa, y Drogmi, el fundador del Lamdre en el Tíbet.

No todo el mundo tiene la máxima inteligencia. A todos nos gustaría tenerla, por supuesto, ¡pero una cosa es la aspiración y otra la capacidad!

Nota final

Uno de los correctores de pruebas se fijó en que había quedado algo sin explicar al final de este libro. Aunque yo preferiría dejar la "indescriptible vacuidad" tan vasta como el espacio para que los lectores la llenen con prácticas de continuación, he decidido incluir la cita siguiente de un sutra Mahayana para el lector medio. No se trata de demostrar lo completo que es el libro, sino más bien su falta de existencia inherente. Como ejercicio, tal vez sería conveniente sugerir que al acabar la lectura de cada capítulo, intentásemos eliminar aquello que carezca de coherencia y también nuestro "aferramiento" a lo que sí sea coherente. Al pasar la última página del libro, ¡recuerda que ya no eres la misma persona que ha leído las páginas anteriores!

Gandavyuhasutra:

Esta es la morada de quienes permanecen en la vacuidad, ausencia de signos y ausencia de deseos.

Esta es la morada de quienes permanecen en la ausencia de discriminación de los dharmas.

Esta es la morada de quienes permanecen en la ausencia de diferenciación del dharmadhatu.

Esta es la morada de quienes permanecen en la carencia de apoyo a cualquier apoyo…

Khon Konchok Gyalpo.
Fundador del Monasterio Sakya en el Tíbet

Glosario

Agregados. Ver **Cinco agregados**.

Alaya vijñana (sán.); *kun gzhi rnam shes* (tib.). También conocido como el "almacén de la consciencia", es la consciencia base que almacena las impresiones mentales y las tendencias habituales. Se la considera la consciencia raíz, a partir de la cual se desarrollan las otras siete formas de consciencia.

Avalokiteshvara (sán.); *'jig rten dbang phyug* (tib.). Una deidad de meditación que personifica el aspecto compasivo de todos los budas.

Bardo; *bar do* (tib.) *antarbhava* (sán.). Estado intermedio entre la muerte del cuerpo físico y su renacimiento. Su duración estimada es de hasta cuarenta y nueve días, transcurridos los cuales se supone normalmente que ha tenido lugar un renacimiento.

Bhumi (sán.); *sa* (tib.). Literalmente, tierra, suelo, o nivel. Hace referencia a los sucesivos niveles de comprensión en el sendero a la Iluminación. En el sendero Mahayana, se reconocen diez de estos niveles. El Vajrayana identifica trece bhumis.

Bodhichita (sán.); *byang chub kyi sems* (tib.). Es la intención altruista de alcanzar la Iluminación completa para beneficiar a otros seres conscientes, y es de suma importancia en el budismo Mahayana. La bodhichita convencional se puede clasificar en dos niveles sucesivos: de aspiración, que es el deseo de beneficiar a otros, y de compromiso, que implica actividades de beneficio real. La bodhichita última es el logro de la mente que realiza la vacuidad. En el Vajrayana, la bodhichita se emplea también para referirse a los fluidos seminales tanto del hombre como de la mujer.

Bodhisatva (sán.); *byang chub sems dpa'* (tib.). Un bodhisatva es un "ser valeroso" que se ha propuesto permanecer en el samsara hasta que todos los seres conscientes hayan sido liberados, en lugar de buscar la liberación individual. El *ideal del bodhisatva* es de suma importancia en el budismo Mahayana, cuyo sendero del *sutra* se denomina a veces *Bodhisatvayana*.

Brahmanismo. Un culto del hinduísmo relacionado con la adoración del dios Brahma.

Canal central. *Ver* Canales.

Canales; *rtsa* (tib.). El cuerpo humano contiene 72.000 canales o nadis sutiles que distribuyen la energía por el cuerpo. La energía que fluye por estos canales afecta a todos los aspectos de nuestro bienestar físico y emocional. La naturaleza de la energía y su circulación depende sobre todo de nuestros estados mentales. Hay tres canales principales, que van desde la coronilla hasta la zona de las ingles.

Cinco agregados; *Pancaskanda* (sán.); *phung po Inga* (tib.). La filosofía budista identifica cinco componentes en un ser consciente, que son la forma, la sensación, la percepción / discernimiento, la acción voluntaria y la consciencia.

Cinco engaños; *pancaklesha* (sán.); *nyong mongs lnga* (tib.). Son la avaricia, el odio, la ignorancia, la envidia y el orgullo o la arrogancia. La forma purificada de cada uno de ellos es una de las cinco sabidurías, representadas a su vez por una de las cinco familias de budas.

Cinco familias de budas; *Pancabuddhakula* (sán.); *sangs rgyas kyi rigs lnga* (tib.). Cada una de las cinco familias de budas las preside un buda que representa la forma purificada de uno de los cinco agregados, y una buda femenina que representa uno de los cinco elementos en forma purificada. *Vairochana* (familia de la rueda) representa la forma purificada; *Akshobya* (familia vajra) la consciencia purificada; *Ratnasambhava* (familia ratna) el aspecto purificado de la sensación; *Amitabha* (familia padma) la percepción / discriminación; *Amoghasiddhi* (familia karma) los factores de condicionamiento y motivación.

Cinco sabidurías; *pancajnana* (sán.); *ye shes lgna* (tib.). Las cinco sabidurías son: (1) cognición prístina de la realidad (*dharmadhatujnana*); (2) cognición prístina semejante a un espejo (*adharshajnana*); (3) la cognición prístina de la igualdad (*samatajnana*); (4) la cognición prístina del discernimiento (*pratyavekshanajnana*); (5) la cognición prístina del logro (*krityupasthanajnana*).

Cuatro apoyos; *rton pa bzhi* (tib.). *La doctrina es el refugio, y no la persona. El espíritu es el refugio, y no las palabras o las letras. El significado último es el refugio, y no el significado interpretativo. La sabiduría directa es el refugio, y no la consciencia discursiva.*

Chakra; *Cakra* (sán.); *'khor lo/ rtsa 'khor* (tib.). Significa literalmente "rueda". En el contexto Vajrayana, se refiere a los centros de energía situados en la confluencia de los tres nadis. Generalmente, se reconocen siete chakras. En el Vajrayana, se concede una importancia especial a cinco de ellos, que son el de la coronilla, el de la garganta, el del corazón, el del ombligo y el secreto.

Chitamatra; *Ver* **Sólo mente.**

Dharma (sán.); *chos* (tib.). Esta palabra tiene muchos usos e interpretaciones. Una clasificación simple de sus usos es: (1) enseñanzas budistas; (2) objetos, materia, existencia; (3) principios aceptados.

Dharmakaya (sán.); *chos sku* (tib.). *Ver* **Kaya.**

Dhyana (sán.); *bsam gtan* (tib.). Concentración en un solo punto o absorción meditativa.

Doha (sán.). Canciones generadas por experiencias místicas del budismo tántrico. Ver Kvaerne, Per. *An Anthology of Buddhist Tantric Songs*; Shahidullah, *Chants Mystiques*; P.C. Bagchi, *Dohakosha*.

Dorje. *Ver* **Vajra**.

Dzogchen; *rdzogs chen* (tib.). La gran perfección. Un término técnico del linaje Nyingma, que describe un estado de consciencia intrínseca estabilizada.

Eternalismo; *shasvata vadin* (sán.); *rtag lta* (tib.). Una de las dos visiones filosóficas extremas que se considera impiden a los practicantes la experiencia de la vacuidad. Históricamente, describía la posición de ciertas escuelas filosóficas tempranas de la India antigua. El término se aplica a una visión filosófica o religiosa que postula la existencia de un alma eterna. *Ver también* **Nihilismo** y **Madhyamika**.

Guelugpa; *dge lugs pa* (tib.). Una de las cuatro tradiciones principales del budismo tibetano. Fue fundada por el filósofo del siglo catorce Tsong Khapa. Durante el siglo diecisiete se convirtió en la fuerza política dominante en el Tíbet central.

Guhyasamaja (sán.); *gsang ba 'dus pa* (tib.). Nombre de la deidad tántrica masculina que representa el *mahayoga*, según las escuelas Nyigma, y el *anuttarayogatantra* según las escuelas Sarma (nuevas).

Gurú (sán.); *bla ma* (tib.). Maestro espiritual. El término sánscrito significa literalmente "de peso". La palabra tibetana *bla ma* (que se pronuncia *la ma*) significa excelente o supremo. Un maestro ha de satisfacer requisitos específicos para ser considerado como gurú, que varían de acuerdo con el nivel de la práctica.

Heruka; *khrag 'thung* (tib.). Epíteto usado para todas las deidades iracundas con consorte. El término tibetano significa literalmente "bebedor de sangre", en referencia a quien ha secado la sangre del renacimiento y de la muerte.

Hevajra; *kye rdo rje* (tib.). Una deidad de meditación de la clase no dual del *Anuttarayogatantra*. Esta deidad es la base de las enseñanzas esotéricas del Lamdre que forman la práctica principal de la tradición Sakya del budismo tibetano. Hevajra era la deidad principal de Sachen, Marpa, Milarepa, etc.

Hinayana (sán.); *theg pa dman pa* (tib.). Uno de los tres "vehículos" o yanas budistas. El Hinayana es el vehículo que enfatiza la liberación individual (moksha) del sufrimiento. Describe un vehículo orientado hacia uno mismo. *Ver también* **Theravada**.

Iniciación de la causa; *rgyu dbang* (tib.). Iniciación de madurez que incluye la admisión en un mandala y la concesión de las inciaciones del Maestro Vajra y del discípulo Vajra.

Kagyu; *bka' brgyud* (tib.). Una de las cuatro escuelas de budismo tibetano. Se remonta a mahasiddas indios como fueron Tilopa y Naropa. La fundaron Marpa, Milarepa y Gampopa.

Karma (sán.); *las* (tib.). La ley de "causa y efecto". Según ella, todas nuestras acciones, ya sean físicas, verbales o mentales, producen consecuencias y también dejan huellas en el continuo mental. Esto fija una cadena de causas que continúa de un renacimiento a otro. Las semillas kármicas maduran cuando encuentran las condiciones adecuadas. No se experimentan nunca consecuencias sin haber cometido un acto causal. No se pueden evitar las consecuencias de acciones negativas a menos que se apliquen los remedios.

Kaya (sán.); *sku* (tib.). El cuerpo de un buda. La literatura Mahayana distingue tres cuerpos: el Dharmakaya, o cuerpo de la verdad, que es invisible, y el Rupakaya, o cuerpos de la forma, que son de dos tipos. Estos son el Nirmanakaya, la emanación física de un buda, visible por los seres ordinarios, y el Sambogakaya, o cuerpo de deleite del buda, visible sólo por los seres iluminados. El budismo tántrico añade un cuarto cuerpo, el Svabhavakaya, caracterizado como la esencia subyacente e indivisible de los otros tres cuerpos. Algunos de los tantras superiores hablan de cinco kayas, que incluyen el cuerpo Dharma de la sabiduría, la naturaleza que lo impregna todo y todo lo une.

Lama. *Ver* **Gurú**.

Lamdre; *lam 'bras* (tib.). Es un conjunto completo de prácticas meditativas que abarcan todo el sendero a la Iluminación. El Lamdre es único por la manera en que presenta e integra de manera progresiva enseñanzas de cada uno de los tres vehículos en un sistema armónico de instrucción. Culmina con las enseñanzas esotéricas basadas en la deidad Hevajra. Las enseñanzas del Lamdre le fueron dadas en primer lugar al mahasiddha indio Virupa, y fueron introducidas en el Tíbet por Drogmi Lotsawa. Hay dos linajes: *Tsogshe*, o enseñanzas comunes, y *Lobshe*, o enseñanzas no comunes.

Lobshe; *slob bshad* (tib.) *Ver* **Lamdre**.

Madhyamika (sán.); *dbu ma pa* (tib.). La filosofía Mahayana del camino medio entre los dos extremos del nihilismo y el eternalismo. La doctrina de la vacuidad que expone la escuela Madhyamika afirma que todos los fenómenos, ya sean mentales o físicos, carecen de existencia inherente. Su existencia es relativa, y depende de causas y condiciones, incluyendo las etiquetas que se les asignan. Sin embargo, se acepta la existencia relativa, a diferencia de la visión nihilista, que no acepta ni siquiera ésta. La Madhyamika difiere del punto de vista eternalista en que rechaza la existencia última y permanente, particularmente respecto a la existencia de un "alma" permanente e individual. *Ver también* **Eternalismo** *y* **Nihilismo**.

Maestro Vajra. El maestro que confiere la iniciación tántrica.

Mahamudra (sán.); *phyag rgya chen po* (tib.). Significa literalmente "el gran sello". Es un estado de logro último. Se refiere a cosas distintas en las enseñanzas de nivel del sutra y del tantra. De acuerdo con las enseñanzas del nivel del sutra, es entender la vacuidad como la naturaleza última de la realidad. Esta visión caracteriza a todos los fenómenos como carentes de existencia inherente a nivel último. En el sistema tántrico, Mahamudra se refiere a la Budeidad, que es el máximo logro. En este contexto, "mudra" se refiere a la experiencia de los tres kayas, que está sellada con el logro del gozo supremo y que no cesa. En este estado, no hay ni aumento ni decrecimiento.

Mahasiddha (sán.); *grub thob chen po* (tib.). En sánscrito, *maha* significa "grande", y *siddha* significa "quien ha logrado *siddhis*", que a su vez significan gran logro espiritual. El término se refiere normalmente a los ochenta y cuatro *mahasiddhas* indios, que fueron grandes maestros de budismo tántrico o Vajrayana.

Mahayana (sán.); *theg pa chen po* (tib.). La palabra sánscrita *maha* significa "grande", y *yana* significa "vehículo". *Mahayana* se traduce a menudo como el "gran vehículo", para distinguirlo del *Hinayana*, o "vehículo menor". Mientras que el Hinayana pone el énfasis en la importancia de la liberación individual de la existencia cíclica, postulando que no es posible ayudar a otros seres sin tener la Iluminación, el Mahayana señala el altruismo como la mayor motivación para seguir el sendero budista. El Mahayana incluye tanto los niveles del *sutra (o Bodhisatvayana)* como del *tantra (o Vajrayana)*.

Mahayoga (sán.); *rnal 'byor chen po* (tib.). La primera de las tres clases internas de tantra, según la tradición Nyingma. Este yoga se enfoca en el estado de generación, y la visualización gradual de complejos mandalas de deidades.

Mahout. Palabra india que significa amaestrador de elefantes.

Mala (sán.). Palabra india que significa "guirnalda". Los malas se emplean mucho en la tradición Vajrayana como cuentas de oración, para contar las repeticiones de prácticas y mantras.

Mandala (sán.); *dkyil 'khor* (tib.). La palabra sánscrita significa "rueda" o diagrama cósmico. Es una representación simbólica del mundo de los fenómenos de los budas tántricos; la morada de las deidades.

Mantra (sán.); *sngags* (tib.). Literalmente, esta palabra significa "protección de la mente". La repetición de un mantra protege la mente del practicante de sucumbir a las percepciones ordinarias.

Mantrayana (sán.); *sngags kyi theg pa* (tib.). *Ver* **Vajrayana**.

Maras (sán.); *bdud* (tib.). Son fuerzas negativas que actúan como obstáculos para los practicantes en el sendero. Hay cuatro tipos de maras: el mara de los agregados, relacionado con el cuerpo físico; el mara de los engaños, asociado a las emociones; el mara del hijo del dios, asociado con el ego; y el mara de la muerte, asociado con la muerte física. Quien ha sometido a los cuatro es alguien bendecido, porque no está contaminado por estos males.

Meditación de permanencia apacible. *Ver* **Shamatha.**

Mettabhavana (pali); *maitribhavana* (sán.). Meditación en la amabilidad amorosa.

Moksha (sán.); *thar pa* (tib.). La liberación de la existencia cíclica o samsara.

Mudra (sán.); *phyag rgya* (tib.). Esta palabra tiene varios usos en el budismo. Lo más habitual es que se emplee para describir gestos, sobre todo gestos de las manos empleados durante las prácticas tántricas.

Nadi (sán.). *Ver* **Canales**.

Nam thar; *rnam thar* (tib.). Hagiografías de grandes maestros.

Naturaleza de buda; *Buddha gotra* (sán.); *sang rgyas kyi khams/ rigs* (tib.). Es el potencial para lograr la Budeidad que está presente en todos los seres conscientes. Consiste en la mente que es vasta, pura y sin mancha. A los seres les obstaculizan sus engaños y sus oscurecimientos adventicios. Al desaparecer éstos, emergerá la mente verdadera, caracterizada tanto por la claridad como por el vacío.

Ngondro; *sngon 'gro* (tib.). Las prácticas preliminares del budismo tibetano, que preparan a los practicantes para las prácticas tántricas superiores. Aunque los detalles varían según las distintas escuelas, hay típicamente de cuatro a seis prácticas, y cada una se ha de hacer aproximadamente 100.000 veces.

Nihilismo; *chad lta ba* (tib.). Una de las dos visiones filosóficas extremas que se considera impiden a los practicantes conseguir la experiencia de la vacuidad. Esta visión niega la existencia de los objetos. Llevada a su conclusión lógica, también niega la ley del karma y del origen dependiente, centrales para la escuela Madhyamika. *Ver también* **Eternalismo**, **Madhyamika**.

Nirmanakaya (sán.); *sprul sku* (tib.). *Ver* **Kaya**.

Nirvana (sán.); *myang 'das* (tib.). El cese del sufrimiento. El estado que está más allá del dolor.

Nyingma; *rnying ma* (tib.). La escuela de budismo tibetano más antigua, fundada durante la temprana difusión del budismo en el Tíbet durante el siglo octavo.

Padmasambhava (sán.); *pad ma 'byung gnas* (tib.). Un maestro antiguo que contribuyó al establecimiento del budismo en el Tíbet. Se le conoce por pacificar espíritus malignos y por ayudar a hacer del Tíbet un territorio adecuado para el florecimiento del Dharma.

Paramitas (sán.); *phar phyin* (tib.). Las seis perfecciones son la base del sendero del bodhisatva. Estas incluyen: (1) generosidad, (2) disciplina ética, (3) paciencia, (4) esfuerzo gozoso, (5) concentración meditativa, y (6) sabiduría. A veces la lista es de diez. Además de las seis ya mencionadas, este sistema incluye medios hábiles, poder, aspiración y cognición prístina.

Paramitayana (sán.); *phar phyn theg pa* (tib.). *Ver* **Mahayana**.

Phowa; *'pho ba* (tib.). Un término empleado para describir la transferencia de consciencia en el momento de la muerte del cuerpo físico.

Prácticas preliminares *Ver* **Ngondro**.

Pratimoksha (sán.); *so so thar pa* (tib.). Votos de liberación individual.

Ratnasambhava (sán.); *rin chen 'byung gnas* (tib.). Una de las cinco familias de budas. Representa el estado perfeccionado de la sensación. Se le representa de color amarillo.

Reinos puros; *dag zhing* (tib.). Son reinos de existencia totalmente libres de todos los tipos de sufrimiento.

Rimpoché; *rin po che* (tib.). Significa "precioso". Se usa a menudo para dirigirse de manera honorífica a lamas encarnados o a maestros muy estimados por sus estudiantes.

Sadhana (sán.); *sgrub thabs* (tib.). Traducido literalmente, este término significa "medios de logro". Se emplea para describir las instrucciones para alcanzar la realización meditativa en relación a un mandala concreto de deidades.

Sakya; *sa skya* (tib.). Es el nombre de una de las cuatro escuelas principales del budismo tibetano. El nombre deriva de un monasterio del Tíbet occidental, fundado en el siglo once por Khon Konchok Gyalpo. Su significado literal es "tierra pálida".

Samadhi (sán.); *ting nge 'dzin* (tib.). Estado profundo de concentración meditativa, durante el cual la mente está concentrada de manera unipuntualizada en el objeto de meditación.

Samatha (sán.). *Ver* **Shamatha**.

Sambhogakaya (sán.); *longs sku* (tib.). *Ver* Kaya.

Samsara (sán.); *'khor ba* (tib.). Existencia cíclica. El esquema recurrente de nacimiento, muerte y renacimiento en el cual todos los seres conscientes están atrapados. Las enseñanzas budistas están diseñadas para enseñar a los seres el modo de liberarse de este círculo vicioso.

Sangha (sán.); *dge 'dun* (tib.). Este término tiene varios significados. Se puede referir a las comunidades de monjes y monjas ordenados (sangha ordinaria) o a objetos de refugio, o sea, a la tercera de las Tres Joyas preciosas. Esta es la Sangha sublime o arya, que ha logrado la comprensión directa de la vacuidad.

Seis yogas; *chos drug* (tib.). Los seis yogas atribuidos al maestro indio Naropa incluyen: (1) calor interno (*gtum mo*), (2) luz clara (*'od gsal*), (3) cuerpo ilusorio (*sgyu-lu*), (4) estado intermedio (*bar do*), (5) transferencia de consciencia (*'pho ba*), (6) yoga de resucitar (*grong 'jug*).

Shamatha (sán.); *zhi gnas* (tib.). Una técnica de meditación también conocida como "meditación de permanencia apacible".

Shiva (sán.). Un dios del panteón hindú.

Shiva linga (sán.). Estatua de un falo en honor a Shiva.

Siddhi (sán.); *dngos grub* (tib.). Logros espirituales. Los siddhis no comunes se refieren al logro de la Budeidad. Los siddhis ordinarios consisten en varios poderes, entre los que se incluyen: curar, caminar bajo el suelo, volar, y prolongar la vida.

Skandas (sán.); *phung po* (tib.). *Ver* Cinco Agregados.

Sólo Mente; *Chitamatra* (sán.); *sems tsam pa* (tib.). Es una de las cuatro escuelas principales del budismo indio temprano. Se la suele denominar a menudo por su nombre sánscrito, Chitamatra (*chita* significa "mente", *matra* significa "sólo"). La escuela fue fundada en el siglo cuarto de nuestra era por Asanga. Una de sus enseñanzas centrales es que todos los fenómenos son creaciones de la mente y no tienen ninguna existencia más allá de las percepciones de la mente.

Stupa (sán.); *mchod rten* (tib.). La primera estupa de tierra se construyó para contener las reliquias de Buda Sakyamuni. Las estupas se construyen normalmente con forma de cúpula sobre una base cuadrada. Hay unos cuantas capas que se corresponden con acontecimientos de la vida de Buda Sakyamuni. Las estupas tienen un simbolismo muy rico, que representa muchos aspectos de las enseñanzas, incluyendo los niveles del sendero a la Iluminación.

Sukhavati (sán.); *bde ba can* (tib.). El reino puro del Buda Amitabha.

Sutra (sán.); *mdo* (tib.). Los discursos enseñados por el Buda a sus discípulos, que fueron compilados por Ananda, tras el mahaparinirvana del Buda. Los sutras se pueden clasificar de acuerdo con su pertenencia al primer, segundo o tercer giro de la rueda del Dharma.

Sutra del Corazón; *Prajñaparamitahrdayasutra* (sán.); *shes rab snying po'i mdo* (tib.). Uno de los sutras Mahayana más importantes. Su tema principal es la vacuidad del yo y de todos los fenómenos. Se recita regularmente en los monasterios tibetanos.

Sutrayana (sán.); *mdo 'i theg pa* (tib.). Es una de las dos subdivisiones del Mahayana. El Sutrayana sigue los métodos causales expuestos en los sutras. La otra subdivisión, Tantrayana o Vajrayana, sigue los métodos resultantes. *Ver también* Vajrayana.

Tantra (sán.); *rgyud* (tib.). Esta palabra significa literalmente "continuo". Se refiere al continuo de la base, del sendero y del resultado. La palabra se usa también para describir los textos que exponen las enseñanzas tántricas. A veces se describe como el *sendero de transformación*, porque enseña técnicas que permiten a los practicantes transmutar las emociones y progresar rápidamente desde un estado ordinario hasta un estado de Iluminación. *Ver también* **Vajrayana**.

Tantra Yoga Anuttara (sán.); *rnal 'byor bla na med pa'i rgyud* (tib.). De entre las cuatro categorías de tantra, ésta es la superior. Se ocupa de temas como la luz clara y el cuerpo ilusorio. Las otras tres categorías son tantra Yoga Kriya, tantra Yoga Carya y tantra Yoga.

Tantrayana (sán.); *rgyud kyi theg pa* (tib.). Ver **Vajrayana**.

Theravada (sán.); *gnas brtan sde pa'* (tib.). El camino de los mayores. Es el primero de los tres vehículos, y enfatiza la moralidad, la disciplina, y el logro de la liberación individual. Los seguidores de esta tradición se concentran en los sutras Hinayana, que surgieron del primer giro de la rueda del Dharma, y fueron codificados para formar un canon en el idioma pali. *Ver también* **Hinayana**.

Torma; *gtor ma* (tib.); *bali* (sán.). Ofrecimiento de comida, a menudo hecho de mantequilla y harina de cebada tostada.

Tres kayas. *Ver* **Kaya**.

Tres tantras. La sección esotérica de las enseñanzas del Lamdre, consistente en causa, sendero y resultado. Los *Tres Tantras de Ngag dbang chos grags* serán publicados en 1997 por Gorum Publications.

Tres visiones. Las *tres visiones* a las que se hace referencia son la visión impura, la visión de la experiencia y la visión pura. Para los detalles bibliográficos de la traducción al inglés de *The Beautiful Ornament of the Three Visions*, ver las *lecturas recomendadas*.

Triple Gema; *triratna* (sán.); *dkon mchog gsum* (tib.). También conocida como las Tres Joyas. Son los objetos de refugio: el Buda, el Dharma y la Sangha. El Vajrayana añade un cuarto objeto: el gurú, a quien se ve como la esencia de las Tres Joyas.

Tshog; *tshogs* (tib.); *ganachakra* (sán.). Este término tiene varios significados, pero su uso más habitual es en el contexto Vajrayana, para referirse a un ofrecimiento de comida ritual, cuyo uso es pacificar obstáculos, contentar a los protectores del Dharma, y conferir logros.

Tsogshe. *Ver* **Lamdre**.

Tsong Khapa; *tsong kha pa* (tib.). Fundador de la escuela Guelugpa de budismo tibetano. Vivió desde 1357 hasta 1419. Fue también el fundador de la universidad de Ganden en el Tíbet.

Tulku; *sprul sku* (tib.). Es un término empleado para describir el cuerpo de emanación de un buda. También se emplea en la tradición tibetana como título para las reencarnaciones reconocidas de maestros realizados.

Upasaka (sán.); *dge bsnyen* (tib.) Quien ha tomado uno o la totalidad de los cinco preceptos durante un período superior a veinticuatro horas, hasta el fin de esta vida.

Vajra (sán.); *rdo rje* (tib.). Literalmente, diamante. Simbólicamente, se refiere a las cualidades indestructibles de un buda. En los rituales tántricos, se representa mediante un objeto que se sostiene en la mano y se asemeja por su forma a un cetro, que se emplea junto a una campana. El vajra representa los medios hábiles o el método, y la campana representa la sabiduría.

Vajra Nairatmya (sán.). Deidad femenina de la sabiduría. Consorte de Hevajra.

Vajrasatva (sán.); *rdo rje sems dpa'* (tib.). Literalmente, Ser de Diamante. Vajrasatva es una deidad asociada a varios niveles de práctica. Sus prácticas están muy extendidas en todas las tradiciones tibetanas. Como parte de las prácticas preliminares o *Ngondro*, todas las tradiciones recitan el *mantra de purificación de cien sílabas* de Vajrasatva.

Vajrayana (sán.); *rdo rje theg pa* (tib.). Es una subdivisión del Mahayana, que se puede dividir en Sutrayana y Vajrayana (o Tantrayana). Se considera el Vajrayana como un sendero más rápido. Se considera superior al Sutrayana porque mientras que éste se enfoca en el método causal, el Vajrayana enseña el método resultante, porque incluye las "cuatro purezas": (1) pureza del entorno, (2) pureza del cuerpo, (3) pureza de los recursos, y (4) pureza de las acciones. Este sendero se conoce también como el Sendero del Diamante o Mantrayana. *Ver también* **Tantra**.

Vehículo del diamante. *Ver* **Vajrayana**.

Vinaya (sán.); *'dul ba* (tib.). El significado literal de la palabra sánscrita es "disciplina". Se emplea para describir los votos monásticos tomados por los monjes y monjas budistas, y también los votos laicos budistas. También es el término empleado para una de las Tres Cestas, o *Trikaya*, en las que se clasificaron las enseñanzas del Buda. Las otras dos cestas son los Sutras, que son colecciones de los discursos del Buda, y el Abidharma, que consiste sobre todo en enseñanzas metafísicas.

Vipashyana (sán.); *lhag mthong* (tib.). Un estado meditativo de penetración cognitiva en la naturaleza última de la realidad. Este estado lo alcanzan los practicantes avanzados de la meditación de permanencia apacible o samatha.

Vipassana (pali). *Ver* **Vipashyana** (sán.).

Vishnu. Una deidad hindú.

Yidam; *yi dam* (tib); *istadeva* (sán.). Una deidad meditacional que representa ciertas características iluminadas es el yidam para el practicante que tiene una relación especial con él o ella por haber recibido iniciaciones y prácticas tántricas.

Lecturas adicionales

Chogay Trichen, Rinpoche, *The History of the Sakya Tradition: a Feast for the Minds of the Fortunate*, traducido del tibetano al francés por Ven. Phende Rinpoche y Jamyang Khandro; Traducido del francés al inglés por Jennifer Stott. (Bristol: Ganesha Press, 1983)

Dowman, Keith, *Masters of Enchantment: the Lives and Legends of the Mahasiddhas*, traducido por Keith Dowman, ilustrado por Robert Beer. (London: Arkana, 1988)

Kunga Tenpay Nyima, Deshung Rinpoche, *The Three Levels of Spiritual Perception: an Oral Commentary on the Three Visions (Nang Sum) of Ngorchen Konchog Lhundrub*, traducido por Jared Rhoton. (Boston: Wisdom Publications, 1995)

Lhundrub, Ngorchen Konchog, *The Beautiful Ornament of the Three Visions: an Exposition of the Preliminary Practices of the Path Which Extensively Explains the Instructions of the "Path Including Its Result", in Accordance with the Root Treatise of the Vajra Verses of Virupa*, traducido por Lobsang Dagpa, Ngawang Samten Chopel y Jared Roton. (Singapur: Golden Vase, 1987)